古代歷史文化研究輯刊

八 編

王明蓀 主編

第11冊

唐代中晚期教育發展（763～907）：
社會與文化之視野

黃俊文 著

國家圖書館出版品預行編目資料

唐代中晚期教育發展（763～907）：社會與文化之視野／黃俊
文 著 — 初版 — 新北市：花木蘭文化出版社，2012〔民101〕
目 4+226 面；19×26 公分
（古代歷史文化研究輯刊 八編；第11冊）
ISBN：978-986-254-972-8（精裝）
1. 教育發展　2. 教育制度　3. 唐代
618　　　　　　　　　　　　　　　　　　　　101014969

ISBN-978-986-254-972-8

9 789862 549728

古代歷史文化研究輯刊
八 編　第十一冊　　　　　　　　ISBN：978-986-254-972-8

唐代中晚期教育發展（763～907）：社會與文化之視野

作　　者　黃俊文
主　　編　王明蓀
總 編 輯　杜潔祥
出　　版　花木蘭文化出版社
發 行 所　花木蘭文化出版社
發 行 人　高小娟
聯絡地址　新北市永和區中正路五九五號七樓
　　　　　電話：02-2923-1455／傳眞：02-2923-1452
網　　址　http://www.huamulan.tw 信箱 sut81518@gmail.com
印　　刷　普羅文化出版廣告事業
初　　版　2012 年 9 月
定　　價　八編 22 冊（精裝）新台幣 35,000 元

唐代中晚期教育發展（763～907）：
社會與文化之視野

黃俊文　著

作者簡介

黃俊文，中正大學歷史學系博士，曾任高中歷史教師，編著歷史教科書及輔助教材，曾任教於台南應用科技大學，長榮大學等，現任職於高雄應用科技大學通識中心兼任助理教授，主要研習領域專長在中國中古史、教育史、文化史、文化人類學、社會學等發表相關論文數十篇，教職之餘，從事田野調查，以台灣民俗及文化為研究對象，主要著作：《唐代劍南邊防之研究》（碩士論文）、《中國通史》（台南：南一書局2004年）、《中外教育史》（筆名黃雋）（高雄：復文2005）、《文化人類學》（筆名黃雋）（台南：志光2011年）等。

提　要

　　中國傳統官學，大體可分中央、地方官學。唐代在官學體系發展十分完備，在教育發展上被視為「承先啟後」、「規模擴展」、「全面發展」的時代。唐初建立完善的官學體系，但在「安史之亂」（755～763）後，官學則有趨向衰沒之勢。在唐初，由於官學發達，私學教育稍衰。但到中晚期後，官學漸衰，伴隨科舉而行的私學發展成為教育的主體。唐代可以說是私學發展的另次高峰，家庭教育、私人講學、「書院」、「私社」（民間結社教育）等對後世私學教育提供重要基礎。

　　唐代中晚期，官學教育趨向衰沒，教育學、歷史學者對於此項課題，經常稀寥數句論述而未詳加探究，殊為可惜；在私學教育，部分學者深切研究，成果十分可觀，但並未與社會、文化等層面緊密結合，加以論述造就更豐碩的成果。本文鑑於此，欲以此主題深入探討官方（公立）、私學教育發展，作一全面性、完整性的論述。

　　唐代教育，無論官方、私學教育，皆以儒家思想為核心，培育士民效忠王朝的政治思想與維持社會秩序的依據，此文化精神的強大力量，使得王朝統治得以延續。唐代藉科舉取士，一方面深化儒家意識型態於士人階層；也藉此籠絡社會菁英，使得政權建立有更深厚的社會基礎。教育所扮演的重要角色與功用，向來為學者所忽視。本文撰寫的動機之一，即在探討唐代中晚期教育發展及其政治、社會、文化等所產生的影響，有個較全面性的認識。

　　本文是以教育為主題的研究，與一般傳統教育研究範圍類同，以官學、私學為主軸，而與教育相關主題如教材、教學方法、教育與科舉等問題一併列入探討，增加教育發展之內容。本論文研究方法，擬先將史料做初步的研讀，摘錄與主題史料、分類整理、歸納別類，看出史料所呈現的特徵；另作比較分析法，將不同類型的教育進行分析，呈現各種教育內容與特色。此外，文中也以量化統計或列表歸納整理方式，強化論述與說明。最後，再嘗試以歷史解釋法，將史料進行詮釋，呈現唐代中晚期教育發展的真實風貌與時代意義。

　　本文研究立意在幾項方面。其一，在探討唐代中晚期教育發展，彌補教育史、歷史學在這方面研究的不足；並以社會、文化的觀點來論述與說明，突破以往教育史著重教育行政，學校制度上的限制。其二，針對唐代在「安史之亂」後延續百餘年國祚的眾多因素中，提出教育、文化上的解釋。其三，以教育為主體，論述與教育發展相關的政治（包括科舉）、社會、文化等方面，作為一個整體，用統合觀點加以審視。四，提出「唐代遺產」觀念，說明唐代對北宋的影響與啟示。

第一章　緒　論 ……………………………………… 1
　第一節　研究動機與目的 …………………………… 1
　第二節　研究範圍與方法 …………………………… 3
　第三節　研究回顧 …………………………………… 5
　第四節　論文架構與內容 ………………………… 11
第二章　唐代教育發展之歷史背景 ……………… 15
　第一節　傳統教育與政治 ………………………… 15
　　一、教育與政治 ………………………………… 15
　　二、傳統教育 …………………………………… 17
　　三、傳統教育的特色 …………………………… 23
　第二節　崇聖尊儒的文教政策 …………………… 24
　　一、復興儒學 …………………………………… 24
　　二、崇儒政策 …………………………………… 26
　　三、經學整理 …………………………………… 30
　第三節　科舉制度 ………………………………… 31
　　一、常舉與制舉 ………………………………… 31
　　二、科考程序 …………………………………… 41
　　三、考前活動 …………………………………… 44
　　四、考試方法、內容 …………………………… 47
　　五、及第與任官 ………………………………… 48
第三章　中央官學發展 …………………………… 53
　第一節　唐代前期中央官學發展的概況 ………… 53
　　一、中央教育行政機構 ………………………… 53
　　二、兩種類型的學校 …………………………… 57
　　　（一）國子監系統學校 ……………………… 57
　　　（二）非國子監系統學校 …………………… 59
　　三、課程、教學與管理 ………………………… 62
　　四、經費與師資 ………………………………… 65
　　五、中央官學發展、特色與貢獻 ……………… 66
　　六、官學教育的意義與評價 …………………… 68
　第二節　官學、科舉與儒學 ……………………… 69
　　一、官學教育與科舉制度 ……………………… 69
　　二、官學教育與儒學發展 ……………………… 73

第三節　中央官學的衰沒 …………………………… 77
　　一、官學衰沒的現象 …………………………… 77
　　二、官學衰沒原因的探討 ……………………… 79
第四節　中央官學的重振 …………………………… 82
　　一、重建校舍、擴大招生 ……………………… 82
　　二、整頓校紀、端正學風 ……………………… 84
　　三、刊印石經、重振儒學 ……………………… 85
　　四、考生入學，以備科舉 ……………………… 86
　　五、捐獻助學，以振國學 ……………………… 87
第四章　地方官學發展 ……………………………… 89
第一節　地方官學的建立與發展 …………………… 89
　　一、唐初發展概況 ……………………………… 89
　　二、學校類型 …………………………………… 92
　　三、教育行政與管理 …………………………… 96
　　四、地方官學的特色 …………………………… 99
第二節　唐代中晚期發展 …………………………… 99
　　一、地方官學衰沒 ……………………………… 99
　　二、地方興學 ………………………………… 105
第三節　南方的興起 ……………………………… 107
　　一、長江中游地區 …………………………… 107
　　二、福建地區 ………………………………… 108
　　三、江南地區 ………………………………… 110
第五章　私學教育發展 …………………………… 113
第一節　唐代前期發展 …………………………… 113
　　一、聚徒講學 ………………………………… 113
　　二、家庭教育 ………………………………… 115
　　三、帝王（皇室）教育 ……………………… 117
第二節　唐代中晚期發展 ………………………… 118
　　一、不同類型 ………………………………… 119
　　　（一）隱居（或自家）修業 ……………… 119
　　　（二）招生授業 …………………………… 122
　　　（三）山林習業 …………………………… 126
　　　（四）鄉校（學）與私塾 ………………… 128

（五）宗室教育 ………………………………………… 129

（六）家庭（或家族）教育 …………………………… 130

（七）社會教育 ………………………………………… 134

（八）書院（或書堂）………………………………… 135

（九）寺院（或宗教）教育 …………………………… 136

二、私學與官學的比較 ……………………………………… 137

第三節　私學教材 …………………………………………… 137

一、重要的蒙書教材 ………………………………………… 137

二、應考書籍 ………………………………………………… 142

第四節　私學與科舉 ………………………………………… 146

一、追逐功名 ………………………………………………… 146

二、中舉與落第 ……………………………………………… 147

第六章　教育、社會與文化 ……………………………………… 153

第一節　「唐代遺產」的觀點 ……………………………… 153

一、文教政策 ………………………………………………… 154

二、中央官學 ………………………………………………… 155

三、地方官學 ………………………………………………… 159

四、私學發展 ………………………………………………… 162

五、科舉制度 ………………………………………………… 164

第二節　教育與社會 ………………………………………… 166

一、選拔人才，為國所用 …………………………………… 167

二、社會流動與尚文社會 …………………………………… 170

三、女性的地位與角色 ……………………………………… 175

四、社會資源的耗損 ………………………………………… 177

第三節　教育與文化 ………………………………………… 180

一、儒家思想深植社會 ……………………………………… 180

二、由雅入俗 ………………………………………………… 184

三、文學社會的形成 ………………………………………… 187

四、唐代後期儒學發展 ……………………………………… 190

第七章　結　論 …………………………………………………… 195

參考書目 …………………………………………………………… 201

附錄：唐皇帝及在位時期 ………………………………………… 223

表圖目錄

一、表目錄

表一：唐代常舉科目演變表 …………………… 32

表二：《登科記考》、《登科記考補正》所載
　　　制科 …………………………………… 34

表三：唐代制舉錄取人數 ……………………… 37

表四：《登科記考》所載科舉及第人數 ……… 51

表五：唐代教育行政機構：國子監 …………… 54

表六：國子監（西京）：教育行政組織 ……… 55

表七：國子監官學生學生數 …………………… 58

表八：唐代官學分類 …………………………… 61

表九：唐代「六學」、「二館」學校簡表 ……… 61

表十：弘文館、崇文館、國子學、太學、四
　　　門學等學校課程及修習年限表 ……… 62

表十一：律學、書學、算學課程 ……………… 63

表十二：唐代國家政府支出費用 ……………… 81

表十三：《通典》所載開元間全國學生數 …… 91

表十四：唐代地方官學師生員額分配表 ……… 97

表十五：長江中游地區唐五代詩文作者分布 107

表十六：唐代長江中游地區進士數量 ……… 108

表十七：唐代詩人前後期各道分布統計 …… 112

表十八：唐代散文作家前後期各道分布統計 112

表十九：唐代流行的重要蒙書教材 ………… 138

表二十：唐代、宋代中央官學招生對象 …… 157

表廿一：宋代州縣學概況 …………………… 160

表廿二：盛唐、北宋末年州縣學總數比較 … 162

表廿三：唐代、北宋科舉錄取人數比較表 … 166

二、圖目錄

圖一：唐代官學體系圖 ……………………… 56

圖二：國子監系統學校圖 …………………… 57

圖三：唐代學校與科舉關係圖 ……………… 67

圖四：宋代學制圖 …………………………… 156

第一章　緒　論

第一節　研究動機與目的

　　中國傳統官學，大體可分中央、地方官學。就其層級而言，在唐代以前，兩者並無嚴格層次高低之不同，只是學校所在地不同。中央官學設在京城，而地方官學設在州（郡）縣治。在唐代以前，中央、地方官學是各自獨立教育機構，並未形成上下銜接的學校制度。〔註 1〕唐代在官學體系發展十分完備，在教育發展上被視為「承先啟後」、「規模擴展」、「全面發展」的時代。〔註 2〕唐初建立完善的官學體系，但在「安史之亂」（755～763）後，官學則有趨向衰沒之勢。

　　在中國私學發展上，私人講學之風於春秋戰國時代，首開私學之萌芽。在兩漢則有家學、私人講學流行。到了魏晉南北朝則出現「山林教育」、「寺院教育」，但以「門第教育」（或家庭教育）為其顯著的特色。〔註 3〕在唐初，由於官學發達，私學教育稍衰。但到中晚期後，官學漸衰，伴隨科舉而行的私學發展成為教育的主體。唐代可以說是私學發展的另次高峰，聚徒講學、

〔註 1〕周愚文，《中國教育史綱》（台北：正中書局，2001 年），頁 10～11。

〔註 2〕可參考以下論著：（1）徐宗林、周愚文，《教育史》（台北：五南圖書出版公司，1997 年），頁 74；（2）程方平、畢誠，《中國教育史》（台北：文津出版社，1996 年），頁 121。（3）姜國鈞，《中國教育週期論》（北京：北京大學出版社，2005 年），頁 39、45。（4）喻本伐、熊賢君，《中國教育發展史》（台北：師大書苑，1995 年），頁 239。

〔註 3〕周愚文，《中國教育史綱》，頁 241。關於世族家庭教育，可參考王明蓀主編、方碧玉著，《東晉南北朝世族家庭教育研究》（台北縣：花木蘭出版社，2009）。

山林習業、家庭教育、「書院」、「私社」（民間結社教育）等對後世私學教育提供重要基礎。

　　唐代中晚期，官學教育趨向衰沒，教育學、歷史學者對於此項課題，經常稀寥數句論述而未詳加探究，殊為可惜；在私學教育，部分學者深切研究，成果十分可觀，但並未與社會、文化等層面緊密結合，加以論述造就更豐碩的成果。本文鑑於此，欲以此主題深入探討官方（公立）、私學教育發展，作一全面性、完整性的論述。

　　近數十年，史學家在研究唐代立國政治、軍事、律令制度與政治、社會、經濟勢力交互運作等課題，皆有詳實論述與豐富的成就，但在教育制度及發展上，論述及研究有限，筆者得以有發揮的空間。〔註4〕唐代在安史之亂後，內憂外患加劇，但仍可延續一百四十餘年而亡國，學者提出政治、經濟、社會等各項理由。例如林天蔚教授指出其原因有（一）政治上：有二次掙扎（元和中興，大中暫治）延續政權穩定。（二）經濟上：有四種改良（漕運改良，專賣推行，飛錢的出現，度牒之出售），使政府有充分財源支持政權，（三）社會上：因莊園制度之推行，發展了社會救濟的工作，因此能苟延殘喘。〔註5〕筆者認為立國之基礎，除政治、軍事、經濟制度之外，一個深厚穩固的文化，才是國家（或政權）長續久存的關鍵所在。唐代教育，無論官方、私學教育，皆以儒家思想為核心，培育士民效忠王朝的政治思想與維持社會秩序的依據，此文化精神的強大力量，使得王朝統治得以延續。唐代藉科舉取士，一方面深化儒家意識型態於士人階層；也藉此籠絡社會菁英，使得政權建立有更深厚的社會基礎。教育所扮演的重要角色與功用，向來為學者所忽視。本文撰寫的動機之一，即在探討唐代中晚期教育發展及其政治、社會、文化

〔註4〕　可參考（1）陳寅恪《唐代政治史述論稿》，收錄氏著《陳寅恪先生文集》（二）（台北：里仁書局，1982年。（2）毛漢光，《中國中古社會史論》（台北：聯經出版社，1988年）（3）毛漢光，《中國中古政治史論》（台北：聯經出版社，1991年）（4）雷家驥，《隋唐中央權力結構及其演進》（台北：東大圖書公司，1995年）。近期隋唐教育史的研究在台灣相當沈寂，可以參考高明士〈隋唐教育史、法制史研究的回顧〉收錄《中華民國專題論文集》第四屆討論會（一）（台北縣：國史館，1998年）。在中國方面的研究成果，可參考胡戟、張弓、李斌城、葛承雍等主編，《二十世紀唐研究》〈政治卷〉第六章教育部分（北京：中國社會科學出版社，2002年）。

〔註5〕　林天蔚，《隋唐史新論》（台北：東華書局，1980年），頁297～334。也可以參考高明士、邱添生、何永成、甘懷真等合著，《隋唐史》（台北縣：空中大學出版社，2006年），頁243～277。

等所產生的影響，有個較全面性的認識。

　　唐代儒家、佛教、道教並立，初唐在學術思想上以佛教成就貢獻較大，但發展到北宋時期，卻是儒家（理學或新儒家）擅揚（或居於主流地位）時代。此一文化鉅變，教育在文化、社會所扮演的「潛轉暗變」角色與功能，向來為學術界所忽視。唐初胡風盛行，南北文化摻雜，產生區域間的差異，不利於國家（或政權）的鞏固，藉著教育擔任「濡化」（enculturation）功能，將儒家思想及文化深植民間社會，以穩固政權所需要文化力量；〔註6〕另一方面則以「涵化」（acculturation）作用唐代士子（文化媒介）以儒家為主體的核心精神；吸收佛教、道教之宗教內涵，綜攝融合一個新思想體系，終有「新儒學」的誕生。〔註7〕唐宋間轉變的關鍵時代即在唐代中晚期，而其轉變的重要憑藉即在教育及其所形成的社會、文化體系。本文目的之一即是在探討此一轉變的過程、內容與意義。

第二節　研究範圍與方法

　　有關唐朝歷史分期，因為不同學術領域，有不同劃分方法。文學史有「四唐」之說。玄宗以前稱「初唐」；玄宗、肅宗二宗稱「盛唐」，代宗到文宗為「中唐」，武宗以後稱「晚唐」。〔註8〕高明士教授以私學發展，分為初唐（隋季唐初）、盛唐（貞觀初到玄宗開元、天寶）、中唐時期（肅宗到宣宗年間）、

〔註 6〕　「濡化」（enculturation）是「社會化」（Socializatio）的同義詞。社會化過程是文化傳遞的過程。此即將該社會的語言、價值、規範、信仰、知能等傳遞給下一代的過程。此乃任何社會要維持其生存與發展所不可或缺之功能要件。因此，社會化也是一種濡化（又譯「文化化」）。濡化乃是將生來並不具文化能力的個人，變成一個具該社會文化能力的人，亦即從無文化的人變成有文化之人的過程。不同的文化內容，如日本文化、回教文化、都市文化等，決定社會化的內容，從而決定不同社會性格，如日本人、回教徒、都市人之形成。（文刊《教育大辭書》（四）（台北：國立編譯館，文景出版社，2000年），頁696。

〔註 7〕　「涵化」（acculturation）：涵化是指兩個或兩個以上的文化持續地直接接觸，形成一個文化接受其他文化的歷程和結果。文化涵化可能是單向的，也可能是交互影響。在文化涵化中，受影響之一方的反應有樂意而自然地接受，也有迫不得已地接受，主動調適地吸收或排斥抗拒。除了抗拒的以外，涵化是互相接觸的文化間近似的部分日益增加。（文刊《教育大辭書》（七），頁383。）

〔註 8〕　王小甫，《隋唐五代史：世界帝國、開明開放》（台北：三民書局，2008年），頁149。

晚唐時期（懿宗迄唐亡）等四期。〔註9〕安史之亂（755～763）作為唐代前後二期的分界點，此為一般史學界普遍接受的看法。〔註10〕本文即以安史之亂結束（763）到唐哀宗天祐四（907）朱溫篡唐為時限範圍。

本文是以教育為主題的研究，與一般傳統教育研究範圍類同，以官學、私學為主軸，而與教育相關主題如教材、教學方法、教育與科舉等問題一併列入探討，增加教育發展之內容。

史學研究的重要基礎是史料，在史料選擇與運用上，以正史為主，在正史上有《隋書》、《舊唐書》、《新唐書》、《宋史》等。唐代時人的文集、筆記小說是相當珍貴的史料，最能反映時代的風貌，呈現社會現象，如《唐摭言》、《唐國史補》等。新近出土而經學者彙整的墓誌銘，詳載墓主生平概況，事誼是研究唐代不可或缺的資料，如《唐代墓誌匯編》。出土的敦煌文書及殘卷是重要第一手史料，必須參考。在類書中，常可見已散佚的史料，也值得參考如《冊府元龜》、《文苑英華》、《文獻通考》。政典詔令類如《唐六典》、《通典》、《唐大詔令》、《宋大詔令》等皆是探討唐代政治制度及發展，必備的參考。唐代文學發達，士子文人對現實社會生活、時局感懷，常藉詩文表達出其人生、社會價值觀，如《全唐文》、《唐詩紀事》、《唐才子傳》等也都列入參考材料。與教育、科舉相關的材料如徐松《登科記考》、《中國歷代家訓》等也是重要參考資料。今人重要教育論著、論文也參考使用。

本論文研究方法，擬先將史料做初步的研讀，摘錄與主題史料、分類整理、歸納別類，看出史料所呈現的特徵；另作比較分析法，將不同類型的教育進行分析，呈現各種教育內容與特色。此外，文中也以量化統計或列表歸納整理方式，強化論述與說明。最後，再嘗試以歷史解釋法，將史料進行詮釋，呈現唐代中晚期教育發展的真實風貌與時代意義。

教育制度及發展，並不是一個單純制度上的問題，它一直發揮著整合（或統整）的功能、和社會、文化等各種領域與政治權力的結構緊密相連，形成一個多面互動的整體。教育、歷史、社會學等各種領域學者對於教育、社會、

〔註9〕 高明士，〈唐代的私學〉收錄氏著《中國中古的教育與學禮》（台北：台灣大學出版中心，2005年），頁425。

〔註10〕 陳寅恪指出，「唐代之史可為前後二期，而以玄宗時安史之亂為其分界線」、「（唐代）前期結束南北朝相承之舊局面，後期開啟趙宋以降之新局面，關於政治社會經濟者如此，關於文化學術者亦莫不如此」。文刊《金明館叢稿初編》收錄《陳寅恪先生文集》（一）（台北：里仁書局，1982年），頁237、296。

文化等研究，各有其成果與優長，但在統整視野（View）上，難免受限於所學。本文欲嘗試以教育為主題，採用教育學者、社會學、文化學（或文化人類學）等學科知識、觀念來加深、擴展教育問題，重新建構與詮釋一個時代精神與歷史意義。

第三節　研究回顧

　　以教育為主題，就中國歷代做概括性的論述著作，大致可分為二類。一類是通朝（代）性中國教育史，以毛禮銳、邵鶴亭、瞿菊農合著《中國教育史》，喻本伐、熊賢君著《中國教育發展史》為代表。〔註11〕這類教育史者，在論述隋唐時期，比之前代已有更多的論述，內容也十分可觀。另一類是斷代性的教育史，以馮曉林《中國隋唐五代教育史》，宋大川、王建軍著《中國教育制度通史：魏晉南北朝、隋唐（公元 220～960）》、孫培青主編《中國教育史研究：隋唐分卷》為代表。〔註12〕這類斷代史的著作，比通朝性的史著，在內容上更詳實，屬於概論性質，但大多未深入探討與教育相關的議題，如政治、社會、文化等，殊為可惜。在這二類研究著作中，最值得一提周愚文教授《中國教育史綱》作者以主題為項目，系統性分析歷代演變，突破編年時序的傳統，創意十足，內容精湛，值得參考。〔註13〕

　　與本文相關議題如科舉、文學、社會等，相當豐碩，著作很多，最重要有高明士《隋唐貢舉制度》、吳宗國《唐代科舉制度研究》、劉海峰《唐代教育與科舉制度綜論》、傅璇琮《唐代科舉與文學》、金瀅坤《中晚唐五代科舉與社會變遷》、程舜英編著《隋唐五代教育制度史資料》等。〔註14〕就與本文

〔註11〕　（1）毛禮銳等，《中國教育史》（台北：五南圖書公司，1989 年）（2）喻本伐、熊賢君，《中國教育發展史》（台北：師大書苑出版社，1995 年）。

〔註12〕　（1）馮曉林，《中國隋唐五代教育史》（北京：人民出版社，1994 年）（2）宋大川、王建軍，《中國教育制度通史（二）》（濟南：山東教育出版社，2000 年）（3）孫培青主編，《中國教育史研究：隋唐分卷》（上海：華東師範大學出版社，2009 年）。

〔註13〕　周愚文，《中國教育史綱》（台北：正中書局，2001 年）。

〔註14〕　（1）高明士，《隋唐貢舉制度》（台北：文津出版社，1999 年）（2）吳宗國，《唐代科舉制度研究》（瀋陽：遼寧大學出版社，2010 年）（3）劉海峰，《唐代教育與科舉綜論》（台北：文津出版社，1991 年）（4）傅璇琮，《唐代科舉與文學》（西安：陝西人民出版社，1995 年）（5）金瀅坤，《中晚唐五代科舉與社會變遷》（北京：人民出版社，2009 年）（6）程舜英編著《隋唐五代教育制度

較為密切相關的是劉海峰《唐代教育與科舉綜論》、宋大川《唐代教育體制研究》、程舜英編著《隋唐五代教育制度史資料》、高明士《中國中古教育與學禮》、任育才《唐型官學體系之研究》等書。〔註15〕茲以出版年代時序，論述於後。

　　劉海峰《唐代教育與科舉制度綜論》此書是以教育與選舉制度為主軸來進行探討。作者認為教育、科舉與銓選制度彼此相連，作為一個整體，以聯繫觀點加以審視。作者以宏觀上著手，進行綜合研究，尤其是學校教育與科舉取士，科舉銓選中經術與文學之爭，揭示教育與選舉制度的發展規律。他指出唐代學校教育與科舉取士間輕重消長關係，反映出教育的基本規律，即教育發展受到政治、經濟、社會等方面影響；同時教育與科舉也會對社會、文化方面產生影響。科舉是文官考試制度，也是教育考試制度，它像一根無形指揮棒，支配學校教育與發展。它使政府無需花費教育經費，卻可促進民辦教育的發展，促進自學的風氣的形成，政府也從中選擇出所需的行政、官僚人才。

　　宋大川《唐代教育體制研究》全書共分五章，加上前言、結語。主要重要文獻等共約二十萬餘字。宋氏在前言提及本書題旨是「試從教育體制上考察唐代教育的狀況，闡述其教育體制的基本結構，力求證明唐代教育體制是政治的組成部分。」（前言頁 5）宋氏認為唐代教育與政治制度密切相關，具體呈現在二方面。第一、建立了中央等級的教育體制，它是以禮部為中心的集體管理體制。第二、教育體制的建立是以崇聖尊儒的思想為其指導。（前言頁 3～5）。在方法論上，除使用傳統史料及考辨外，還使用比較分析法、計量史學、教育統計學、人文地理學的方法等來分析唐代教育上諸多問題。根據作者的研究指出，唐代教育制，呈現幾個鮮明特點。第一、崇聖尊儒是唐代教育體制的指導思想。第二、健全和完善政治教育合一教育體制。第三、道德教育內容的制度化。第四、封建等級制的強化。第五、教育經費支出與國家財政的一體化。第六、養士與取士相結合的教育體制。

　　程舜英編著《隋唐五代教育制度史資料》它是本資料書，其目的是提供

　　　史資料》（北京：北京師範大學出版社，1998 年）。
〔註15〕　（1）宋大川，《唐代教育體制研究》（太原：山西教育出版社，1998 年）（2）
　　　　　任育才，《唐型官學體系之研究》（台北：五南出版社，2007 年）（3）高明士，
　　　　　《中國中古教育與學禮》（台北：台灣大學出版社，2005 年）。

教育科學研究工作者參考。此書以歷史資料為依據扼要概括隋唐五代教育制
度發展。最大特點是分為八個單元，在專題之下按編年系統性論述，並作說
明與評析，除上述特點之外，資料來源豐富、蒐集到野史、文集等；較有系
統探討唐代內外文化交流、佛教與書院教育等，與本文相關之文教政策、科
舉、官學、私學等分別在二～五章，也是本書精華所在。

　　高明士著《中國中古的教育與學禮》文中所謂「中古」是指魏晉到隋唐
的歷史，而以隋唐為主。此書是作者近四十年論著的總集，增加近期發表新
作而成。作者認為中古時代教育發展到隋唐而完整，就其型態而言，可分官
學、私學與帝王學，其目標是一致性，即教育是為政治而服務。除此之外，
增列「學禮與師道」，討論「廟學」、束脩、鄉飲、養老禮、釋奠禮、師道與
師說等作者之所以重視這部分，是因為它是生活教育，然而卻是傳統教育史
研究經常忽略的地方。書中徵引史料，整理分析、論述與說明等皆十分嚴謹，
附有四十八個圖表，分列相關單位及內容，有助於增進對主題的了解。

　　任育才《唐型官學體系之研究》是近幾年有關唐代官學研究的新書。作
者指出唐代官學一方面承襲魏晉以來官學的組織體系與內涵，同時又有所充
實與創新，而形塑成唐型官學。唐代官學首先奠定於國子監教育體系，由三
學而發展為七學，並設有研究生部，可以說是世界上最早的現代代大學。官
學除儒學外，尚有崇玄學，自然科學的學科，朝向多元化、合理化的方向發
展，樹立具有特色的唐型官學。書中除了自序、導論外，共有六個單元（章
次），詳細、完備論述唐型官學體系的形成，類別、組織與師資，收生與學額
分配，施教內涵、景況與沒落原因等。最後作一「結論」並附錄〈世界最早
的現代化大學的建立〉一文。書中附表共有十三，其中表二〈唐代國子監行
政學官一覽表〉、表九〈唐代國子監七學之師資一覽表〉、表十二〈唐代官學
所培育之人才一覽表〉等值得參考。

　　與本文直接相關單篇論文少見，但仍有值得參考的學術研究論文，本文
依著作時序逐次介紹：

　　一、嚴耕望〈唐代習業山林寺院之風尚〉〔註16〕嚴氏指出南北朝佛教興
盛，已有不少士子就學於山林巨剎，俾能安心肄業。唐初官學發達，士子群
趨官學，武后專權，薄於儒術，官學衰沒，士子讀書山林日益眾多。中葉以

〔註16〕嚴耕望，〈唐代習業山林寺院的風尚〉，收錄氏著《唐史研究叢稿》（香港：新
　　　　亞研究所，1969年）。

後，中央官學衰，而讀書山林寺院、講學會友蔚為風尚，及學成應試以求聞達，而宰相大臣，朝野名士亦即多出其中。唐代士人喜居山林，讀書習業以取功名，分布於終南、華山及長安南郊區等十五個地區。寒士讀書山林，例為清苦，寄寓寺院讀書者，往往為寺僧所厭惡。唐中葉以後，士子習業山林寺院之風盛行。其重要原因在於（一）經學衰，文學盛（二）世家大族之沒落與平民寒士之進用。唐代士人習業風尚，演進為宋代書院；而「書院」之名稱，也由此種風尚所形成。作者使用史料豐富旁徵博引，論證有力，給予後學者很大的啟示。

二、高明士〈唐代官學的發展與衰落〉〔註 17〕此為高教授早期著作，文中指出：唐代官學分為中央、地方官學。唐代官學是集前代之大成，學校教育發展，與政治之興衰互為終始，依唐代之政情，官學發展可分（一）初唐：武德時期（618～626）（二）盛唐：太宗～玄宗時期（627～755）（三）中唐：肅宗～宣宗（756～859）（四）晚唐：懿宗～哀帝（860～907）。唐代官學教育在極盛時期之盛況，是自古以來所沒有的，但這種盛況無法維持長久，其主要原因是由於時君好惡不同，政局不安之影響，與武后以後之特重科舉的緣故。中唐以後，導致官學衰落的另一因素，便是政府經費短絀，使受到戰火之摧殘的官學，無法立即恢復舊觀。其次，是因黨爭而影響到官學之正常發展，尤其是朋黨爭奪國子祭酒之職位，使學官亦捲內黨爭的漩渦。作者以時序排列論述得其精要，附表說明，極為用心，唯獨在地方官學論述較少，此為遺憾之處。

三、毛漢光〈從士族籍貫遷移看唐代士族之中央化〉〔註 18〕科舉制度以全國大社會為對象，吸收職業文官為其官僚體系服務。唐代士族多世居京師，成為純官僚而消失地方性的現象。文中以官宦最盛的大士族作為研究對象，以十姓十三家建構研究基石，從 179 件有用的墓誌銘，加上兩唐書，《新唐書・宰相世系表》遷徙記載進行研究。研究顯示十姓十三家遷徙到京兆河南線，聚集在兩京附近的士族子弟成為唐代官吏的主要成分。將具有地方性格的郡姓「新貫」於中央地區並依附中央的現象，稱為中央化；而將代表性的性格

〔註 17〕 高明士，〈唐代官學的發展與衰落〉，文刊《幼獅學誌》9 卷 1 期（1970 年 3 月）。
〔註 18〕 毛漢光，〈從士族籍貫遷移看唐代士族之中央化〉，文刊《中央研究院歷史語言研究所集刊》第 52 本第 3 分（1981 年 9 月），收錄氏著，《中國中古社會史論》（台北：聯經出版社，1988 年）。

轉變為純官吏性格的現象，稱為官僚化。唐代士族歷經中央化、官僚化，一旦大帝國崩潰，勢力就一蹶不振也。

四、鄭阿財〈敦煌蒙書析論〉〔註19〕作者根據近世發現敦煌唐、五代蒙書寫本，以略窺唐代民間教育之梗概，並據以考察中國古代蒙書發展與演進情形。依據內容性質，分為識字類、思想類與知識類等三大類。敦煌蒙書可以探討傳統蒙書發展之源流，也具有多重價值。1.音注與異文，可資研究唐、五代之西北方音。2.抄錄援引之典籍詩文，頗多可資考訂遺籍與輯佚者。3.內容頗有涉及當地社會風俗及生活習尚之材料，可據以探討唐五代與敦煌地區之文化風俗，作者歸納整理精細，論述嚴謹，旁徵博引，是了解敦煌蒙書之基本入門論文。

五、朱利民、王尚林〈唐代私學考〉〔註20〕在文中指出：「唐代私學是指在野在文官，閒居故里的經學大家開辦的私塾或聚徒讀書講學。唐代私學分為書院、鄉學或聚徒講學等三種形式。」書院最早是唐人讀書、講學的場所，它是私人辦學的產物。唐代私人書院共 28 所，其中比較有影響力是皇寮、松州、義門、梧桐等書院，根據書志記載，唐人創辦的書院，已開始有講學、教授生徒的活動。唐代鄉學一般設立在經濟、交通和文化不發達的偏鄉鄙壤。教授鄉學是唐代士人儒生的謀生手段之一。鄉學相當學前早期教育。聚徒講學，是由名士、臣儒開館授徒如顏師古、盧源等人。唐代中葉後，官學隨著政治的混亂，戰事的瀕臨與財政經濟的拮据而衰沒，私學此時便應運而生。此篇論述大多集中於唐代前期，中晚期論述較少；對於私學教學、課程等活動缺乏論述。

六、任育才〈唐代官學教育的變革〉〔註21〕任教授於文中指出：唐代的教育，雖以儒學為核心，尚有崇玄學、科學知識（算學、天文學、醫學、針學、藥學等）。在官學教育體制上，除了主管全國教育的國子監外，其它行政機構，也可就性質相近或所需，設置博士及招收學生，而從事人才的培育工作。國子監除七學（國子學、太學、四門學、廣文館學、書學、算學、律學等）之外，尚設立研究所，招收科舉及等的優秀人才，進一步的人才培育工

〔註19〕鄭阿財，〈敦煌蒙書析論〉，收錄《第二屆敦煌國際研討會論文集》（台北：漢學研究中心，1991 年）。

〔註20〕朱利民、王尚林，〈唐代私學考〉，文刊《人文雜誌》1993 年 3 期（1993 年 6 月）。

〔註21〕任育才，〈唐代官學教育的變革〉，文刊《興大歷史學報》8 期（1998 年 6 月）。

作，此即收謂國子大成。唐代君主注重教育，因有在職進修教育制度和教育內容，都做了若干補充與改革，頗具時代意義，可說是盡到了承先啟後的責任。文中詳細論述官學教育發展，脈絡明晰；分類項目涵括整埋；提供後學了解教育全貌的基本知識與架構，是值得參考的佳著。

七、王厚香、汲廣運〈論唐代家庭教育〉〔註22〕在文中指出：唐人重視家庭教育，首先表現在重視讀書學習；重視環境薰陶和楷模的作用即指「身教」。唐代家庭教育，主要涉及在幾方面內容，一、道德規範教育：以三綱五常、忠恕孝悌，要求敬天尊祖、忠君報國、教敬父母、尊敬仁長、禮待師傅等。二、科舉教育：傳授科舉知識以考試內容（詩賦）、方法為主。三、技能傳授：唐代家庭教育，特別是勞動世家的家庭教育非常重視傳授技能，讓子弟學一技之長，促其自主，主要有農學、手工業、天文曆算等。四、史學、書學、道學和佛學等傳授。唐代家庭教育中重視詩賦時務策的教授，促使我國古代詩文發展達到鼎盛。此篇論文概括家庭教育發展，相當精要。士大夫（或士族）教育為整個家庭教育的重心，但欠缺更詳盡的論述，也並末析論前期、後期的差異。論述庶民百工教育情形，則是一般論著所欠缺，本文仍值得參考之佳作。

八、周愚文〈唐代婦女與家庭教育初探〉〔註23〕文中以《全唐文》所錄墓誌銘及《唐代墓誌彙編》石料中，歸納出唐代婦女與家庭教育的關係，另輔以正史列傳及唐人筆記小說，以補不足。作者引用史料豐富，歸納明確。文中指出唐代婦女，一、出嫁前承教於親長，二、出嫁後親教子女，三、女子讀書識字，四、出現專門教導子女的女教書等。此篇論著，可以作為探討唐代婦女與家庭教育問題上最基礎性、概括性的論文。

九、姚崇新〈唐代西州的醫學教育與醫療實〉〔註24〕以往對唐代醫學史的研究，因為只有少量傳世文獻，如《唐六典》、新舊《唐書》、《唐會要》、《通典》等記載以及現存幾部唐代醫學著作，成效有限。近期學者開始利用墓誌、筆記史料、方志、宗教文獻、古典文獻以及新發現的《天聖令》等進行研究，

〔註22〕王厚香、汲廣運〈論唐代家庭教育〉文刊《臨沂師範學院學報》23卷3期（2001年6月）。
〔註23〕周愚文，〈唐代婦女與家庭教育初探〉，收錄周錄文、洪仁進主編，《中國傳統婦女與家庭教育》（台北：師大書苑，2005年），頁9～36。
〔註24〕姚崇新，〈唐代西州的醫學教育與醫療實踐〉，文刊《文史》2010年第4輯（2010年11月）。

拓展唐代醫學研究的視域。作者以敦煌吐魯番文書出土文獻為基礎，進行對唐代西州（原為高昌國，唐貞觀十四年（640）滅之而以其地為西州）。作者指出西州醫學確立的時間不晚於貞觀十六年（642），醫療水平相當高，醫學教材符合唐令規定，也有自己的地方特色。醫療實踐活動包括（1）日常性工作（州境巡療），（2）突發性任務等。從西州典型邊州的醫學教育和醫療實踐活動的考察，邊地州郡醫學發展狀況不能一概而論。此文引用新出土資料，輔以文獻，論述詳盡，可以較了解西州醫學發展概況。

第四節　論文架構與內容

　　論文內容共分七章。首先論論研究動機、範圍與回顧。第二章到第五章分別論述唐代教育發展背景、中央官學、私學發展。第六章論述教育、社會與文化，以「唐代遺產」（the Tang Dynasty of Heritage）觀點，來採討唐代中晚期教育、社會、文化對北宋教育、社會、文化發展帶來的啟示或影響。第七章總結唐代中晚期教育與社會、文化發展的關聯性與近世宋代社會文化的形成。共計七章加以討論，茲分別論述於後。

　　第一章緒論：說明論文之研究動機與目的、研究範圍、研究回顧。在研究動機與目的上特別提出對於唐代中晚期教育發展論述、研究。以補現今史著的缺乏；第二則是探討唐代中晚期教育所扮演的重要性與對政治、社會、文化所產生的影響，改變長期以來，教育論著（或研究）只專注教育層面（或本身）的現象；第三提出「唐代遺產」課題中教育發展的論述，作為新觀點的努力嘗試。

　　第二章：唐代教育發展之歷史背景，以影響唐代教育發展的三大因素加以論述。其一是中國傳統教育與政治，析論教育與政治關係，唐代以前的學校制度、教育行政制度，說明唐代教育發展的歷史因素。其二是崇聖尊儒的文教政策與其對唐代教育文化發展的影響，其中是科舉制度及其發展概況，科舉制度深切影響教育發展，不可忽視其重要性，因此獨列一節，加以詳細介紹。其三是論述傳統教育的特色。

　　第三章：論述唐代中晚期中央官學發展。首先簡介唐初中央官學發展概況，次論官學、科舉與儒學關係，再次分析中晚唐官學衰沒的原因與現象。最末析論唐朝政府如何重振官學的努力與措施。

　　第四章：探討地方官學發展，首先介紹唐初地方官學的建立與發展，再次論及中晚唐發展概況，兼論地方文化、經濟、社會等議題。由於安史之亂後，南方興起，在經濟、文化上地位提升，顯示其重要性，獨立專門列為一節加以論述。

　　第五章：論述私學發展。先以唐初發展情形作為背景。唐初私學延續南北朝世家門第之學為主，但由於受到科舉制度的影響，私學轉為「科舉取向」的文學詩賦研習為主。次論私學發展的不同類型與特色。傳統私學教材，主要是蒙學校教材，發展到唐代十分發達，對日後蒙學發展具有關鍵性的地位，因此特別加以介紹與說明，最末則論述私學與科舉關係。

　　第六章：教育、社會與文化：首先提出「唐代遺產」的觀念，其意是指唐代中晚期教育、社會、文化所形成的豐富遺產，給予宋代發展很大的啟示與影響。首論教育方面，主要可分文教政策、學校發展與科舉制度等方面來論述。其次，再以教育為主體，論述對社會、文化上的影響，在社會上，帶來社會階級流動、社會人際關係，家庭與婚姻等影響。在文化上，則是儒家思想深植社會，成為日後近世理學的重要基礎。唐代中晚期，由於私學發達，人民接受教育機會與資源，也優勝於以往，庶民文化逐漸醞成。

　　第七章：結論：總結唐代中晚期，各類教育發展、特色，並以社會、文化的觀點，加以綜論，呈現時代風貌與歷史現象，最末則以唐代中晚期的教育發展及其歷史意義作為總結。

　　本文研究立意在幾項方面。其一，在探討唐代中晚期教育發展，彌補教育史、歷史學在這方面研究的不足；並以社會、文化的觀點來論述與說明，突破以往教育史著重教育行政，學校制度上的限制。其二，針對唐代在「安史之亂」後延續百餘年國祚的眾多因素中，提出教育、文化上的解釋。其三，以教育為主體，論述與教育發展相關的政治（包括科舉）、社會、文化等方面，作為一個整體，用統合觀點加以審視。其四，提出「唐代遺產」觀念，說明唐代對北宋的影響與啟示。

　　誠如有位學者所言：「研究教育史，除了要歷史知識外，還要兼備其他學術條件，例如兼通經學史、思想史、禮樂制度、考試制度、社會史、教育學等，要進行研究是頗為困難」。〔註25〕或許正因研究教育史的高困難度，使得

〔註25〕 王壽南教授〈評論〉文刊高明士〈隋唐教育史、法制史研究的回顧〉，收錄《中華民國專題論文集》第四屆討論會（一），頁45～46。

中國教育史隋唐部分維持比率偏低的趨勢。〔註 26〕加上本文所處理的問題與內容，是相當廣泛，要完整瞭解唐代中晚期的教育發展及其文化、社會的關聯性的相當挑戰性。以宏觀的角度、社會、文化的視野來檢視，或許是個很好的嘗試與創新。

〔註26〕根據周愚文教授研究，1949～1996 年期間，中國教育史類古代時期統計在春秋戰國時代比例最高，次為宋代、明代、清代、隋唐五代時期居第五位，佔中國教育史比例為 7.53%；在 1997～2002 年 2 月統計，春秋戰國時代比率最高，次為宋代、明代、清代。隋唐五代時期居第五位，佔中國教育史比例為 9.44%。整體而言，隋唐五代時期的研究並未超 10%的比例。參考氏著〈近五十年我國教育史學門研究之探討：1949～2002〉文刊《師大學報：教育類》48 卷 1 期（2003 年 4 月）。

第二章　唐代教育發展之歷史背景

　　本章主要論述形成唐代教育發展的重要因素。唐代教育與傳統王朝類同，教育制度與發展深受政治力的影響，甚至成為重要主導力量。唐代崇聖尊儒的政策具有政治、教育、文化上深切的義涵，也成為影響教育發展的重要因素之一。唐代盛行科舉，成為國家選才任官的重要方式之一。隨著政府重視科舉制度，其影響教育發展也日益深切，這是不可忽視的因素。

第一節　傳統教育與政治

一、教育與政治

　　中國傳統教育制度與發展深受政治的影響與支配，並成為政治建設的重要工作。〔註1〕《禮記・學記篇》：「君子如欲化民成俗，其必由學乎。……古之王者，建國君民，教學為先。」〔註2〕其意義是說治國之君如果要教化民眾、移風易俗，就必須由教育著手；設立學校以教化民眾是國家統治者的首要任務與工作。漢代思想家董仲舒指出：

　　　　夫萬民之從利也，如水之走下，不以教化堤防之，不能止也。是故

〔註1〕　教育制度（Educational System）有兩種解釋。一是根據國家的性質制訂的教育目的、方針和設施的總稱，二是一個國家內各種教育機構的體系。參考教育百科辭典編審委員會主編《教育百科辭典》（台北市：五南出版社，民83年初版），頁416。

〔註2〕　（漢）戴聖撰、楊天宇譯注，《禮記》卷18〈學記〉（上海：上海古籍出版社，2010年），頁456。

教化立而奸邪皆止者，其堤防完也；教化廢而奸邪并出，刑罰不能勝者，其堤防壞也。古之王者明于此，是故南面而治天下，莫不以教化為大務；立大學以教于國，設庠序以化于邑，漸民以仁，摩民以誼（義），節民以禮。故其刑罰甚輕而禁不犯者，教化行而習俗美也。〔註3〕

董仲舒充分指出教化的重要性，放棄教化，將使奸邪發生，刑罰無法遏制。故歷代聖王深知教化的重要性，在實施統治時，「莫不以教化為大務」設立學校教化民眾，施以仁、誼（義）、禮等道德教育，使得社風淳美。當政治對教育的影響力升高之後，教育的發展增加了政治性的導向，教育的內涵也融入政治性的題材教育，成為工具性的社會制度，為統治者提供服務，以滿足政治權力的需求與政權的鞏固。

在唐代，陳子昂對於教育在政治的重要性有著深刻的論述，他上疏武則天指出：

陛下方欲興崇大化，而不知國家太學之廢，積以歲月久矣。學堂蕪穢，略無人蹤；詩、書、禮、樂，罕聞習者。……臣聞天子立太學，所以聚天下英賢，為政教之首，故君臣上下之禮，於是興焉。揖讓樽俎之節，於是生焉，是以天子得賢臣，由此道也。今則荒廢，委而不論，而欲睦人倫，興禮讓，失之於本而求之於末，豈可得哉！……陛下何不詔天下冑子，使歸太學，而習業乎？斯亦國家之大務也。〔註4〕

陳子昂於垂拱元年（685）上疏直指武則天荒廢學校教育。疏文指出國學教育是「政教之首」，培育統治人才的地方；要有「君臣上下之禮」、「欲睦人倫，興禮讓」皆源自教育的培育才得以致成，充分顯示教育的政治功能性。〔註5〕

政治制度對教育制度與發展產生巨大的影響，大致包括教育的目的，學校制度、教材課程等。在中國漢代以後的國家教育，是實施「王化」、「教化」的政治教育。教育是重要手段，也是政治的附庸。其目標是控制思想；目的

〔註3〕 （漢）班固撰，《漢書》卷56〈董仲舒傳〉（北京：中華書局，1972年），頁2503。

〔註4〕 陳子昂〈諫政理書〉，文刊（清）董誥編《全唐文》卷123，（上海：上海古籍出版社，1993年），頁950。

〔註5〕 雷家驥教授指出：武則天廢弛學校教育，是因她輕視儒官之學及不重視章句之學，既而不重視儒學教育。但她重視儒家的價值，她對儒家的忠孝觀念，讖諱內學與禮樂文化還是很重視，甚至選擇性大加利用的，可以說是儒家的利用者。參考氏著《武則天傳》（北京：人民出版社，2001年），頁496～497。

則在鞏固君主專制統治。〔註6〕在學校教材的選編，也深受政治意識型態的影響。儒家的經典，成為各級學校的主要教材。教師的遴選、任用也大多以熟悉儒家經典的學者（或研習者）為主。基本上來看，教育是種重要政治社會化的過程，培養效忠政權與服膺統治者的最佳方法，其目的是在維持統治與鞏固政權。

在教育活動進行，實施政治社會化的過程，各種象徵（symbols）、儀式（ritual）的功能顯得相當重要。在中國傳統教育中，天子視學（禮）、鄉飲酒禮，「釋菜禮」、「釋奠禮」、「束脩禮」等學禮，成為教育活動的一部分，藉由這些活動，潛移默化進行政治社會、陶冶心性、培養人格。〔註7〕

在漢代以前，重要政治人物（或統治階級）大多依據血統或階級地位而產生。漢代以後政府在中央、地方設立學校，培育人才，作為官吏的重要來源之一；自隋代以後政府選才任官，漸以科舉方式為重要方式，教育的重要性也隨之顯著。教育可以提升人力素質，培養人才能優秀或專業人士為國家所用，發揮統治功能。總體而言，中國傳統教育活動深受政府控制，甚至淪為政治工具。教育制度在馴化人民，服從統治或者培育統治的官僚的制度，教育的自主性與理性（或理想）卻逐漸在喪失。〔註8〕

二、傳統教育

中國傳統教育內容極為廣泛，試以學校制度、教育行政制度、傳統教育特色等加以論述。本文將傳統教育的時間斷限於三代與隋代之間。

（一）學校制度

在教育制度中以教育機構（或性質）來分，可以區分公立（官立）、私立學校兩種不同系統。「官學」是指各級官府所辦的學校，就其層級而言，大體而言，可分中央、地方官學。在唐代以前，嚴格來說，中央、地方官學並無層次的高低，兩者的不同，只是學校所在地點的差異。中央官學是設在京城，而地方官學則設在州、縣治；兩者之間是各自獨立教育機構，並未形成上下

〔註6〕　高明士，《中國傳統教育制度史論》（台北：聯經出版社，1999年），頁7。
〔註7〕　「釋菜」古代禮儀，以菜蔬設祭，為始入學堂或學子入學禮儀，禮之輕者。「釋奠」是學校典禮、陳設酒食以祭奠先聖先師。關於束脩、鄉飲、釋奠禮等，可參考高明士《中國中古的教育與學禮》，頁565～647。有詳細論述，值得參考，本文於後也有介紹。
〔註8〕　高明士，《中國傳統教育制度史論》，頁2。

銜接的學校制度，到了唐初才銜接起來。〔註9〕

1、中央官學

在中央官學發展上，相傳夏、商代設有國學（或大學），西周設有國學（周天子設學，稱之「辟雍」）。漢武帝採取董仲舒「獨尊儒術」之議，在元朔五年（124B.C）設立太學，置五經博士弟子員（太學學生）五十人，為漢代正式立太學之始，其大後太學規模日益擴大，學生增多。平帝王莽輔政時（元始四年，4B.C）太學生已近萬人。除太學外，東漢明帝時，外戚勢力強大，明帝專門替他們設立「四姓（樊氏、郭氏、陰氏、馬氏）小侯學」進行教育，是屬於貴胄性質的官廷學校。安帝時，鄧太后輔政，於元初六年（119A.D）設立另所貴胄學校；其後又設立「宮廷學校」進行宮人教育。〔註10〕東漢靈帝光和元年（178A.D）設立「鴻都門學」，它是一所研習文學、藝術專門學校。此學校設立，突破「獨尊儒術」政策的限制，也把學校教育從主流的儒家經典擴展到專門技藝的領域。貴胄、宮廷、專門學校的建立，成為日後歷代政府設學的重要基礎。

魏晉南北朝時，中央官學發展出現新的風貌，一是「國子學」的設立。西晉武帝咸寧四年（278A.D）創立國子學，並設國子祭酒、博士各一人，教授學生。惠帝元康三年（293A.D），明確規定官至五品以上子弟許入國子學；而太學則成為六品以下子弟的求學場所。此後國子學與太學並立，其地位超越太學之上。其二是專業學校的出現。曹魏時設立「律學」，西晉設立「書學」，北魏設立「算學」，南朝劉宋時設立「醫學」等，這些專門學校，成為日後唐代官學的重要淵源。〔註11〕其三是諸學並立。後趙石勒於東晉元帝大興二年（319A.D），建立經學、律學、史學、門臣四祭酒，皆為各有所司的實職機關。史學祭酒機關系統，甚可能帶有培育史才之責任，也是中國歷史上首次直以「史學」為名，而創立的史學訓練或修撰之建制機關，較南朝宋文帝創立「史學」早了約一個世紀。〔註12〕南朝宋文帝元嘉十五年（438A.D）將玄、儒、文、史學科教育四館並立學院，其後宋明帝、齊武帝、梁武帝等也相繼設立不同的學院，將不同的學術列為國學，不再以儒學為尊。〔註13〕

〔註 9〕 周愚文，《中國教育史綱》，頁 10、11、12。
〔註10〕 毛禮銳等，《中國教育史》，頁 167～168。
〔註11〕 宋大川、王建軍，《中國教育制度通史：魏晉南北朝、隋唐（公元 220～960年）》，頁 78～81。
〔註12〕 雷家驥著，《中古史學觀念史》（台北：台灣學生書局，1980 年），頁 390。
〔註13〕 金忠明主編，《中國教育研究史：秦漢魏晉南北朝分卷》（上海：華東師範大

　　最末，北魏設立「皇宗學」，專門培育宗室子弟；設立「四門學」招收寒門庶族子弟等，也成為日後唐代官學的一部分。〔註 14〕值得注意的是北魏統治者為表現自身對儒教的尊崇，極為重視對儒教的創立者孔子的祭拜。不僅設立京師孔子廟，皇帝也親自前往祭祀，並封其子孫為崇聖侯，賞有封邑，以奉祀孔子。〔註 15〕

　　2、地方官學

　　在地方官學方面，西周有諸侯之學，稱為「泮宮」，也有「鄉學」設立。漢代地方官學，稱「郡國學」，首設於景帝時文翁為蜀郡郡守時。漢武帝時，下令地方設學。魏晉南北朝，由於政局變亂，時代動盪不安，地方官學衰沒是普通的現象。地方官學大多由地方長官自行推動，成效有限。北魏時，地方官學（郡國學）十分發達，學校都冠以「太學」之名，表示它與中央官學的同等性質，教學制度也比較正規。博士須經地方官的考選，學生也是經過選拔而入學。教學有常規、考核有定制，地方官經常到學校簡試學生，中央也會定期到地方太學考核學生，使教育體制上開始形成中央與地方連結，為構成全國學校的網絡系統奠定了基礎。〔註 16〕北魏地方官學制度，成為日後隋唐地方官學之雛形。

　　3、私學發展

　　私學是指民間私人所設立的學校或教育機構。它大致起源於春秋時代。最著名是孔子所辦的私學。戰國時期百家興起，各學派紛紛創辦私學成為中國歷史上私學最發達的時代之一。秦統一天下，以吏為師，禁斷私學。漢代私學十分發達，大抵而言，可分二階級。初級階段稱蒙學、學館、書館等，是屬於初級學校，適於兒童、青少年時期。研習蒙學教材、習字、論語、孝經等；程度較高的進階學校是經學大師所辦理的「精舍」、「精廬」等，學生入學，以專研經學為主，也可能傳授黃老、法律、天文、星曆、圖緯等教育內容比官學更為多元、豐富。

　　漢代經學重家法，墨守成經，陳陳相因，無發明創闢，私人聰明反而塞

　　　　學出版社，2009 年），頁 371～374。
〔註 14〕宋大川、王建軍，《中國教育制度通史：魏晉南北朝、隋唐（公元 220～960年）》，頁 74。
〔註 15〕（北齊）魏收撰，《魏書》卷 7（下）〈高祖紀〉，（北京：中華書局，1981 年），頁 177。
〔註 16〕《魏書》卷 32〈封軌傳＞，頁 765。

塞。於是官學不受人重視，真心求學的，轉歸私學，民間私學以古文經學為主，古文經學無家法可兼通博采，到東漢時，私學取代官學。〔註17〕漢代私人講學具有下列特色，一、私人教授盛況空前：有居官講授，有在野身分（辭退官府或隱居）。二、私人教學的地方，通常稱為「精舍」。三、讀書的人常常不遠千里，負笈尋師。四、私人講學規模大，自然造成極大的勢力。兩漢私人講學的風氣奠定了中國私人講學的制度和傳統。〔註18〕

魏晉南北朝時代，整體而言，官學發展衰沒，私學卻呈現繁榮局面。此時期私人講學有幾項明顯的特徵。其一，名儒（或名師）聚徒講學、儒學、玄學、佛學結合（融匯）、進行教學，其二是世族門第之學盛行。由於世族子弟擔負延續門第的重責。從小教育培養，十分受到家族的重視。它以家學、門風為其主要教育內容，家學有儒學、文學、書法、善談為主；在門風則以忠孝觀念為主，又以孝為門風所重。〔註19〕其三，是「山林寺院」講學的發展。南北朝時，佛教盛行，不少博通經史的學者出家為僧侶或本身是僧侶卻精通儒、玄學者，在佛寺聚徒講授，開啟寺院講學的風氣。這些山林寺院清靜幽遠，藏書豐富，學門高僧講學，提供士子最好的研究場所。此種讀書習方式，延續到唐代，也成為日後書院制度的重要基礎。

（二）教育行政制度

教育行政制度是指「在教育中行使管理職能的各級政府機構的總和。」具體而言是指教育行政職司範圍有從事貫徹教育方針，推行教育政策法令，擬定教育規章，編訂教育計劃，審核教育經費，任用教育人員，視察指導、考核所屬機構和人員，實現組織、計劃、決策、指導、協調等職能活動的統稱。〔註20〕基本上，又可分為中央、地方二種不同層級。在中央方面，西周時代，以負責國家祭祀典禮的「大司樂」兼管教育。在漢代職司教育是「太常」是主管宗教事務兼理教育工作。在北齊時，在太常之下首設「國子寺」作為管理國子學、太學、四門學等三所京師學校，此為設立專門教育行政機

〔註17〕 錢穆，〈中國教育制度與教育思想〉，收錄氏著《國史新論》（台北：東大圖書公司，1998年），頁215～216。

〔註18〕 李弘祺，〈絳帳遺風：私人講學的傳統〉，收錄《中國文化新論・學術篇・浩瀚的學海》（台北：聯經出版社，1987年），頁361～365。

〔註19〕 方碧玉，《東晉南北朝世族家庭教育研究》（台北縣：花木蘭出版社，2009年），頁252～253、255。

〔註20〕 教育百科辭典編審委員會主編，《教育百科辭典》，頁411。

構之開始。〔註21〕

　　隋文帝開皇十三年（593），「國子寺罷隸太常，又改寺為學」。〔註22〕國子學脫離掌宗廟祭禮的太常寺，而專門負責教育事務。仁壽元年（601），「罷國子學，惟立太學一所，省國子祭酒博士，置太學博士，總知學事」。〔註23〕隋煬帝大業三年（607），改國子學為國子監，成為「五監」之一，〔註24〕「國子監」之名也正式出現。唐高祖時「以國子監曰國子學、隸太常寺」。〔註25〕到太宗貞觀元年（627），「改國子學為國子監」。〔註26〕國子監成為獨立的教育行政機關。

　　在地方層面，西周設有大司徒主管地方教育。在漢代，學校教育由地方長官負責，設有郡文學、郡文學史、郡文學卒史、五經百卒史及鄉三老等學官來推廣教育。北魏時，是地方教育行政制度發展的重要關鍵時代。北魏郡國學編制正規、學生定額、博士須經地方官的考選，學生要經選拔而入學，教學有常規，考核有定制，地方官經常到學校簡試學生。中央定期派員到地方太學考核等不僅促進地方教育的發展，也使教育行政制度逐漸完善，為唐代地方學校，教育行政奠定了良好的基礎。〔註27〕

　　除了官方行政管理之外，私學的行政管理有相當模糊性，欠缺統一規定的標準。教學內容和程度往往受教師教學與管教理念而有所不同。以漢代為例，由於「學館」（或經館）學生眾多。不可能個個當面傳授，採用「次相傳授」，教師只對於從學較長子弟的及門弟子進行，直接傳授，再由高業及門弟子輾轉相傳於初學弟子。至於內部管理，由於史料十分缺乏，難以了解其情形。私學管理的制度化，漸成於宋代書院的建立。

　　依現代概念來看，在教育行政制度中，尚有「學規」、「學禮」的制度來規

〔註21〕周愚文，《中國教育史綱》，頁170。
〔註22〕杜佑著、顏品忠等校點，《通典》（長沙：岳麓書社出版社，1995年）卷27〈職官九〉「國子監」條：「凡國學諸官，自漢以下，并屬太常，至隋始革之。」，頁396。
〔註23〕杜佑，《通典》卷27〈職官九〉，頁396。
〔註24〕劉昫撰，《舊唐書》（北京：中華書局，1991年）卷44〈職官三〉「國子監」條原注，頁1890。
〔註25〕歐陽修等撰，《新唐書》（北京：中華書局，1991年）卷48〈百官志三〉「國子監」條，頁1266。
〔註26〕《舊唐書》卷42〈職官一〉，頁1785。
〔註27〕宋大川、王建軍，《中國教育制度通史：魏晉南北朝、隋唐（公元220～960年）》，頁94～97。

範教育活動以達成教育目的。「學規」主要是針對學生學習（或修業）、生活管理上所制定的規定。「學禮」汎指學生在學習過程應具有的禮儀方面的知識與態度。在學規方面：西周時代已有中央、地方學校考核制度，來規範師生戰國時代的齊國「稷下學官」制度學規。《管子‧弟子職》被視為中國最早的學生學習，生活守則。〔註28〕在漢代經學研究和傳經中重要學規是格守「師法」、「家法」。「師法」是指經學師承關係；「家法」是經師的學說內容。後代弟子必須遵守，並且成為考核博士及弟子的重要標準。〔註29〕在魏晉南北朝，學規方面的管理效益欠佳，基本上原因是戰禍頻仍，時局動盪，教育活動欠缺穩定的社會基礎。其二是當時選才任官盛行九品中正制，學校教育不受社會重視，學規形同虛設。到了唐代政府制定一系列校規、校紀。有些還以法令形式頒布，成為政府法令的組成部分，以此來保證學校正常教學和管理秩序。〔註30〕

　　在學禮方面主要有「束脩禮」、「釋奠禮」、「鄉飲酒禮」等。束脩是學子初定教師時，奉獻禮品以示敬意。在春秋時代已經實行，致送束脩以示尊師，增進師生情誼，演變到唐代，學校行束脩之禮。在官學方面，由政府明令規定。「釋奠禮」淵源於古代祭祀先師之禮。《禮記‧文王世子》：「凡始立學者，必釋奠于先聖先師」。〔註31〕釋奠之禮，是學校（或學習）中最隆重的禮儀，所以天子必須親臨釋奠。釋奠禮儀原本沒有設置廟宇，在東晉孝武帝太元十年（385），在國子學學校西側增建廟宇（夫子堂），創建「廟學制」。在南北朝時，中央官學均設有孔廟。〔註32〕隋代時，根據《隋書‧禮儀志四》載：「國子寺、每歲以四仲月上丁，釋奠于先聖先師，年別一行鄉飲酒禮。州郡學則以春秋仲月釋奠。州郡縣亦每年於學一行鄉飲酒禮」。〔註33〕隋代是將

〔註28〕 孫培青主編，《中國教育管理史》（北京：人民出版社，1996 年），頁 35。

〔註29〕 「師法是溯其源，家法是衍其流。以《漢書‧儒林傳》為例，凡說到某侯有某氏之學的，大抵是指師法，凡說到某家有某氏之學，大抵都指家法。如言《易》有施、孟、梁丘之學，施、孟、梁丘是易學的師法。但三人皆從田王孫受《易》，田王孫亦應為三人的師法。孟喜因改師法，不為宣帝所用。……施家有張、彭之學，而張、彭是家法。……家法的特徵，大體表現章句，章句成為家學的重要條件。」參見洪安全〈復古與創新：兩漢經學的發展〉收錄《中國文化新論‧學術篇‧浩瀚的學海》（台北：聯經出版社，1987），頁 152～153。

〔註30〕 孫培青主編，《中國教育管理史》，頁 103、147。

〔註31〕 楊天宇譯注《禮記》卷 8〈文王世子〉，頁 250。

〔註32〕 高明士，《中國傳統教育制度史論》，頁 46～50。

〔註33〕 《隋書》卷 9〈禮儀志四〉，頁 52。

釋奠禮給予法制上的確立。鄉飲酒禮可溯源於西周，但自漢代、南北朝實施情形並不明確，到隋唐時期，將學校所舉行的鄉飲酒禮納入典，成為學校學禮之一，作為生徒業成向中央貢士的禮儀，是種鄉飲酒禮與貢舉制度的結合。〔註34〕

在中國教育發展史上，唐朝是重要的時期，在前代各類學校教育的基礎上，建立最完備的學校教育制度、教育行政制度。政府制定學令，以法律政令的形式，來規範教育活動。是學制法制化的標誌，也是日後歷代教育發展的重要奠定時代。

三、傳統教育的特色

中國傳統教育制度與發展，除了深受政治的影響與支配外，尚具有一些特色。首先，中國傳統教育中的精神與理想，創始於孔子。教育的主要意義並不專為傳授知識，訓練職業；也非專業某一年齡層，教育工作是「有教無類」。第二以儒家為核心的教育，主要教人如何為人，注重人的德性，給予教育，啟發天賦，發展德性。第三，重視人師甚於經師，所謂「經師易得，人師難求」，人品人格最高者，能勝任人師之道，教人亦能各自盡性成德，提高其各自之人品人格。第四，傳統教育主要是私門自由教育。優秀的名師宿儒，能夠招徠學生雲集。最末，教育理想最重師道，儒家教義論教育，脫略形式化，只要是一君子，即是一師，社會上有君子，他人即望風起，「君子之教，如時雨化之」。〔註35〕上述這些中國傳統教育的精神與理想所形成的特色。大致而言，都在唐代呈現，也構成教育發展的歷史背景。然而，傳統教育也有顯著的缺點，例如教育理想是君子仁人或「成聖成賢」，但在漢代，士子研習經學，目的是「利祿之路」，真正落實的並不多。這種功利性的目的在科舉制度實行後更為顯著，教育幾乎淪為科舉的附庸。在教材內容上，基本上是文字教育，並以儒家經典為主，從啟蒙到學成，幾乎都在書堆中生活。經常與現實生活脫節，重文輕武，束縛思想等多重弊端。在教學上「只知灌輸，不重啟發」、「注重背誦，忽視理解」、「強調訓練，未啟興趣」等為人詬病的教學方法。

〔註34〕 高明士：《論隋唐學禮中的鄉飲酒禮》文刊《唐史論叢》第八輯（西安：三秦出版社，2006 年），頁 1～28。
〔註35〕 錢穆〈中國歷史上的傳統教育〉，收錄氏著《國史新論》，頁 194～200。

第二節　崇聖尊儒的文教政策

一、復興儒學

　　魏晉南北朝時代，儒學發展衰沒，佛、道教盛行，成為學術、思想上的主流。韓愈論及儒學發展云：「漢氏以來，群儒區區補修，百孔千瘡，隨亂隨失，其危如一髮千鈞，綿綿延延，寢以微滅。於是時也，而唱釋老於其間，鼓天下之眾而從之」。〔註36〕韓愈指出自漢代以降，佛、道教盛行，儒學發展深受衝擊，依靠群儒的努力，才得以維持。唐初統治者為了維護和鞏固王朝政權，除了規劃具體政制之外，在政治、文化上尚需要一個統一思想作指導，用以維繫民心，作為社會、道德基本規範。唐初，儒家、佛教、道教等三教並立，唯有儒家較有具體經國治民、修養心性的理念、作法，符合統治所需，因此李唐王朝選擇儒學（儒家思想）作為立國文教的基本原則。

　　唐高祖李淵立國之初就復興儒學，及高祖起義太原，初定京邑，雖得之馬上，而頗好儒臣。以武德元年（618）五月，初令國子學置生七十二員，取三品已上子孫；太學置生一百四十員，取五品已上子孫；四門學生一百三十員，取七品已上子孫。上郡學置生六十員，中郡五十員，下郡四十員。上縣學並四十員，中縣三十員，下縣二十員。武德元年、詔皇族子孫及功臣子弟，於祕書外省別立小學。設置經學博士，詔令諸州以明經入貢。〔註37〕

　　武德二年（619）詔曰：

　　　　盛德必祀，義存方策，達人命世，流慶後昆。建國君人，弘風闡教，崇賢彰善，莫尚於茲。自八卦初陳，九疇攸敘，徽章互垂，節文不備。爰始姬旦，匡翊周邦，創設禮經，尤明典憲。啟生人之耳目，窮法度之本源，化起《二南》，業隆八百，豐功茂德，冠于終古。暨乎王道既衰，頌聲不作，諸侯力爭，禮樂陵遲。粵若宣父，天資睿哲，經綸齊、魯之內，揖讓洙、泗之間，綜理遺文，弘宣舊制。四科之教，歷代不刊；三千之文，風流無歇。惟茲二聖，道著群生，守祀不修，明褒尚闕。朕君臨區宇，興化崇儒，永言先達，情深紹

〔註36〕韓愈，《韓昌黎集》卷3〈與孟尚書書〉（台北：河洛出版社，1975年），頁126。

〔註37〕（元）馬端臨撰，《文獻通考》卷29〈選舉考二〉（台北：台灣商務印書館，1987年），頁271。

　　嗣。宜令有司於國子學立周公、孔子廟各一所，四時致祭。仍博求
　　其後，具以名聞，詳考所宜，當加爵士。〔註38〕

這是唐初文教政策的重要詔令，它揭示建立國家的君主，要弘揚風化、闡明
教義、尊崇賢能、表彰善行的重要性。詔令中推崇周公、孔子在禮教、法制
的重大貢獻，認為只有這二位聖人，值得祭祀與表彰。唐高祖認為統治國家、
振興教化、崇尚儒學、懷念先世的賢達，照顧聖賢後裔是應該的，應當命令
有關機構在國子學中建周公、孔子廟各一所，四季加以祭祀。武德七年（624）
唐高祖又下詔，令各州向中央推薦通經學之士，若有能通一經之人士，經相
關部門考核後授予官職。〔註39〕可見高祖尊重儒學，渴求人才之殷切。此年，
高祖親赴國學祭奠儒學先聖，然後召博士徐文遠、僧人慧乘、道士劉進喜、
各代表儒、佛、道三教當場講論。儒學大師陸德明予以議評，高祖大為讚賞
陸德明並給予賞賜。〔註40〕唐太宗早在秦王時對儒學十分重視、設立文學館
廣引文學之士，即位後下詔以府屬杜如晦等十八人為學士，給五品珍膳，分
為三番，更直宿于閣下。唐太宗即位後，在正殿的左方，設置弘文館，精選
天下文儒之士如虞世南、褚亮、姚思廉等，各以本職官位兼署（弘文館）學
士，命令他們交替輪直。在臨朝聽政的空暇時間，請他們進入內殿，講論經
義，商議國政，有時候要到半夜才罷休。其後，又召集三品以上的功臣賢官
的子孫，進入弘文館充任學生。唐太宗對崇儒政策持續推展，史載：

　　貞觀二年（628），停以周公為先聖，始立孔子廟堂於國學，以宣父
　　為先聖，顏子為先師。大徵天下儒士，以為學官。數幸國學，令祭
　　酒、博士講論，畢，賜以束帛。學生能通一大經已上，咸得署吏。
　　又於國學增築學舍一千二百間，太學、四門博士亦增置生員，其書
　　算各置博士、學生，以備藝文，凡三千二百六十員。其玄武門屯營
　　飛騎，亦給博士，授以經業，有能通經者，聽之貢舉。是時四方儒
　　士，多抱負典籍，雲會京師。俄而高麗及百濟、新羅、高昌、吐蕃
　　等諸國酋長，亦遣子弟請入於國學之內。鼓篋而升講筵者，八千餘

〔註38〕（後晉）劉昫撰，《舊唐書》卷 189（上）〈儒學（上）〉（北京：中華書局，1995
　　　　年），頁 4940。
〔註39〕（五代）王定保撰、姜漢椿校注，《唐摭言》卷 1〈統序科第〉（台北：三民書
　　　　局，2005 年），頁 2。（以下《唐摭言》皆用此版本。）
〔註40〕（宋）歐陽修、宋祁撰，《新唐書》卷 198〈陸德明傳〉（北京：中華書局，1991
　　　　年），頁 5640。

人，濟濟洋洋焉，儒學之盛，古昔未之有也。〔註41〕

唐太宗復興儒學的規模是相當巨大的，不僅重視文儒之士，並參議朝政，鼓勵學儒通經以仕官，提升孔子在文教上的尊崇地位，擴大國學規模，吸引國內儒士「雲會京師」；也令外國酋長「遣子弟請入於國學」，要求生員讀經，也令武士兵將「授以經業」。唐初的儒學，經由高祖、太宗的獎勵、提倡奠定其重要的基礎。

貞觀十四年（640），唐太宗褒獎前代儒學名家；貞觀廿一年（647）又對南北朝以前歷代名儒（如左丘明、卜子夏、公羊高等）進行褒獎「並配享尼父（孔子）廟堂」，給予儒家更多的肯定與支持，推動儒學的發展。〔註42〕

二、崇儒政策

魏晉南北朝以來，佛教地位在學術、文化上的最具影響力。隋代、唐初佛教的興盛，對儒學產生威脅，引起儒學展開競爭。隋唐之際政局紛亂，很多人投身佛門以避禍。唐朝統一天下之後，天下僧尼眾多，引起朝臣嚴厲的批判。武德七年（624），太史令傅奕有感佛教，對社會、經濟的危害，提出消除佛法之議，史載：

> 佛在西域，言妖路遠，漢譯胡書，恣其假託。故使不忠不孝，削髮而揖君親；遊手遊食，易服以逃租賦。演其妖書，述其邪法，偽啟三塗，謬張六道，恐嚇愚夫、詐欺庸品。凡百黎庶，通識者稀，不察根源，信其矯詐。乃追既往之罪，虛規將來之福。布施一錢，希萬倍之報；持齋一日，冀百日之糧。遂使愚迷，妄求功德，不憚科禁，輕犯憲章。其有造作惡逆，身墜刑網，方乃獄中禮佛，口誦佛經，晝夜忘疲，規免其罪。且生死壽夭，由於自然；刑德威福，關之人主。乃謂貧富貴賤，功業所招，而愚僧矯詐，皆云由佛。竊人主之權，擅造化之力，其為害政，良可悲矣！〔註43〕

傅奕指出佛教是外來之教不適於中國，「不忠不孝，削髮而揖君親」，不從事生產，「易服以逃租賦」；在理論上，以欺詐、恐嚇的說法，愚迷民眾等。因

〔註41〕 《舊唐書》卷 189（上）〈儒學（上）〉，頁 4941。

〔註42〕 （唐）吳兢，《貞觀政要》卷 7〈崇儒學〉（台北：宏業書局出版，1986 年），頁 337。

〔註43〕 《舊唐書》卷 79〈傅奕傳〉，頁 2715。

此他奏請廢除佛教。高祖交付群臣議決，支持、反對者皆有。高祖深贊其論，不久之後，就發布《沙汰僧道詔》，但因太宗即位而未及實行。〔註44〕其後，仍有不少人繼續進行「反佛」。除了以儒家名教觀念批判佛教之外，也以「援佛反佛」（運用佛教教義否定現實中的佞佛行為），著名的有武則天時代的狄仁傑，中宗時的韋嗣立和辛替否等人。雖然如此，但仍然無法撼動佛教的理論基礎。〔註45〕

唐高祖在起兵之後，利用道教「李氏當王」、「老君治道」等讖語來拉攏民心；道士協助李淵、李世民奪取政權。因而道教與老子的地位提高。高祖、太宗扶植下，道教地位大為提高。在武則天時代，老子地位下降（由高宗時太上玄元皇帝改為老君）。中宗復位後，「老君」恢復改稱「玄元皇帝」，令貢舉人研習《老子》。到了唐玄宗時，崇道達到高峰，置崇玄學，整理道教經典；科考試策加考《老子》；自己所注《老子》及義疏頒行天下研習，不僅提高道教地位，也有助於道教思想的傳播。〔註46〕

唐初統治者，對於佛教、道教、儒學等採取扶植、獎勵政策，但以國家治理而言，儒家及其思想更適合統治者所需。佛教提倡脫離世俗，寄心於來世或成佛；道教力主清淨淡泊，無所拘束，對於維持統治王朝而言，並非有利。儒家思想基本上是入世，探討治國安邦之術，講求經世致用之學；從統治者的立場來考量儒家及其思想，是項最好的選擇與途徑。唐高祖立國之初，天下仍然戰禍未定，就確定儒家為其立國之基本國策。「自古為政，莫不以學為先，學則仁義禮智信五者俱備，故能為利深博。朕今欲敦本息末，崇尚儒宗，開後生之耳目，行先王之典訓」。〔註47〕在唐太宗的政教措施，言論思想表現更為顯著。他推崇儒家，對於儒家禮樂教化給予極高評價「可以安上治民，可以移風易俗，揖讓而下治者，其惟禮樂乎」。〔註48〕對於君主統治之道，他提出「仁政」、「堯舜之道，周孔之教」，史載：

貞觀二年（628），太宗謂侍臣曰：「古人云：『君，猶器也；人，猶

〔註44〕 王水平主編，《中國文化通史：隋唐五代卷》（北京：中共中央黨校出版社，2000年），頁48。

〔註45〕 謝保成、趙俊，《中國全史：中國隋唐五代思想史》（北京：人民出版社，1994年），頁74～79。

〔註46〕 謝保成、趙俊，《中國全史：中國隋唐五代思想史》，頁67～69。

〔註47〕 （宋）宋綬、宋敏求編，《唐大詔令》卷105〈興學敕〉（台北：鼎文書局，1978年），頁537。

〔註48〕 （清）董誥編，《全唐文》卷6〈頒示禮樂詔〉，頁24。

水也。』方圓在於器，不在於水。故堯舜率天下以仁，而人從之；
誅紂率天下以暴，而人從之。下之所行，皆從上之所好。至如梁武
帝父子，志尚浮華，惟好釋氏、老氏之教。武帝末年，頻幸同泰寺，
親講佛經，百寮皆大冠高履，乘車扈從，終日談論苦空，未嘗以軍
國典章為意。及侯景率兵向闕，尚書郎已下，多不解乘馬，狼狽步
走，死者相繼於道路，武帝及簡文，卒被侯景幽逼而死。孝元帝在
于江陵，為萬紐于謹所圍，帝猶講老子不輟，百寮皆戎服以聽，俄
而城陷，君臣俱被囚縶。庾信亦歎其如此，及作『哀江南賦』，乃云：
『宰衡以干戈為兒戲，縉紳以清談為廟略。』此事亦足為鑒戒。朕
今所好者，惟在堯舜之道、周孔之教，以為如鳥有翼，如魚依水，
失之必死，不可暫無耳。〔註49〕

從上述可以說是唐太宗表達對治道的看法。他首先說明「上有所好，下必從
之」之理，提示君主言行的重要性，並指出治國要以「仁政」，以舉梁武帝、
簡文帝等，迷信佛法、喜好道教而導致國滅身亡之歷史教訓提供殷鑑，明確
告訴侍臣他的立場是「堯、舜之道、周孔之教」。

　　唐太宗所言是為儒家所推崇「聖王（人）政治」。這種「聖王政治」深具
有社會、文化、政治上的內涵與意義所在。葛荃就明確指出唐初興儒學、立
孔廟背後所隱涵的動機與目的。他指出：「在儒家看來，歷史上那些品行高尚
的帝王諸如堯、舜、禹、湯等，可見列入道德型聖人。某些德行突出的賢臣
和學者，孟子就把伊尹、伯夷、柳下惠、孔子列為聖人。……聖人是一種理
想化的的人格形象，其中蘊含者千百年來人們對於道德、社會和君主政治的
所有的美好嚮往與期盼。同時，聖人本身也成為人們所能找到最佳道德權威
和人格權威。……在實際政治生活中，君主也會尊崇聖，對堯舜禹湯、文武
周公等頂禮膜拜，尊崇聖人在政治上只能產生一致效果，那就是對君權的絕
對肯定。聖人作為儒家文化設計的最高人格權威，即可以升入帝王的殿堂，
與王權和帝王人格結為一體，成為聖主；同時，又可以普化為全社會的人格
榜樣，成為每一個社會成員的人生目標。事實上，傳統文化以聖人為基點，
設計出了最佳人生規劃，謂之「內聖外王」。」〔註50〕

〔註49〕《貞觀政要》卷6〈慎所好〉，頁301。
〔註50〕葛荃〈崇聖與社會控制〉，收錄劉澤華主編，《中國傳統政治哲學與社會整合》
　　　　（北京：中國社會科學出版社，2001年），頁224、228、229。

　　唐太宗曾言：「朕看古來帝王，以仁義為治者，國祚延長；任法御人者，雖救弊於一時，敗亡亦促。既見前王成事，足是元龜。今欲專以仁義誠信為治，望革近代之澆薄也」。〔註51〕唐太宗揭示「以仁義為治」即遵從儒家治國之原則。貞觀五年（631），太宗謂侍臣曰：「佛道設教，本行善事，豈遣僧尼道士等，妄自尊崇，坐受父母之拜，損害風俗，悖亂禮經，宜即禁斷，仍令致拜於父母」。〔註52〕唐太宗下詔令要求僧尼道士要致拜父母，一反「坐受父母之拜，損害風俗」，其目的即在維護儒家所標榜的禮教。從此處也可以看出唐太宗在佛教、道教、儒家思想中其中心思想所在。貞觀年間，著名直諫大臣魏徵論述儒家的看法，可以代表貞觀君臣間的共識：

> 儒之為教，大矣！其利物博矣！篤父子、正君臣、尚忠節、重仁義、貴廉讓、賤貪鄙、開政化之本源，鑿生民之耳目，百王損益，一以貫之。雖世或污隆，而斯文下墜；經邦致治，非一時也。涉其流也，無祿而富，忙其道者，無位而尊。〔註53〕

魏徵的這段論述明白指出儒學對於教化、國家秩序、社會人倫規範、個人貧富尊卑等具有重大的功能；更是「經邦致治」不可或缺的指導原則。因為重視儒家，將其經典放置首位，依次「經、史、子、集」四大類，「道、佛者，方外之教，聖人遠致也。俗士為之不通，其指為多離，以迂怪、假託、變幻亂於世，斯所以弊也。……故錄其大綱附於四部之末」。〔註54〕儒家的重要性，不僅見於經籍的編纂，唐代律令《唐律疏義》也深受其影響而以儒家禮教為其主體價值所在，精神所憑藉。〔註55〕整體而言，唐代崇聖尊儒的教育政策，除了成為國家教育指導思想、尊崇孔子、設立學校進行儒學教育之外，提高教師的政治地位，法律上保障教師，追求成為聖賢的教育目的等皆是其政策上顯著的特點。

　　在提升教師的政治地位上，唐代教師的品秩大幅提升，是魏晉以來最高。在唐律中對教師的尊嚴給予法律保障，唐律最重「十惡」之中，殺教師屬於「九惡」；不准議請、減刑，即使逢大赦，「十惡」亦不在其中。「歐傷見受業

〔註51〕　《貞觀政要》卷 5〈論仁義〉，頁 233。

〔註52〕　《貞觀政要》卷 7〈論禮樂〉，頁 351。

〔註53〕　《隋書》卷 33〈經籍志〉（總序），頁 903。

〔註54〕　《隋書》卷 35〈經籍志〉，頁 1099。

〔註55〕　高明士主編，《唐律與國家社會研究》（導論）（台北：五南出版社，20030 年），頁 17；鄭顯文《唐代律令制研究》（北京：北京大學出版社，2004 年），頁 15。

師，加凡二等」。對教師的人格、人身的尊嚴是用法律來進行保護的。唐太宗君臣以聖人為楷模，努力致使政治清平。在教育上鼓勵學生修習儒家經典和尊敬儒師培養成為聖賢的教育理想目標。〔註56〕

釋奠禮是祭祀儒家先聖先師之禮儀統治者，以此表示對儒學傳統的尊重。唐初釋奠禮曾經歷一番政策上的搖擺，最後確立以孔子為先聖、顏回為先師的制度，並建立從祀制度。在高宗顯慶年間修訂過的〈永徽祠令〉中，釋奠禮列為中祀。〔註57〕這也是唐朝「崇聖尊儒」政策的具體呈現。

三、經學整理

經學是研究儒家經籍的學問，包含政治、社會、史學、文學、倫理、哲學等各種內容。自漢代以來，經學有師承家法之家，古今文之爭；摻雜法家、陰陽學等。魏晉南北朝分立，加上南北學風不同，經學呈現支離破碎，分歧混亂的局面。唐代一統形勢完成，統治以儒學思想作為文教政策指導原則，藉由學術的統一來促進政治、思想的統一，以利鞏固政權。

唐太宗在當政之初，就令師顏古考定五經（《五經定本》）統一版，頒行天下。其後又命孔穎達撰《五經正義》，成為全國學習經典與明經科考試的標準本。由於唐初科舉考試，內容是儒家的學說與經典，考試之中重「貼經」，使得考生必須熟讀經典，甚至背誦以應付考試。這種考試制度，對於儒學的發展產生了重大的影響。此外，唐初經學家陸德明撰《經典釋文》對於儒家經典之源流、版本、音韻等皆有詳加論述。在解決儒學經典流傳的問題與重振儒學的權威，有了重大的貢獻。〔註58〕

由於儒家經典所教導的，很少是抽象、立虛的道德理論，多是由生活體驗中反省、歷練而得的具體事實，它的理想與價值，透過這些立身行事的原則與行為模式，灌輸到人們的思想意識裏。在其教育過程中，儒家經常用足資警惕或可為模範的人物來樹立「典範權威」，約束人們的行為。〔註59〕儒家經典的「具體性」、「可行性」，又以「典範」以利模仿、學習，使得儒家

〔註56〕 宋大川，《唐代教育體制研究》，頁41～48。
〔註57〕 朱溢，〈唐至北宋時期的大祀、中小和小祀〉，文刊《清華學報》（新）39卷2期（2009年6月），頁302～303。
〔註58〕 謝保成、趙俊，《中國全史：中國隋唐五代思想史》，頁47。
〔註59〕 轉引羅彤華譯，《貞觀之治與儒家思想》（台北：台灣師範大學研究所專刊（10），1984年），頁70～71。

在推展教育活動中，它的知識與思想，最能「內化」（或轉化）成意識型態或社會價值觀，成為約束人們的社會規範與道德生活。唐初統治者推崇儒家，尊崇孔子，另一方面則統一經典，底定五經，兩者同步進行，相互推動。於是，孔子成為聖人，形同神明祭祀；五經成為知識（或文化）上的權威，評價是非的依據。「五經是由政治權威欽定而頒行全社會的，而且歷朝不乏帝王充任最高經師的現象，威逼加上利誘，同時又通過各種文化機制的引導和訓戒，往往內化化為自覺的認同與信奉。在王朝政治中，舉凡議禮、制度、考文，皆以經義為本……君王制誥下詔，常援引經書，群臣上奏對答，更是引經據典，這種情形不僅僅是教條的外在束縛使然，也不僅僅歸於班固所謂的『蓋祿利之路然也』。更表經學經由權力的運作業已成為儒士內心中的一種真誠的信仰」。〔註 60〕道出研習經學所具備潛在的政治、文化、社會上的意涵。

第三節　科舉制度

一、常舉與制舉

　　科舉制度是由國家設立科目，通過統一考試，進行選拔人才，分配官職的制度因分科取士而得名。〔註61〕一般所稱「科舉」在隋唐時期稱為「貢舉」。根據高明士教授的研究，隋代的貢舉制度中的秀才、明經、進士以及唐人制舉諸科，除了進士科以外，均見於前代。進士科之創制，以隋文帝開皇七年（587）最有可信，其科目名稱是「賓貢」到煬帝即位，改名曰「進士」，定制於大業三年（607）。〔註62〕若以唐代科舉項目來分，可分「常舉」、「制舉」。「常舉」（或「常貢」），自武德五年（622）實施貢舉，沿用隋代所設四科：秀才、明經、進士、俊士科。其後因形勢發展，君主的喜好與需求，而有所增置。

〔註 60〕胡學常，〈道與社會規範〉,收錄劉澤華主編,《中國傳統政治哲學與社會整合》，頁 103。
〔註 61〕教育百科辭典編審委員會主編，《教育百科辭典》,頁 318。但唐代科舉及第只取得任官資格。
〔註 62〕高明士，《隋唐貢舉制度》，頁 11～12。

表一：唐代常舉科目演變表

時　　期	科　　目
高　　祖	秀才、明經、進士、俊士科（四科）
太　　宗	增加明法、明書、明算、神童（童子）科（共八科）
武則天	增置武舉
玄　　宗	增置孝弟力田、道舉
肅　　宗	設立醫術科
代　　宗	設立孝廉科
德　　宗	設立開元禮科、三禮科（《禮記》、《周禮》、《儀禮》）
穆　　宗	設立三傳科（《春秋》之左傳、公羊、穀梁）
	史科（一史、三史）、賓貢科（外籍生特科）

（資料整理來自：高明士《隋唐貢舉制度》，頁 81～98）

　　唐初秀才科，因錄取嚴格，有舉而不第者，坐其州長的規定，所以從太宗貞觀以後，無人敢應舉，該科無形中等於停廢。〔註 63〕俊士科是一門以無資蔭有才藝的寒士為錄取對象，與官學教育的四門俊士密切相連的貢舉科目。它創置於隋開皇中，定型與發展於唐武德至永徽年間，式微於咸亨以後，停廢於天寶末年。〔註 64〕童子科似乎在武德七年（624）已設立，到了太宗時，才成為常舉科目。〔註 65〕童子科考試內容是「凡童子十歲以下，能通一經及《孝經》、《論語》，卷誦文十，通者予官；通七，予出身」。〔註 66〕唐初童子也由地方薦送或由皇帝徵召而見用，唐中後期後，童子由諸道歲貢。唐代神童舉的授官情形較為複雜，可能是因授官標準沒有明確規定。由於童子科偽濫、延引、請託之風情況惡化，曾經有停廢的情況，但不久又恢復，然而惡風並未稍減，沿續到五代。〔註 67〕

〔註 63〕　侯紹文編著，《唐宋考試制度》（台北：台灣商務印書館，1973 年），頁 37。《舊唐書》卷 90（上）〈張昌齡傳〉載：「張昌齡，冀州南官人。弱冠以文詞知名，本州欲以秀才舉之，昌齡以明廢此科已久，固辭，乃充進士貢舉及第。貞觀二十一年，翠微宮成，詢闕獻頌。」（頁 4955）值得參考。

〔註 64〕　侯力，〈唐代俊士科考論〉，文刊《中國史研究》1999 年第 1 期（1999 年 2 月），頁 77～78。

〔註 65〕　金瀅坤，〈唐五代童子科與兒童教育〉，收錄張國剛主編，《中國中古史論集》（天津：天津古籍出版社，2003 年），頁 280。

〔註 66〕　《新唐書》卷 44〈選舉志（上）〉，頁 1162。

〔註 67〕　金瀅坤，〈唐五代童子科與兒童教育〉，頁 281～285。

　　明法、明書、明算等科都是考試專門學問，是選拔明習法令、文字訓詁和數學計算方面專門人才的科目。其中除明法出身者可能做到高官，明書、明算都不能高升。因此，士子一般都不願參加這幾科的考試。〔註68〕武則天增置武舉，其成立的緣由則為：1.府兵衰敗，2.外患不絕（契丹、突厥、吐蕃等），3.獎勵新設的民兵、鎮兵（山東、河南、河北道），4.選拔將校才人。〔註69〕根據新近研究，除郭子儀武舉及第外，從出土墓誌找到十一位武貢舉登科者。〔註70〕唐玄宗開元七年（719）規定，「孝弟力田」為常科之一。「道舉」因玄宗崇信道教，為「崇玄學」學生而設。由於唐王室竭力崇道，對道舉十分重視，除特殊時期暫停開科外，基本上到唐末，仍在舉行，而且規格曾一度高於進士、明經等科，由皇帝親試如同制舉，充分表現李唐尊崇道教的強烈願望。〔註71〕肅宗乾元元年（758）規定醫術舉人，可同明經科考試；醫術銓敘，同於明法選人，自此之後，醫術成為常舉科目之一。「孝廉科」的設立是代宗寶應二年（763）接受禮部侍郎楊綰奏請而建置。德宗貞元二年（786），增置開元禮科；貞元九年（793）增置三禮科，其目的在於「禮學」的提倡。穆宗長慶二年（822）設立「三傳科」，是因「三傳」內容繁多、「人之常情，趨少就易，三傳無復學者」、「置三傳科，以勸學者」；設立「史科」，其原因「近日以來，史學都廢」、「身處班列，朝廷舊章，昧而莫知」，設立目的在鼓勵向學，明白褒貶，「垂裕勸戒」、「懲惡勸善」。〔註72〕設立「賓貢科」是因國力衰敗，中央威勢低落，藩鎮跋扈，設立此科，目的在於提高唐朝中央的聲望，增強四鄰對唐朝的向心力。〔註73〕根據研究，新羅自長慶到五代登第者蓋近百人，其中以崔致遠仕唐最久，詩文豐富，著有《桂苑筆耕二十卷》，至今流傳中土。〔註74〕

〔註68〕 吳宗國，《唐代科學制度研究》，頁 23。

〔註69〕 高明士，《隋唐貢舉制度》，頁 190～198。

〔註70〕 劉琴麗，〈從出土墓誌看唐代的武貢舉〉，文刊《中國史研究》2003 年第 3 期（2003 年 8 月），頁 91～100。

〔註71〕 王永平，〈論唐代道舉〉，文刊《人文雜誌》（2000 年 2 期），頁 113～114。

〔註72〕 唐代十分重視歷史知識與教育，學校教育與科舉制度的影響，使得歷史知識的學習，已是必備的基礎。可以參考張榮芳，〈中古歷史教育的發展及其轉析──一個初步觀察〉，文刊張國剛主編，《中國中古史論集》，頁 249～260。

〔註73〕 本段文係參考引用高明士，《隋唐貢舉制度》，頁 81～98、156、190～198 部分而簡化。

〔註74〕 嚴耕望，〈新羅留唐學生學僧徒〉，收錄氏著《唐史研究叢稿》（香港：新亞研究所，1969 年），頁 432～435。關於賓貢科可參考謝海平，《唐代留華外國人

　　《新唐書‧選舉志》云：「其天子自詔者，曰制舉，所以待非常之才」。

〔註75〕，它是皇帝視需要而下詔舉行。關於唐代「制舉」，最珍貴資料載於

《登科記考》。〔註76〕筆者歸納整理相關資料如下（表二）。

表二：《登科記考》、《登科記考補正》所載制科〔註77〕

時　間	科　目	時　間	科　目
高宗顯慶三年（658）	志烈秋霜	（武則天）嗣聖元年（684）	抱儒素科、韜鈐科、詞標文苑科
高宗顯慶四年（659）	洞曉章程、道德資身、鄉閭共挹科、養志邱園‧嘉遁之風載遠科、材稱棟樑‧志標忠鯁科、政均卓魯‧字俗之化高科、安心畎畝‧力田之業夙彰科、材堪應幕科、學綜古今科、幽素科、賢良方正科	垂拱三年（687）	詞標文苑科
		永昌元年（689）	賢良方正科、明堂大禮科
		載初元年（690）	拔萃科，蓄文藻思科，抱儒素之業科、詞標文苑科
		天授二年（691）	英才傑出‧業奧大經科、孝弟鯁直科
高宗麟德元年（664）	茂材異行科、銷聲幽藪科、藏器下僚、經明行脩科	長壽三年（693）	臨難不顧，徇節寧邦科
乾封元年（666）	幽素科、岳牧舉	證聖元年（695）	超拔群類科、長才廣度‧沈迹下僚科
乾封二年（667）	詞瞻文華科、直言極諫科、孝通神明科	聖曆三年（700）	經邦科‧出類拔萃科

　　生活考述》（台北：台灣商務出版社，1978 年），頁 124～126；楊希義，〈唐代賓貢進士考〉，文刊《中國唐史學會論文集》（西安：三秦出版社，1993 年），頁 63～75。

〔註75〕　《新唐書》卷 4〈選舉志〉，頁 1159。

〔註76〕　（清）徐松撰，《登科記考》其內容卷 1 到 26 卷是根據年代依序排列，先論述有關科（貢）舉事件（也包括文化、教育相關事務），次列進士、明經、秀才、諸科並於下置列及第人名，再列告貢舉人物、附錄、策問詩賦雜文，其最珍貴之處在於考異，詳細引用資料加以證明科舉及第人物之事實；卷 27 附考〈進士科〉、〈明經科〉、〈諸科〉；卷 28~30〈別錄〉（貢舉資料）。此書作用已遠遠超出登科記的範圍，實際上是一部相當詳備的、經過考訂的唐五代科舉史料編年，對於研究唐代的歷史、文學都是很重要的參考書。

〔註77〕　徐松撰，趙守儼點校，《登科記考》（北京：中華書局，1993 年）；徐松撰、孟二冬補正《登考補正》（上）（中）（下）（北京：北京燕山出版社，2003 年）表二、表三係係二書整理而成。

咸亨四年 （673）	拔萃科	大足元年 （701）	拔萃科、疾惡科、文擅詞場科
咸亨五年 （674）	英材傑出科	長安二年 （702）	龔黃科
上元三年 （676）	詞殫文律科、文學優瞻科	中宗神龍元年 （705）	賢才科、手筆俊拔‧超越流輩科
儀鳳二年 （677）	下筆成章科、賢良方正科	神龍二年 （706）	才膺管樂科、才高立下科、孝弟廉讓科
永隆二年 （681）	穿葉附枝舉	神龍三年 （707）	賢良方正科、材堪經邦科、草澤遺才科、宰臣科、武藝超絕科
景龍三年 （709）	抱器懷能科、茂才異等科、文學優長科、藏器晦跡科、將帥科	開元十六年 （728）	拔萃科
睿宗景雲二年 （711）	文以經國科、藏名負俗科、明三經通大義科、抱一史知其本末科、通三教宗旨‧究其精微科	開元十七年 （729）	才高未達‧沈跡下僚科
景雲三年 （712）	文可經邦科、材可治國科、賢良方正科、材堪刺史科	開元十八年 （730）	拔萃科
玄宗先天二年 （713）	手筆俊拔‧超越流輩科	開元十九年 （731）	博學宏詞科、拔萃科
開元二年 （714）	賢良方正‧能直言極諫科、哲人奇士‧隱淪屠釣科、手筆俊拔‧懷能抱器科、良材異等科、文藻宏麗科	開元二一年 （733）	多才科
開元五年 （717）	博學宏詞科、文史兼優科、文儒異等科	開元二二年 （734）	宗室異能科
開元六年 （718）	博學通藝科、超拔群類科	開元二三年 （735）	王霸科、智謀將帥科、牧宰科
開元七年 （719）	文詞雅麗科、超拔群類科、知合孫吳‧可以運籌決勝科、拔萃科	開元二四年 （736）	拔萃科、賢良科
開元十年 （722）	茂才異等科、文藻宏麗科	開元二六年 （738）	文詞雅麗科

開元十二年 （724）	將帥科	開元二九年 （741）	明四子科（註四子指：老子、莊子、列子、文子等道家人士）
開元十三年 （725）	拔萃科	元寶元年 （742）	文詞秀逸科、儒學博通科、軍謀越眾科、賢良方正科、博學宏詞科
開元十四年 （726）	賢良方正科、才堪將帥科	元寶四載 （745）	博學宏詞科、高蹈不仕科
開元十五年 （727）	武足安邊科、高才沈淪・草澤自舉科	元寶五載 （746）	風雅古調科
元寶八年 （749）	有道科、拔萃科	貞元四年 （788）	能賢方正・能直言極諫科、清廉守節・政術可稱・堪任縣令科，孝弟力田・聞於鄉閭科
元寶十三載 （754）	詞藻宏麗科、洞曉玄經科、軍謀出眾科	貞元六年 （790）	博學宏詞科
肅宗至德二載 （757）	亂藻宏麗科	貞元八年 （792）	博學宏詞科
代宗寶應二年 （763）	拔萃科	貞元九年 （793）	博學宏詞科
大曆二年 （767）	茂才異行科、樂道安貧科	貞元十年 （794）	賢良方正科・能直言極諫科、博通墳典，達於教化科，詳明政術，可理人科
大曆四年 （769）	博學宏詞科	貞元一一年 （795）	隱居邱園・不求聞達科
大曆六年 （771）	謹諫主文科、茂才異等科、博學專門科	貞元一二年 （796）	博學宏詞科
大曆七年 （772）	博學宏辭科	貞元一五年 （799）	博學宏詞科
大曆十年 （775）	拔萃科	貞元一八年 （802）	博學宏詞科
大曆一四年 （779）	博學宏詞科	貞元一九年 （803）	博學宏詞科、拔萃科
德宗建中元年 （780）	賢良方正・能直言極諫科、文詞清麗科、經學優渾科、高蹈邱園科、軍謀越眾科、孝弟力田・聞於鄉閭科	貞元二一年 （805）	茂才異等科、博學宏詞科

建中四年 （783）	拔萃科	憲宗元和元年 （806）	博學宏詞科、才識兼茂， 明於體用科
貞元元年 （785）	賢良方正科・能直言極諫 科、博通墳典，達於教化 科、識洞韜略・堪任將帥 科、超絕科	元和三年 （808）	拔萃科、賢良方正・能直 言極諫科、博通墳典，達 於教化科、軍謀弘達・材 任將帥科、詳明政術・可 以理人科
貞元二年 （786）	韜晦奇才科	元和五年 （810）	拔萃科
元和十年 （815）	經明行脩科	大和四年 （830）	拔萃科
元和十二年 （817）	博學宏詞科	大和五年 （831）	拔萃科
穆宗長慶元年 （821）	賢良方正・能直言極諫 科、博通墳典，達於教化 科、詳明政術・可以理人 科、軍謀弘達・堪任將帥 科	開成三年 （838）	博學宏詞科、書判拔萃科
敬宗寶曆元年 （825）	賢良方正・能直言極諫 科、詳閑吏理・達於教化 科、軍謀弘達・材任邊將 科、博學宏詞科	武宗會昌元年 （841）	博學宏詞科
寶曆二年 （826）	長念九經科	會昌二年 （842）	博學宏詞科
文宗大和二年 （828）	賢良方正・能直言極諫 科、詳閑吏理・達於教化 科、軍謀弘達・堪任將帥 科、處士科	會昌六年 （846）	拔萃科
備註：唐宣宗到昭宗時代，僅剩博學宏詞科、拔萃科，因此省略不列表			

表三：唐代制舉錄取人數

朝　　代	在　位（年）	人　數	朝　　代	在位（年）	人　　數
高祖	9		憲宗	16	206
太宗	24	3	穆宗	5	82
高宗	35	45	敬宗	3	44
武則天	22	83	文宗	15	155

中宗	6	72	武宗	7	60
睿宗	3	83	宣宗	14	141
玄宗	45	168	懿宗	15	168
肅宗	7	2	僖宗	16	63
代宗	18	37	昭宗	17	53
德宗	27	251	哀宗	4	8
順宗	1		總計	290 年	1724

　　從上述制舉科目可知範圍包括文學、孝弟、軍事、吏政、經學、史學、謀略、兵法、宗教等極為廣泛，可以說政府徵集的人才無所不包。自武后執政後，文學詩賦為主流的制舉大量出現，玄宗特重道教，所以特列相關道教的制舉。自宣宗以後，迄於唐亡，制舉僅有博學宏詞科、拔萃科等二科，顯示文學優長的特性。

　　制舉科目有些科目文字有異而內容類同，筆者根據上述總計約有八十七科（種）之多，與其他學者相近。〔註78〕制舉可分「薦舉」、「自舉」兩種方式，自德宗建中（780～784）以後，改革浪潮興起，制舉重新成為選拔卓越政治人才的主要方式。應舉者一律要通過舉薦。〔註79〕

　　《登科記考》在高祖武德期間並未記載制舉內容，但在武德年間確有制舉考試。如「（崔仁師）武德初應制舉，授管州錄參事」。〔註80〕「（張行成）大業末察孝廉為謁者散從員外郎。王世充僭號，以為度支尚書。世充平，以隋資補宋州穀熟尉，又應制舉乙科，授雍州富平主簿」。〔註81〕武德六年（623）也有甄庭言「應制舉射策高第」的例子。〔註82〕在唐初制舉中，以高宗時期最多次，高宗時科目最雜，例如顯慶四年（659）二月，高宗「親策試舉人，

〔註78〕 閻文儒著，閻萬鈞校補，《唐代貢舉制度》（西安：陝西人民出版社，1989 年），頁 269～277。統計〈唐代制舉各科科目表〉共有 98 科，頁 269～770。另外，根據（宋）趙彥衛撰《雲麓漫鈔》卷 6 所載唐代制舉科目共有 86 科（台北：世界書局，1968 年），頁 82～86。
〔註79〕 吳宗國，《唐代科舉制度》，頁 61、72～75。
〔註80〕 《舊唐書》卷 74〈崔仁師傳〉，頁 2620～75。
〔註81〕 《舊唐書》卷 76〈張行成傳〉，頁 2703。
〔註82〕 王洪軍著，《登科記考再補正》（桂林：廣西師範大學出版社，2010 年），頁 12。引用〈唐故桂州始安縣令甄府君（庭言）墓誌銘并序〉：「曾祖靈煒，齊都水使者、清河郡守、炯書左右丞，將作大匠。……武德六年，應詔舉射策高第，授并州葦澤縣尉，言試吏也。……秩滿，以公事改授桂州始安縣令。」

凡九百餘人，惟李巢、張昌宗、秦相如、崔行功、郭待封五人為上第，令待詔弘文館」。此年不僅應舉人數很多，科目也有十科之多。〔註83〕

　　武則天臨朝稱制後，嗣聖元年（684）首次辦理制舉。在垂拱三年（687）起到長安二年（702），在十六年間共有十一年舉行制舉，大開制舉與其重組政府「以祿位以收天下人心」政策密切相關。〔註84〕另一角度來看，唐高宗、武則天時期，面臨一個新形勢，因而有大規模制舉選拔人才。唐初選拔出來的一些人才已經凋零，學校培養人才的漫長，滿足不了統治者急於建事功以自效的需求，而進士科沿文學之科的發展，選拔出的人才難以勝任各級政府的實際政務。學校與貢舉都解決不了實際的問題，使得武則天進一步求之於制舉。〔註85〕在玄宗在位期間（713～756年）制舉科目也相當繁多，但大致文學之科與韜略之科為主。

　　制舉選士，對策經常以時事（或時政）、治道為主。舉子們在對策充分發揮對治亂興衰，時政得失的看法。〔註86〕因此出現強烈批判時政的言論。例如睿宗永昌元年（689），張說在對策中對武則天任用酷吏，施政缺失提出尖銳批判；穆宗長慶元年（821），沈亞之指出朝政各種弊端缺失「皆由尚書六曹（部）之本壞而致乎然也」〔註87〕幾乎全面否定行政體系的功能。在唐代制舉中，最為震撼人心的是唐文宗大和二年（828）劉蕡參加「賢良方正，能直言極諫科」的考試（策試賢良），在文中強烈批判宦官五、六人「總天下大制，外傳陛下之命，內竊陛下之權，威攝朝廷，勢傾海內，群臣莫敢指其志，天下不得制其心。」又指出貪官污吏橫行，弄得「海內困窮，處處流散，饑者不得食，寒不得心」。〔註88〕劉蕡文字鏗鏘有聲，震聾發饋，主考官十分歎服，士林感動，但因中官當途，考官不敢錄取，引發輿論喧然。「守道正人，傳讀其文，至有相對垂泣者。諫官御史，扼腕憤發，而執政之臣，從而弭之，以避黃門（宦官）之怨」。〔註89〕制舉考試，不少是由皇帝親自主持，藉由考

〔註83〕《登科記考》卷2，頁47～49。
〔註84〕雷家驥，《武則天傳》，頁362～365。
〔註85〕董文靜，〈制舉的發展與唐代選官制度的完善〉，文刊《江蘇社會科學》（2009年第5期），頁187。
〔註86〕吳宗國，《唐代科舉制度研究》，頁72。
〔註87〕徐松撰、孟二冬補正，《登科記考補正》卷3、卷9，頁119、789。
〔註88〕《舊唐書》卷190（下）〈劉蕡傳〉，頁5067～5071。
〔註89〕《舊唐書》卷190（下）〈劉蕡傳〉，頁5077。「唯登科人李郃謂人曰：『劉蕡不第，我輩登科，實厚顏矣。』請以所授官讓蕡，事雖不行，人士多之。」

生的對策了解輿情、改革弊政。例如元稹參加德宗貞元十九年（803）制舉後回憶，「延英弔對碧衣郎，江硯宣毫各別床，天子下簾親考試，宮人手裏過茶湯」。〔註90〕德宗不僅親臨考場，自任考官，親手閱卷，「或有詞連乖謬者，即濃筆抹之至尾，如輒稱旨者，必翹足朗吟。翌日，則徧示宰臣學士云：『此皆朕門生也』」。〔註91〕

安史之亂以後，肅宗、代宗、德宗、憲宗朝時代政治變亂較多，所以在文經邦國、軍謀出眾、諷諫主文、直言極諫科等特色重視，顯然欲藉此選拔經世治國的政治家與軍事謀略家。尤其在德宗、憲宗朝制舉錄取人數最多，反映君主求才急切關心治國安邦的實際情形。〔註92〕自憲宗以後，博學宏詞、拔萃科等成為主流，反映出唐代末期重視文學的社會風氣。在唐代制舉中最盛是唐德宗十年（794）「賢良方正科」共有十六人及第，其中裴垍、裴度、崔群、王播、皇甫鎛等人後來榮登宰相之職。〔註93〕最後，值得注意的是唐代科舉考生，在應試「常貢」後，大多兼試「制舉」。例如元稹「兩經擢第」、「應制舉才識兼茂，明於體用科、登第者十八人、（元）稹為第一」。〔註94〕白居易「進士就試，禮部侍郎高郢擢為甲科，……元和憲宗元年（806）四月，憲宗策試舉人，應才識兼茂、明於體用科、策入第四等」。〔註95〕其目的在於提早派官任職，不用長久侍選。制舉是唐代皇帝選拔人才的重要方式之一，但它的重要不如進士科。「則天廣收才彥，起家或拜中書舍人，員外郎，次拾遺，補闕。明皇（玄宗）尤加精選，天無滯才。然制舉出身，名望雖美，猶居進士之下」。〔註96〕由此可知，進士科出身在社會的地

關於此事件，出土李郃墓誌銘有詳細論述，近人也有相當完整的分析。參考胡可先〈《李郃墓誌銘》發隱〉，文刊《中國典籍與文化》2003年第1期（2003年2月），頁60～64。

〔註90〕　（唐）元稹，《元稹集：外集》（台北：漢京文化出版公司，1983年）卷7〈自述〉，頁692。

〔註91〕　（唐）蘇鶚撰，《杜陽雜編》（上）（北京：中華書局，1985年），頁9。

〔註92〕　趙文潤、拜根興，《唐憲宗》（西安：三秦出版社，1992年），頁58；劉玉峯，《唐德宗評傳》（濟南：齊魯書社，2002年），頁173；史家陳寅恪指出：「唐代科舉之盛，肇於高宗之時，成於玄宗之代而極於德宗之世。」道出德宗朝對科舉的重視（《元白詩箋證稿》第一篇〈長恨歌〉收錄氏著，《陳寅恪先生文集》（三），頁2）。

〔註93〕　孟二冬補正，《登科記考補正》卷30，頁567～570。

〔註94〕　《舊唐書》卷166〈元稹傳〉，頁4327。

〔註95〕　《舊唐書》卷166〈白居易傳〉，頁4340。

〔註96〕　（宋）王讜撰，《唐語林》卷8〈補遺〉（台北：世界書局，1968年），頁227。

位仍優勝於制舉。科舉制度（明經、進士科部分）與教育、社會、文化、政治權
力間互動，十分多元複雜。請容許於下次章節分別論述。

二、科考程序

　　唐代的貢舉（或科舉）制度，沿承隋代，但隨著時代的演變，統治者的
需要，漸次改革而形成自己的系統制度。

　　唐代科舉的重要來源是學校生徒，包括中央、地方官學畢業生；還有不
經學校系統教育而自學成才，藉由州縣考試及格錄取的人，稱之「鄉貢」。

　　《新唐書》卷 44〈選舉志〉載：

> 唐制，取士之科，多因隋舊，然其大要有三：由學館者曰生徒，由
> 州縣者曰鄉貢，皆升于有司而進退之。其科之目，有秀才、有明經、
> 有俊士、有進士、有明法、有明字、有明算、有一史、有三史、有
> 開元禮、有道舉、有童子。而明經之別，有五經、有三經、有二經、
> 有學究一經、有三禮、有三傳、有史科。此歲舉之常選也。其天子
> 自詔者曰制舉，所以待非常之才焉。〔註97〕

唐代科考若依身分而言有生徒、鄉貢，另一「制舉」是非常之才，由皇帝下
詔設科而遴選人才；士人考生自行報名投考。若依考試分式而言，可分「常
選」，考試科目為政府規定之「常科」；而「制舉」則屬「特科」性質（如前
節所述）。官學畢業生「生徒」身分，由政府教育機構負責，但「鄉貢」則有
一定程序進行。

（一）應試資格

　　唐代士人要參加科舉考試，首先要向所在州縣報名，由當地行政長官審
核其應試資格。主要是三項條件的考核。其一，是社會背景。《唐六典》卷 3
〈尚部戶部〉載：「辨天下之四人（士農工商），使各傳其業。凡習學文武者
為士，肆力耕桑者為農，工作貿易者為工，屠沽興販為商。工商之家不得預
於士，食祿之人不得奪天下之利」。〔註98〕根據此項法律規定，限制工商業家
庭出身參考科考的資格。隸屬「賤民」階級也不能投考。〔註99〕其二，審查

〔註97〕　《新唐書》卷 44〈選舉志（上）〉，頁 1159。
〔註98〕　（唐）李林甫、張說、張九齡等撰、朱永嘉、蕭木注釋，《唐六典》（台北：
　　　　　三民書局，2005 年） 卷 34〈尚書戶部〉，頁 288。（以下《唐六典》以此版本）
〔註99〕　許友根，〈唐代進士科舉子資格研究〉，文刊《人文雜誌》（2002 年 3 期），頁

考生個人經歷。曾經犯法、判刑或作過州縣小吏，也喪失考生資格。其三，是文化、道德條件審核。武德四年（621）規定：「敕諸州學士及早有明經及秀才、俊士、進士、明於理體，為鄉里所稱者，委本縣考試，州長重覆，取其合格，每年十月隨物入貢」。〔註100〕具有一定知識水準，熟悉治理之道；鄉里所稱，應有良好道德品行，此為考生資格條件之一。此外，考生在居喪期間或犯父祖名諱時，與身體有病殘疾患等也不可參加科舉。〔註101〕如果上述審查無疑，報名有效，取得應試資格。

（二）州縣考試

武德四年敕令規定（前述）考試程序是委本縣考試，州長重覆，自此之後，長期沿用。唐中期韓愈〈贈張童子序〉云：「始自縣考試，定其可舉者，然後升於州若府，其不能中科者，不與是數焉。州若府總其屬之所升，又考試之，如縣、加察詳焉，定其可舉者，然後貢於天子而升之有司，其不能中科者不與是數焉，謂之鄉貢」。〔註102〕根據韓愈的論述是以縣為一級，再由州或府考試，決定鄉貢的人數和名次。負責地方考試是府（州）參軍或屬縣主簿與（縣）尉。〔註103〕州試結束，定下解送名額即可送到尚書省，參加「省試」。

在唐代，州縣貢舉規定於本地籍貫，應考取得「鄉貢」資格。《唐會要》卷76〈緣舉雜錄〉載：

> 開元十九年（731）六月敕：諸州貢舉，皆於本貫籍分信明者。然依例，不得於所附貫，便求申送，如有此色，所由州縣即便崔科，不得遞相容許。〔註104〕

原籍報名應考規定並未能夠嚴格執行，到了唐中晚期，異地取解現象越來越多。

《唐摭言》卷2〈爭解元〉載：

> 同華（州）解最推利市，與京兆無異。若首選，無不捷者，元和中，令孤公鎮三峰（指華州），時及秋賦，榜云：特加置五場：蓋詩、砍、

119。

〔註100〕《唐摭言》卷1〈統序科第〉，頁1～2。

〔註101〕許友根，〈唐代進士科舉子資格研究〉，頁120。

〔註102〕《韓昌黎集》卷4〈贈張童序〉（作於貞元十年，794），頁146。

〔註103〕徐松、趙守儼點校《登科記考》〈凡例〉，頁4。

〔註104〕《唐會要》卷76〈緣舉雜錄〉，頁1384。

文、賦、帖經，為五場。……雖不遠千里而來，聞是皆浸去，唯盧
弘正尚書獨詢華請試。……白樂天（白居易）典杭州，江東進士多
奔杭取解。〔註105〕

京兆府、華州、同州皆京畿重地，解送舉子最多，考中比例最高，才會導致
各地舉子「雖不遠千里而來」。白居易為文壇名人，由他典選的「鄉貢」，自
然身價不凡，所以才有江東進士多奔杭州取得「解送」資格的事件，但也反
映科舉制度不公平的一面。

　　（三）解送：鄉飲酒禮

　　「鄉貢」錄取之後，地方政府接下來是將貢士解送到中央尚書省參加省
試，在解送時地方舉行鄉飲酒禮作為送行、餞別。

　　《新唐書》卷44《選舉志（上）》載：

而選舉不由館學者，謂之鄉貢，皆懷牒自列於州縣。試已，長吏以
鄉飲酒禮，會屬僚，設賓主，陳俎豆，備管弦，牲用少牢，歌《鹿
鳴》之詩，因與耆艾敘少長焉。〔註106〕

《唐六典》卷30〈三府都護州縣官吏〉載：

　　（州）功曹、司功參軍掌官吏考課、假使、選舉、祭祀、禎祥、道
佛、學校、表疏書啟、醫藥、陳設之事。……凡貢人行鄉飲酒之禮，
牲用少牢。若州縣者春、秋二社及釋奠之禮，亦皆以少牢。〔註107〕

歐陽詹〈泉州刺史公宴邑中赴舉秀才於東湖亭序〉載：

　　貞元癸酉歲（貞元九年，793），邑有秀士八人，公將首薦於闕下。……
秋七月，與八人者鄉飲之禮既修，乃加之以宴。……後一日，遂有東
湖亭之會。削桑梓之禮，執賓主之儀，揖讓升堂，雍容就筵。〔註108〕

鄉飲酒禮是古代以來在地方上舉行的重要傳統禮活動。其目的在社會教化、移
風易俗、敬老愛幼。〔註109〕地方政府的鄉飲酒禮活動由司功參軍負責籌劃、刺
史主持活動，藉由此次隆重集會，對貢舉考生進行鼓勵、歡送、祝賀。這也可

〔註105〕《唐摭言》卷2〈爭解元〉，頁49～50。
〔註106〕《新唐書》卷44〈選舉志（上）〉，頁1161。
〔註107〕《唐六典》卷30〈三府都護州縣官吏〉，頁2975。
〔註108〕歐陽詹，〈泉州刺史席公宴邑中赴舉秀才於東湖亭序〉，文刊《全唐文》卷596，
　　　　頁2669～2670。
〔註109〕詳細內容，可參考高明士〈論隋唐學禮中的鄉飲酒禮〉，文刊杜文玉主編：《唐
　　　　史論叢》第八輯（西安：三秦出版社，2006年），頁1～28。

以說一項很重要的「社會教育」。〔註110〕典禮結束後，貢舉考生就隨同州計吏一道出發到京師尚書省報到，等候省試。在戶部集中檢驗有關證明文書，舉人相互「結款通保」，〔註111〕然後移送吏部考功掌職官員主持科舉考試。〔註112〕

由於所在地到京師，路途不一，地處僻遠者的考生，距離遙遠、旅途難困、家境貧寒者，視為「艱途」。有鑑於此，地方行政官員為貢舉考生提供資助。南方荊州解放貢舉考生都落第而返，被稱為「天荒」，大中四年（850）荊州刺史崔公資助劉銳七十萬錢，省試及第，因號「破天荒」，〔註113〕洪州鎮南節度使鍾傳，重視貢舉，每年資助貢舉考生，十萬、二十萬、三十萬錢不等，持續三十年之久。〔註114〕地方官員為考生所提供之資助，赴京的旅費和在省試期間生活費，使得考生獲得一些保障。

三、考前活動

在參加省試考試之前，貢士尚有「朝見」、「拜謁先師」之儀式。全國貢生集於正月一日赴朝見，於朝堂列拜。在大明宮建成後，皇帝大多在此舉行，按照儀規依次進行。此項禮儀活動，具有重要政治意義，一方面顯示皇帝對貢生的重視與選才的重要，另一方面，顯現全國貢生對皇朝效忠與體認國家威儀。

貢士在京師國子監拜謁先師（孔子），此項禮儀活動始於開元五年（717），此年詔令：「諸州鄉貢明經、進士見訖、宜令就國子監謁先師，學官為之開講，質問疑義，仍令所司優厚設食。兩館及監內得解舉人，亦准此」。〔註115〕在禮儀過程，拜謁先師顯示尊儒崇聖、重學儀式，可以說具有文化、教育上的意義。

唐代應舉進士科出現「行卷」，試前將其所作詩文寫成卷軸，找機會投獻公

〔註110〕 「社會教育」指學校以外的社會、文化教育機構對人民群眾所進行的教育。
〔註111〕 到戶部集閱，考生要呈交狀書。「狀」是書寫貢士各項基本資料、情狀，「書」是州司功參軍給貢生解送證明書，戶部審查，兩者不可或缺。
〔註112〕 唐代專職（掌）貢舉考試官員隨時代而不同。武德年間由吏部考功郎中負責，貞觀年間由考功員外郎專掌。到了開元二十四年（736）以考功員外郎官位低而責任重，專管貢舉不適合，改由禮部侍郎專管貢舉，從此成為定制。關於此問題可以參考唐雯〈由吏部到禮部：試探開元二十四貢舉考試改革的深層原因〉，文刊《人文雜誌》（2006年第2期）。
〔註113〕 《唐摭言》卷2〈海述解送〉，頁48。
〔註114〕 《唐摭言》卷2〈爭解元〉，頁51。
〔註115〕 （宋）王溥撰，《唐會要》（北京：中華書局，1998年）卷76〈貢舉（中）‧緣舉雜錄〉，頁1384。

卿名士，企盼為之延譽，名揚文壇，而推薦主考官以利及第。最著名是牛僧孺進京應舉，先投「行卷」於名士韓愈、皇甫湜，受到他們賞識、肯定，獲得協助而揚名，為其進士及第提供有利的條件。〔註116〕另一種則是「納卷」，文獻所載始於玄宗天寶元年（742）韋陟擔任禮部侍郎所奏議核准。韋陟認為憑藉一次考試決定取捨並不合理、公平，所選的不一定是優秀的人才，他認為要了解考生真才實學，應該以其一貫的表現較為合理，考生的作品可以作為重要參考，讓主考官了解應試者的才學，再與臨場考試結合以定取捨。〔註117〕這樣對考試改良獲得玄宗同意，「納卷」做法被保留下來，成為貢舉考生應試的一項重要參考。

「納卷」提供主考官對應試舉子的認識，對錄取是否產生重大影響，最著實例是元結之例。天寶十二載（752），元結將他作品合編為《文編》，呈送主考官禮部侍郎陽浚，獲得賞識：認為《文編》作者如果只是單一中個進士，那太埋沒人才，應該是協助治理國政的助手。《全唐文》卷三八一〈文編序〉記載此事原委「天寶十二載，漫叟（元結）更以進士獲薦，名在禮部，會有司考校舊文，作文編，納於有司。當時叟方年少，在顯名跡，切恥時人諂邪以取進，姦亂以致身；徑欲值陷於方正之路，推時人於禮讓之庭；不能得之，故優游於林壑，快恨於當世。定以所為之文，可戒可勸，可妄可順。侍郎陽公見文編，嘆曰：『以上第污元子耳，有司得元子是賴』」。〔註118〕隔年（天寶十三載，754），元結於此年登第。重要朝臣、名士、顯宦等推薦也可以提高及第的機會。貞元十八年（802）韓愈為四門博士，向當時主考官之一的陸傪推薦候喜等十人。當年及第有4人，其餘5人相繼登科及第。〔註119〕除了朝官、名士推薦之外，宦官、藩鎮也可能干預貢舉的公平性。「（常袞）大曆元年（766）遷禮部侍郎。仍為學士，時中官劉忠翼權傾內外，涇原節度使又累著功勳，恩寵莫二，各有親戚干貢部及求為兩館生，（常）袞皆執理，人皆畏之」。〔註120〕從上述可知，唐代科舉並非公平。

唐代科舉不公平，也常因主考官主觀或他人請托所致。《舊唐書》卷147

〔註116〕《唐摭言》卷6《公薦》，頁184。
〔註117〕《舊唐書》卷92〈韋陟傳〉，頁2958～2959。
〔註118〕元結〈文編序〉，文刊《全唐文》卷381，頁1713。
〔註119〕韓愈著、閻琦校注，《韓昌黎文集注釋》卷3〈與祠部陸員外書〉（西安：三秦出版社，2004年），頁295～298。
〔註120〕《舊唐書》卷119〈常袞傳〉，頁3445。

〈高郢傳〉傳：

> 時應進士舉者，多務朋游，馳逐聲名；每歲冬，州府薦送後，唯追奉宴集，罕肄其業。郢性剛正，尤嫉其風，既領職，拒絕請託，雖同列通熟，無敢言者。志在經藝，專考程試。凡掌貢部三歲，進幽獨，抑浮華，朋濫之風，翕然一變。〔註121〕

《舊唐書》卷164〈王起傳〉載：

> 長慶元年（821），遷禮部侍郎。其年，錢徽掌貢士，為朝臣請託，人以為濫。詔起與同職白居易覆試，覆落者多。徽貶官，起遂代徽為禮部侍郎，掌貢二年，得士尤精。先是，貢舉猥濫，勢門子弟，交相酬酢，寒門俊造，十棄六七。及元稹、李紳在翰林，深怒其事，故有覆試之科。及起考貢士，奏當司所選進士，據所考雜文，先送中書，令宰臣閱視可否，然後下當司放榜。從之。〔註122〕

《舊唐書》卷165〈王凝傳〉載：

> 時政不協，出為同州刺史，賜金紫。暮年，移疾華州敷水別墅。逾年，以禮部侍郎徵。凝性堅正，貢闈取士，拔其寒後，而權豪請託不行，為其所怒，出為商州刺史。〔註123〕

《舊唐書》卷168〈高鍇傳〉載：

> 凡掌貢部三年，每歲登第者四十人。三年榜出後，敕曰："進士每歲四十人，其數過多，則乖精選。官途填委，要窒其鴻，宜改每年限放三十人，如不登其數，亦聽。"然鍇選擢雖多，頗得實才，抑豪華，擢孤進，至今稱之。尋轉吏部侍郎。〔註124〕

科舉因權貴或朝臣請託，以至於選人太濫，名實不符。高郢主持貢舉，自德宗貞元十五～十七（798～801）任職期間，十分公正，也使得選風端正。〔註125〕錢徽主持貢舉，因「為朝臣請託，人以為濫」，使得王起、白居易進行覆試，裁汰很多原來及第者。從此，進行改革，規定在放榜前，要先由宰相審視後，才可以放榜。王凝、高鍇主持貢舉，拔擢寒士孤俊。王凝因拒絕權豪請託，竟被迫去職。

〔註121〕《舊唐書》卷147〈高郢傳〉，頁3976。
〔註122〕《舊唐書》卷164〈王起傳〉，頁4278。
〔註123〕《舊唐書》卷165〈王凝傳〉，頁4299。
〔註124〕《舊唐書》卷168〈高鍇傳〉，頁4388。
〔註125〕孟二冬補正，《登科記考補正》（中），頁608～624。

除了上述活動之外，在長安聚集的舉子，可能進行相互切磋學業，交遊結社，甚至別出心裁，以特異舉動聳動視聽，擴大影響力；也有眾多舉子熱衷占卜，企求了解科考的結果。〔註 126〕

四、考試方法、內容

唐代科考方法，體例主要有帖經、墨義、策問、詩賦等四種。「帖經」類似今日考試的「填充（空）題」，考查學生的記誦能力。「墨義」是種對經義的簡答，重在考生對經義的背誦能力；但在回答正確是否操控在主考官手中，難以做到公平、客觀。「策問」，其考題大多與政治、經濟、時事等重要國家議題相關，重視考生對國家時事的分析、思考能力。這種考試、考生必須要通曉經史、洞悉事理、擬定方略等能力，不僅要擅長寫作，也要有很好的政治見解，這樣考試內容、方法，比較能檢測考生的知識、文化水準，也可以了解運用經學解決實際問題的能力與看法。詩賦考試是進士科考試的主要內容方法，是有一定格律題材的考法。「詩」通常是五言、六韻、十二句詩有聲音、對句上規定。「賦」要求限韻、對偶、用典、字數上規定，是否符合標準（「格」），考官評定十分容易。〔註 127〕

考試時間，通常在正月或二月舉行，地點（考場）在吏部或禮部，考試期貢，考場（「貢院」）門禁森嚴，派兵駐守，為了防止作弊，對於考生也加以搜身，考試時間為卯時（上午五～七時）發卷，酉時（下午五～七時）繳卷，到晚上未交卷，則以三條（蠟燭）為限。〔註 128〕

考試當日，考生極為辛苦，唐憲宗元和八年（813）舒元輿在〈上論貢士書〉提到禮部省試情形云：「試之日，見八百人盡手攜脂蠟、水炭、泊朝晡餐器，或荷於肩，或提於席。為吏縱慢聲大呼其名氏，試者突入，棘圍重重，乃分坐廡下，寒餘雪飛，單席在地。鳴呼，唐虞闢門，三代貢士，未有此慢易者也。……有司坐，舉子於寒廡冷地是也，是比僕隸已下，非所以見徵賢之意也」。〔註 129〕可見當時舉子考試要自備生活用具，考試時只能伏在草席上書寫。如此，經過一晝夜的考試，舉子們弄得「褒衣博帶滿塵埃」。〔註 130〕

〔註 126〕尚永亮，《科舉之路與宦海浮沈》（台北：文津出版社，2000 年），頁 79～84
〔註 127〕劉虹，《中國選士制度史》（長沙：湖南教育出版社，1992 年），頁 156～163。
〔註 128〕高明士，《唐代貢舉制度》，頁 102～103。
〔註 129〕舒元輿〈上論貢士論〉，文刊《全唐文》卷 727，頁 3318。
〔註 130〕《唐摭言》卷 15〈雜記〉記載韋承貽於唐昭宗光化年間中策試賦詩曰：「褒

　　唐代科舉考試，出現舞弊情形，最著名是唐末溫庭筠協助其他考生作弊的事件。「（溫）庭筠，字飛卿。……每試，押官韻，燭下未嘗起草，但籠袖憑几，每一韻一吟而已，場中曰「溫八吟」又謂八叉手成八韻，名「溫八叉」。多為鄰鋪（相鄰的考生）假手」。〔註131〕

　　貢舉之常科，根據不同科的性質，有不同項目及內容。明經科為帖經、口試（墨義）、試時務策。進士科只原本只有試策。太宗時，增加「帖一大經」，高宗永隆二年（681）加試雜文（箴、論、銘、表）二篇。至此後，確立帖經、雜文、試策等基本架構。〔註132〕明法科有試帖（經）、策；明書科有試帖、口試；明算有帖經、試問大義等、考官閱卷，以「通」、「不」批閱回答正確是否，錄取是否以考試成績為參考，但也會考量社會上對應試考生的評價，而作最後裁定。科考結果揭曉後，考試的雜文及策的試卷要封送到中書門下審，放榜前，錄取名單也要呈榜給宰相和皇帝複核。

五、及第與任官

　　科舉及第後，尚有一些社交禮儀活動進行，主要有：（一）謝主司（主考官）、確立座主與門生關係；（二）期集：及第進士共同集會；（三）過堂：及第者約期集體到尚書省都堂，拜謝宰相；（四）曲江大會：新及第進士於曲江亭子大宴，大會當曰長安盛況繁榮；（五）雁塔題名：新及第進士依例期集於慈恩塔（雁塔）題名；（六）「燒尾」：及第者，盛置酒饌音樂款待親朋。

　　不同科別，其及第的標準與等級皆不同，例如明經區分甲乙丙丁科；進士分為甲、乙科，明法分為甲、乙科。春三月放榜公布考試及第名單。科舉及第，在社會上極為風光（尤其是進士科），入仕的前途光輝燦爛，但只是獲取任官（或候補）資格，並非立即派官任期，還要經過吏部銓選才得以任職，正式當官。

　　科舉及第後，尚須守（待）選三到十年不等，才能釋褐。因此，舉子可

衣博帶滿塵埃，獨上都堂納試迴，蓬巷幾時聞吉語，棘籬何日免重來？三條燭盡鐘初動，九轉丸成鼎未開，殘月漸低人擾擾，不知誰是謫仙才？白蓮千朵照廊明，一片昇平雅韻聲，纔（才）唱第三條燭盡，南宮風景畫難成。」詩句呈現舉子們考試的情境與心中期待的夢想。（頁163）
〔註131〕辛文房撰、戴揚本注譯，《唐才子傳》卷8〈溫庭筠〉，頁475。
〔註132〕關於唐代進士科試藝變遷情形，可參考卓遵宏著，《唐代進士與政治》（台北：國立編譯館，1987年），頁166～167。

能要進行干謁活動，最常見的是投獻干謁書啟和詩文。這是將來的吏部銓選，或應制舉和吏部科目作準備。也有以採取投匭、獻書以干聖上的特殊干謁方式來達到目的。但成功與否，最後取決於皇帝的意願，但仍不失為一種有望平步青雲的干謁方式。〔註133〕

　　科舉及第後不想長久待選，欲提早入仕當官，另三種途徑可供選擇：（一）應試制舉：已有出身登上常科者即可授官；（二）應試官吏科目選：吏部設立「科目選」是結合科舉、銓選制度，設有宏詞、拔萃、平判、三禮、三傳、三史、五經、九經、開元禮等，選試及格即可授官；（三）藩府辟署：在藩鎮擔任幕僚，培養政治歷練，擴大社會、政治網絡，以利仕宦之途。韓愈歷經三次吏部都落第，後由宣武節度使董晉聘任巡官後，才被吏部授予官（職秘書省校書郎）即是顯例。

　　唐代文官銓選標準有「四事」（或「四才」）：「一曰身：取其體貌豐偉，二曰言，取其語辭辨正，三曰書，取其楷法遒美；四曰判，取其文理優長。」〔註134〕以身言書判選官，可以考察選人的吏才和對於現行律令的了解，以利執行公務之用；並可以促使士子學習書法。然而吏部銓選（又稱「釋褐試」），是邁向仕途的一道關隘，通過並非容易，所以有「關試」之稱。貧寒出身的文學家韓愈，即使通過禮部考試，但挫敗於吏部銓選，進士及第後十年尚為「布衣」（平民）。「四事」通過後，又有「三類」觀其異，「一曰德行，二曰才用，三曰勞效」。「四事皆可取，則先德行，德均以才，才均以勞，得者為留，不得者為放」。〔註135〕

　　通過吏部銓選考試後，發放「告身」即可以授予官職，但獲得的品階，因出身科別而有所不同。「凡秀才，上上第，正八品上；上中第，正八品下；上下第，從八品上；中上第，從八品下。明經，上上第，從八品下；上中第，正九品上；上下第，正九品下；中上第，從九品下。進士、明法，甲第，從九品上；乙第，從九品下。弘文、崇文館生及第，亦如之。應人五品者，以聞。書、算學生，從九品下敘」。〔註136〕根據研究，科舉出身入仕約有55.6%擔任九品官縣主簿的基層官員。雖是出身低官，但卻擁有極廣闊發展的仕途。

〔註133〕王佺，《唐代干謁與文學》（北京：中華書局，2011年），頁55～62。
〔註134〕（唐）杜佑撰，《通典》（長沙：岳麓書社，1995年）卷15〈選舉（三）〉，頁185。（以下《通典》以此版本）
〔註135〕《新唐書》卷44〈選舉志（下）〉，頁1171。
〔註136〕《新唐書》卷45〈選舉志（下）〉，頁1173。

〔註137〕唐代士人舉子登第仕宦的過程，以中晚唐柳宗元最為典型。「吾年十七求進士，四年乃得舉，二十四歲求博學宏詞科，二年乃得仕」。〔註138〕柳宗元於貞元五年（789）應舉，貞元九年（793）中進士第。貞元十二年（796）參加制舉及第，貞元十四（798），授集賢正字、從此步入仕宦之途。

　　唐代首次科舉考試於武德五年（622）舉行，此次登第四名進士是孫伏伽、李義琛、李義琰與李上德等。李義琛、李義琰與李上德「家素貧乏」的寒門子弟，藉由科舉入仕，做到中高級官員。〔註139〕這是異於前代的考選方式，也是士族門閥時代不可思議的事。首次的科舉，代表新世局的肇始。最末一次是哀帝天祐四年（907）。根據徐松《登科記考》所錄科舉及第、上書拜官人數，總計有 8341 人。〔註140〕（參考表四）

　　唐代科舉制度可以說是針對以往察舉制、九品中正制等選才任官方式所建行一項新型選拔人才制度，存在不完善與不公平，是在制度發展與形成中所難以避免。綜合歸納起來，唐代科舉制度存在有幾下幾項弊端。一、「行卷」、「公薦」、「通榜」、「呈榜」等因素，影響公平、客觀性的錄取。二、關說請託，三、泄漏考題，四、權貴把持，五、冒籍（異地）取解等。〔註141〕唐代科舉制度的一些弊端，到了宋代逐次改良，防弊措施也較嚴格、科舉制度才進入比較「成熟」的階段。科舉制度是個複雜的問題，牽涉相關教育、政治、

〔註137〕張玉興，《唐代縣官與地方社會研究》（天津：天津古籍出版社，2009 年），頁 119，指出科舉出身擔任縣主簿居多的原因主要是縣主簿負責勾檢職能，需要一定文化知識水準，科舉出身者成為首選；第二由於敘階制度，縣主簿官階（從八品上、正九品上、從九品上），符合科舉入仕的敘階法（頁 119～120）。

〔註138〕柳宗元撰，《柳河東集》（台北：河洛圖書公司，1974 年）卷 3〈與楊誨之書〉，頁 532。

〔註139〕（五代）王定保撰，姜漢椿注譯，《唐摭言》卷 7〈起自寒苦〉（台北：三民書局，2005 年），頁 213，李關此四人事績可參考陶易編著《唐代進士錄》（合肥：安徽大學出版社，2010 年），頁 3～5。（以下《唐摭言》皆以此版本）根據許友根引用史料與分析指出：孫伏伽，不可能是唐代的第一位狀元，也不可能成為中國歷史上的第一位狀元，根據目前所能看到的資料，還無法確鑿地知道唐代的第一位狀元。參見氏著，《唐代狀元研究》（長春：吉林人民出版社，2004 年），頁 287。

〔註140〕齊陳駿，〈唐代科舉與官僚入仕〉，文刊《魏晉南北朝隋唐史資料》第 11 期（1991年 7 月），頁 146。但根據孟二冬補正，《登科記考補正》（上）研究，唐五代進士總數當代三萬人以上。（北京：燕山出版社，2003 年），〈自序〉，頁 12。

〔註141〕許友根，《唐代狀元研究》，頁 15、頁 54～59。

文化、社會等議題，本文將逐次論述。

表四：《登科記考》所載科舉及第人數

朝　代	在位（年）	人　數	朝　代	在位（年）	人　數
高祖	9	43	憲宗	16	641
太宗	24	215	穆宗	5	187
高宗	35	525	敬宗	3	112
武則天	22	549	文宗	15	580
中宗	6	336	武宗	7	204
睿宗	3	124	宣宗	14	543
玄宗	45	1402	懿宗	15	550
肅宗	7	157	僖宗	16	410
代宗	18	427	昭宗	17	395
德宗	27	826	哀宗	4	76
順宗	1	39	總計	290 年	8341

小　結

　　傳統教育的沿承與創新、「崇聖尊儒」的政策、科舉制度的實行等，構成唐代教育基本架構。唐代教育雖可分為官學、私學與帝王學等三種型態，但其教育的目標是一致性，即教育是為政治而服務。〔註142〕

　　科舉制度從全國範圍內選拔官吏，擴大統治的社會基礎，呈現政府機構的開放性，也可以淡化社會階級意識、促進社會流動，在一定程度上營造一個社會公平的「迷夢」。

　　唐代科舉以明經、進士科為主，進士科雖重詩賦，但熟悉經典，通曉儒家義理也是必備條件。科舉及第或學校教育的儒生士人，都深受儒家思想的洗禮，成為一種意識型態，無形中會依照儒家思想協助唐朝統治。唐朝對於進入仕宦，要求具備儒家素養，明顯反應統治者重視儒家價值的取向，也呈現唐代以儒家為尊的文教政策。由於教育與科舉使儒家思想與價值深植社會菁英心靈、普及庶眾社會，儒家思想成為廣植社會，擁有強大支持力量的主流思想，進而改變三教並立的形勢。

〔註142〕高明士，《中國中古的教育與學禮》〈自序〉，頁2。

第三章　中央官學發展

　　唐代是中國傳統王朝的重建、發展時期，也是教育制度的高度發展、完備的時期。唐代繼承前代學校教育制度，並加以擴充，不僅在我國，甚至在世界教育史都佔有重要的地位。唐代學校組織體系、科目設置、課程內容、學校管理等，都形成嚴密、完整的體制。它的成就超越前代，也成為後代王朝繼承的學制。

第一節　唐代前期中央官學發展的概況

　　唐代學校制度建立，主要是在唐初（高祖~玄宗）時期。此期間，唐朝國力強盛、經濟繁富、社會安定等，教育也較為發達，因而得以建立完備的教育制度。

一、中央教育行政機構

　　國子監是唐代中央教育機構，也是專門的教育行政機構。國子監制度近承隋代，遠承北魏北齊，但與隋代略有不同。[註1] 唐高德武德初年改隋制而稱「國子學」，到太宗貞觀元年（627）改稱「國子監」，其後名稱與管理學校各有差別。（參考表五：唐代教育行政機構：國子監）

〔註1〕　高明士教授指出：「唐代國子監職官與國子學學官之制，近承隋代，遠承北魏北齊。惟唐制職官之品階較前期為低，學官則略高，其餘各學館亦有此現象，此或為唐室欲矯正隋代輕視教育之政策，而予教育於適當位置之措施。」參考氏著〈隋唐學制淵源考〉，收錄氏著《中國中古的教育與學禮》，頁8。

表五：唐代教育行政機構：國子監

名　　稱	設　立　時　間	備　　　　註
國子學	高祖武德初	以國子監改為國子學，隸太常寺（屬於宗廟禮樂系統）
國子監	太宗貞觀元年（627） 太宗貞觀二年（628） 太宗貞觀六年（632）	管理國子學、太學、四門學 增設書學、算學 增設律學
司成館 國子監	高宗龍朔二年（662） 高宗咸亨元年（670）	高宗顯慶三年（658）廢律、書、算學 龍朔二年（662）將律、書、算三學復置於司成館、三年（663）將書學隸蘭台，算學隸秘閣、律學隸刑寺（不屬國子監管理）
成均監	武后光宅元年（684）	同龍朔三年（663）
國子監	中宗神龍元年（705）	恢復國子監六學
	玄宗天寶九載（750）	增置廣文館形成國子監「七學」

（整理來自：任育才《唐型官學體系之研究》，頁 15、頁 390～391。）

　　國子監掌理部分中央官學，設有「祭酒」為最高長官，另有「司業」二人為副職，「凡祭酒、司業皆儒重之官，非其人不居」。〔註2〕掌管儒學訓導之政令」；設「丞」一人「掌判監事」；「主簿」一人「掌印、勾檢、監事」；設「錄事」一人「掌受事發展」。〔註3〕在行政學官之下，尚有佐（胥）吏協助處理學務、雜務。〔註4〕總計國子監的行政機構約四十人。（表六：國子監（西京）：教育行政組織）國子監的職責「掌儒學訓導之政，總國子、太學、廣文、四門、律、書、算凡七學、天子視學、皇太子齒胄，則講義。釋奠、執經論議、奏京文武七品以上觀禮」。〔註5〕在國子監修業的學生、政府提供膳食、住宿與免課役權利、修業完成、考試合格後，可以參加禮部主持科舉考試（「省試」）。此外，國子監內尚設「大成」，成立於太宗貞觀年

〔註2〕　《通典》卷27〈職官志九〉，頁397。
〔註3〕　李林甫等撰，朱永嘉、蕭木注譯：《唐六典》卷21〈國子監〉頁2116～2142。據《新唐書》卷48〈百官志（三）〉國子監條載：「垂拱元年（685）改國子監曰成均監。有府七人，史十三人，亭長六人，掌固（故）八人。」（頁1266）這些人員應是協助處理學務、雜務的佐吏。
〔註4〕　《新唐書》卷48〈百官志（三）〉，頁1265。
〔註5〕　《新唐書》卷48〈百官志（三），頁1265。

間，其身分介於學生和學官之間（類似研究生）。他們除研習儒經之外，也要參加教學輔導工作「大成」的設置使國子監具有綜合大學、九經研究院的性質，標誌唐代國家教育體制的完善。〔註6〕上述是西京（長安）國子監的情形。高宗時，於洛陽另立東都國子監，《通典》載：「龍朔二年（662）東都置國子監、丞、主簿、錄事各一員，四門博士、助教、四門生三百員，俊士二百員」。〔註7〕可見東都國子監的機構組織不同於西京國子監，行政管理人員較精簡。國子監也參與編纂、整理各種圖書、曆法與法律的制定和主持重大國家祭祀活動。〔註8〕

表六：國子監（西京）：教育行政組織

名　稱	定　員	品　　秩	職　　　掌
祭酒	1	從三品	掌邦國儒學訓導之政令、統領監中各學、主持監中典禮、監督經學課程、考核學官
司業	2	從四品	輔佐祭酒（副職）
丞	1	從六品	掌判監事（日常行政事務、負責每年畢業考試事宜，評定成績、確定登第名單）
主簿	1	從七品	掌印、勾檢監事（掌管國子監大印、訓導學生、執行學規）
錄事	1	從九品	掌受事發展（管理來往文書、收發登錄）

（資料：《唐六典》卷 21〈國子監〉）

　　唐代，中央官學種類繁多，除了國子監掌管七學之外，在朝廷各部門，也開辦學校，培養本部門所需要的人才，這些學校由各部門行政官員負責管理（參考圖一：唐代官學體系圖一：唐代官學體系圖）

〔註6〕 李錦綉，《唐代制度史略論稿》（北京：中國政法大學出版社，1998 年），頁209～217。可以參考任育才，〈唐代官學教育的變革〉，文刊《興大歷史學報》第八期（1998 年 6 月），頁 52～53。
〔註7〕 《通典》卷 53〈大學〉條，頁 763。
〔註8〕 廖健琦，〈唐代國子監在國家文化建設中的作用探析〉，文刊《廈門教育學院學報》第五卷二期（2003 年 6 月），頁 26～28。

圖一：唐代官學體系圖

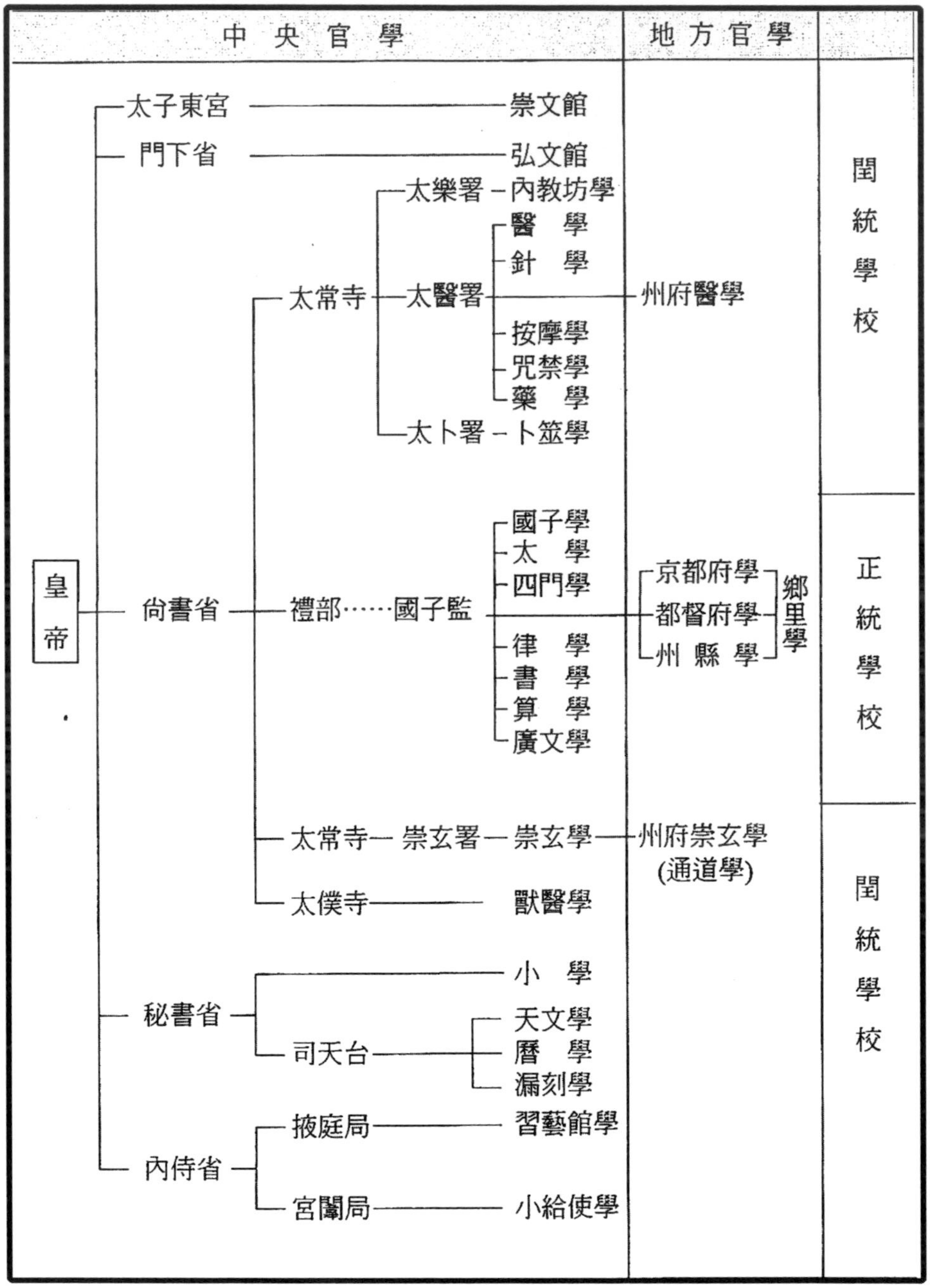

中　央　官　學				地　方　官　學	
	太子東宮 ──────── 崇文館				閏 統 學 校
	門下省 ──────── 弘文館				
		太樂署－內教坊學			
	太常寺	太醫署	醫　學 針　學 按摩學 咒禁學 藥　學	州府醫學	
		太卜署－卜筮學			
皇 帝	尚書省	禮部……國子監	國子學 太　學 四門學 律　學 書　學 算　學 廣文學	京都府學 都督府學 州　縣　學	鄉 里 學	正 統 學 校
	太常寺－ 崇玄署 － 崇玄學 ──			州府崇玄學 (通道學)	閏 統 學 校
	太僕寺──────── 獸醫學				
	秘書省		小　學		
		司天台	天文學 曆　學 漏刻學		
	內侍省	掖庭局──────── 習藝館學			
		宮闈局──────── 小給使學			

（來自：任育才《唐代官學體系之研究》，頁 87）

二、兩種類型的學校

　　由中央直接設立的學校，以行政管理來區分大致可分為國子監系統和非國子監系統學校。

（一）國子監系統學校

　　國子監直接隸屬的學校，到天寶九載（750）已發展為七學（或稱七館），簡圖如下：（圖二：國子監系統學校）

圖二：國子監系統學校圖

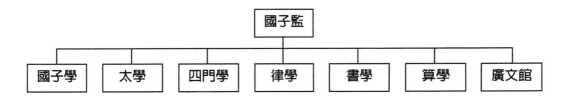

　　七學各有不同培養對象與教育任務，國子學、太學、四門學設置較早，是國子監的主體，學生人數也最多。它以培養統治人才為其教育目標，研習儒家經典為其基本內容，參加科舉為其正常出路。律學、書學、算學增設於太宗時期，學生在國子監是屬於少數，它以培養國家行政專業人才為目標。以學習專業知識為基本內容，科舉是其重要出路之一。若考試合格後被錄取，分派到政府相當部門充任下級官吏。廣文館設立於玄宗時，它是專為修進士業攻讀之所、是國學增設的新學校，為了留住生徒畢業生（未考上科舉）並昌盛國學而設立。學習以應試科舉所需要的知識為內容，學習時期適應科舉的周期、以應試進士及第為目標。根據任育才教授研究，廣文館延續到唐末仍然存在，並培育出人才，並非在肅宗（至德年間）就廢絕。〔註9〕唐初國子

〔註9〕 任育才，《唐型官學體系研究》，頁75～77。按唐代進士科及第不容易，落第佔絕大多數，科考試期定在春季二月，遠道考生需在冬季進京。考試結束，多數落第生選擇重考。返鄉——京師間形成定期流動。距離京師遠道者疲於奔命。有些應試的士人，家境富裕者，寄寓京師，交遊結社，攀附權勢；貧窮書生者，可能尋友切磋，進修學業，尋找社會資源準備重考。玄宗時，科舉進士科已為社會所重視，適應士子應考的需要，於國子監設學，招生學生以符合社會實際需要，由於廣文館設立是作為應試進士科的準備場所，任命的學官都是著名的文士而非經師。（《通典》卷27〈職官九〉，頁399。）（宋）計有功撰《唐詩紀事》卷64〈張賁〉「（張）賁，字潤卿，南陽人。登大中進士第，唐末為廣文博士。」張賁即是實例。（台北：中華書局，1981年），頁

監系統官學生人數如下（表七：國子監官學生學生數）：

表七：國子監官學生學生數

年代	國子學	太學	四門學	律學	書學	算學	廣文館	總計	資 料 來 源
高祖	72	140	130					342	《舊唐書》卷 189（上）〈儒學傳〉
太宗								8000餘	《舊唐書》卷 189（上）〈儒學傳〉
高宗	105	85	300	20	10	10		590①	《新唐書》卷 48〈百官志〉國子監
玄宗	310	500	1300	50	30	30	（未限定）	2200②	《新唐書》卷 48〈百官志〉國子監
注①：高宗時設東都國子監與西京合併計算；西京國子監大成生十員加入並計共 590 人
②：玄宗時國子監大成生有十人，合併國子監計算

　　唐代國學也招收外國留學生，有新羅、日本、吐蕃、高昌、百濟、高麗等國。其中新羅留學生最多，自貞觀十四（640）到五代中葉，三百年間，新羅所派留唐學生，最保留之估計當有二千人，可以說是四裔諸國留學生之數量最多的國家。〔註 10〕對於外國留學生，唐代政府根據他們的志願，分別安排到國學就讀，並提供依糧資助。開元期間，玄宗請四門助教趙玄默到鴻臚寺、教授日本留學生。國學中經學、文學、律學、書學、算學等各科，皆有日本留學生研讀。〔註 11〕不少外國留學生畢業，參加科舉、仕宦於中國，日本井真成就是顯例。〔註 12〕新羅人如金雲卿、崔致遠、金紹渤、金文蔚等人，也是仕唐的例子。〔註 13〕外國留學生與僧侶到唐留學，藉以吸收唐帝國之文物制度，其後四夷各國推行唐化運動，也以他們的貢獻居首功，尤其是日本和新羅。〔註 14〕

　　　　961。

〔註 10〕嚴耕望，〈新羅留學生與僧徒〉收錄氏著《唐史研究叢稿》，頁 441。

〔註 11〕韓昇，《遣唐使與學問僧》（北京：中華書局，2010 年），頁 40。

〔註 12〕王勇，〈井真成墓誌與唐國子監〉，文刊《世界史》（2006 年 5 月），頁 85～88。

〔註 13〕嚴耕望，〈新羅留學生與僧徒〉，頁 433～438。

〔註 14〕高明士，〈唐代官學的發展與衰落〉，文刊《幼獅學誌》第九卷二期（1970 年 3 月），頁 61～62。

（二）非國子監系統學校

1、崇文館、弘文館與小學

　　唐太宗於貞觀十三年（639），於東宮設立崇賢館，設有學士、直學士員、不常置、負責教授學生。高宗上元二年（675）因避太子李賢，而改名崇文館。崇文館（或崇賢館），學生人數二十人，所招收是宗室、貴族和高官（三品以上）子弟，委派學士是專於經學、文學、史學者充任，傳授經學、史學、策論、《孝經》、《論語》等課程。

　　高祖武德四年（622）於門下省設置修文館，選舉賢良文學之士為學士，職掌詳正圖籍，備充朝廷顧問、參議制度、禮儀。九年（626）三月改弘文館，當年九月，唐太宗即位，精選賢良文士虞世南、褚亮、姚思廉等人以本官兼學士，講論經義、商議國政，其後名稱有歷次改易。神龍元年（705）改名昭文館，神龍二年（706）改名修文館，景雲二年（711）復改名昭文館，玄宗開元七年（719）依舊名為弘文館，沿用到唐末。貞觀元年（627），敕令現任京官文武職事五品以上子，有性愛書法，聽任於館內學習，是年有二十四人入館學習，初期以書法為主。貞觀三年（629）後增加經史學習，逐漸轉變為類同國子學經典學習。

　　高祖武德元年（618）十一月於秘書省設立「小學」，規定皇族子孫、功臣子弟入學。進行文化啟蒙教育，小學設有博士進行教學，所教為十四歲以下的少年兒童，課程有習字、讀書能力，所學習大抵為啟蒙教材如《急就章》、《千字文》等，等待有了基礎之後，再研習《孝經》、《論語》等。學完之後，學習《詩經》、《尚書》，約在十四歲，就轉升弘文館、崇文館或國子學。

　　崇文館、弘文學與小學皆屬於「皇家學校」，教育主管或教授對學生要求不太嚴格，教學效果並不太理想，學生學習意願與興趣也並不高。皇室子孫、高官勳貴之子弟，未來憑藉宗族身分或家庭門蔭，都能享有統治特權或登入仕宦之途，學校教育的培養，並非一項重要的人生歷練與學習過程。

2、崇玄學

　　崇玄學是唐代官方新創的道教教育機構。玄宗開元二十九年（741）下詔設立崇玄學。天寶二年（743）改名崇玄館、崇玄學置博士、助教進行教學，設置大學士，由宰相兼任，進行管理。是屬於貴族學校，招收高官子弟為生徒，兩京各置學生百人。研習道家經典《老子》、《莊子》、《文子》、《列子》等經典。朝廷為崇玄館學生安排出路，特設「道舉」一科，學生除了研習經

典之外，也要參加道教的禮儀活動，充任祠祭典禮的齋郎。此宗教性的活動，也是進行教育的重要部分。

　　3、其它機構附設的學校

　　唐代中央政府為了行政管理的需要，在下屬的事務機構中，附設一些培養或訓練具有實用技藝人才的學校，以利維持事務機構正常運作所需的人才。在這些學校，設有專職的教師（博士、助教或師傅）進行教授，生徒以研習專業技能為主，畢業後留任原機構服務。這些學校中有太史局附設曆數學、天文學、漏刻學；太醫署附設藥學、醫學、針學、按摩學、咒禁學；太僕寺附設的獸醫學等。〔註 15〕太樂署附屬內教坊學設於禁中，以習雅樂以中宮人充任。太卜署設置卜筮學，有博士、助教，教授學生卜筮之法如占卜之法和驅鬼術，學生養成後，留任本署。掖庭局的習藝館，是宮女教習場所。宮闈局的小給使學，設有博士、教授地位低下宦官的宮廷儀節。〔註 16〕（參考圖一：唐代官學體系圖）

　　唐代官學體系學校，組織成龐大、完備的教育系統，尤其是算學、天文學、醫學、獸醫學等自然科學或專業教育、訓練等，是世界上最早出現的「實科學校」（Realschulen），比歐洲早了近千年之久。〔註 17〕

　　若根據學生身分、教育目的來分，則分別有四種不同性質學校（表八：唐代官學分類）。

〔註 15〕　政府機構附設學校尚有少府軍器監所之工藝學校。根據《唐六典》卷 22〈少
　　　　　府軍器監〉載：「凡教諸雜作計其功之眾寡與其難易而均平之，功多而難者限
　　　　　四年、三年成；其二次二年，最少四十日，作為等差，而均其勞逸焉。凡諸
　　　　　雜作工、業金、銀、銅……所謂工夫者，限四年成；以外限二年；平慢者，
　　　　　限二年成。諸雜作有一年半，有一年，有九月，有三月者，有五十日者，有
　　　　　四十日者。顯然少府監設有包含不同工匠（種）類型的工藝學校。《新唐書》
　　　　　卷四八〈百官志〉（少府）載：「細鏤之工，教以四年；車路樂器之工，三年，
　　　　　平漫刀矟之工，二年；矢鏃竹漆屈柳之工，半年，冠冕弁幘之工，九月。教
　　　　　作者傳家技，四季以令丞試之，歲終以監試之，皆物勒工名。」詳載專藝艱
　　　　　易不同而有不同年限。
〔註 16〕　任育才，《唐型官學體系之研究》，頁 191。
〔註 17〕　實科學校（Realschulen）是指「近代西方一種以教育自然學科和現代語為主
　　　　　要學科的中等教育體系。它是隨著資本主義的發展而產生的。十七世紀，英
　　　　　國文學家彌爾頓（John Milton, 1608～1674）已經初步提出實科教育的主張，
　　　　　要求通過物理學、數學和自然之世的教學，為學生參加實際生活作準備。英、
　　　　　法等國在十八世紀初開始建立實科學校。實科學校著重教授國民經濟各部門
　　　　　所必須的實用知識，比古典教育接近生活實際。

表八：唐代官學分類

性　質	學生身分	學　校	目　的
皇家學院	宗室子孫、重要功臣之後	小學、崇文館、弘文館等	經學之通才教育，培育治國人才
貴族學校	高官子弟	國子學、太學、廣文館、崇玄館等	同上
普通學校	低官、庶民	四門學、書、律、算學、醫學、針學、咒禁學…天文學、曆算學與地方州縣官學等	1.通才教育（四門學、地方官學等） 2.專才教育，以服務國家社會（醫學、針學、曆算等等）
技藝學校	貧苦庶民、罪犯家屬	太樂署、掖庭局、官闈局等學校	技藝教育，以其技術才藝禮儀服侍皇室、官庭

（整理來自任育才《唐型官學體系之研究》，頁 121～125）

　　此外筆者根據《唐六典》與相關資料整理，以「六學」、「二館」為例，來說明學校的特色。（如表九）〔註18〕

表九：唐代「六學」、「二館」學校簡表

學校名稱	招　生　對　象	學生名額	教　師
國子學	三品以上官子孫	300人	博士 5 人，助教 5 人，直講 4 人
太　學	五品以上官子孫	500人	博士 6 人，助教 6 人
四門學	七品以上官子孫及庶人之子為俊士者	1300人	博士 6 人，助教 6 人，直講 4 人
書　學	八品以下官子孫及庶人之子	30人	博士 2 人，助教 1 人
律　學	（同上）	50人	博士 3 人，助教 1 人
算　學	（同上）	50人	博士 2 人，助教 1 人
弘文館	宗室、后族、京官三品以上子孫	30人	學士或博士（無定員）
崇文館	皇族、東宮高官子弟及三品以上學士子孫	20人	學士或博士（無定員）

〔註18〕《唐六典》卷 21〈國子監〉，頁 2111～2178。

　　由上述可知，弘文館、崇文館是皇族學校，國子學、太學等是貴族性質的學校，非高官（京官五品）子弟不得入學；〔註19〕四門學、律學、書學、算學則是下級官員和庶民子弟的專科學校。從入學的資格、條件來看，顯示出學校教育與社會階級、政治地位密切相關，與學生程度、素質無高低之分。

三、課程、教學與管理

　　弘文館、崇文館、國子學、太學、四門學等學校課程的內容，主要是儒家經典籍。以《禮記》、《左傳》為大經；《毛詩》、《周禮》、《儀禮》為中經；《易》、《尚書》、《公羊傳》、《穀梁傳》為小經。大經、中經是分班必修；小經是作為選修。尚有選修如《史記》、《前漢書》、《後漢書》、《三國志》、《國語》、《說文》、《字林》、《爾雅》等，這些課程學生可根據自己的興趣、喜好自由選課。基本上，儒學教育的學校課程以經為主，兼修其它經史為輔，最高年限為 9 年。唐代推行崇聖尊儒的文教政策，《論語》、《孝經》是共同必修的課程。（參考表十）唐太宗時，當時「儒學多門、章句繁雜」，因此命孔穎達等編《五經正義》作為當時標準教材。除此之外，尚要學習書法與禮儀。書學、律學、算學等實科學校，除各級學校必修課《孝經》、《論語》之外，主要是專業課、兼修課等。例如律學課程，專修（業）課是《律令》，兼修課為「格式法例」。書學課程的專業課有《石經》、《說文》、《字林》等，兼修課有《國語》、《爾雅》等。（參考表十一）

表十：弘文館、崇文館、國子學、太學、四門學等學校課程及修習年限表

類　　別	課　目	修　習　年　限	備　　註
必修課	《孝經》	1 年	各校必修
	《論語》		
專修課	《左傳》	3 年	大經
	《禮記》	3 年	
	《毛詩》	2 年	中經
	《周禮》	2 年	
	《儀禮》	2 年	

〔註19〕高明士指出「唐代之太學，依然為貴族學校，而學生主要來源，仍以山東關隴地區為主。」參見氏著〈隋唐學制淵源考〉，收錄氏著《中國中古的教育與學禮》，頁 18。

《周易》	2 年	小經
《公羊》	1 年半	
《尚書》	1 年半	
《穀梁》	1 年半	

（來自：《唐六典》卷 21〈國子監〉，頁 2159；《新唐書》卷 44〈選舉志（上）〉，頁 1160。）

表十一：律學、書學、算學課程

名　　稱	課　　　　　程
律　　學	以《唐律》、《唐令》為專業，兼習格、式、法例等
書　　學	以《石經》、《說文》、《字林》為專業，餘字書亦兼習之
算　　學	以《九章》、《海島》、《孫子》、《五曹》、《張丘建》、《夏侯陽》、《周髀》為專業，生員名額為十五人。學習《綴術》、《緝古》也是十五人，《記遺》、《三等數》也要兼修習

（來自：《唐六典》卷 21〈國子監〉，頁 2178～2191。）

　　學校性質與課程不同，教法也有所差異，主要區分學習儒家經典學與專科類學校。

　　儒家經典學校，大抵可分一、專經直進：據《唐六典》載：「（國子博士、助教）五分其經以為之業，習《周禮》、《儀禮》、《禮記》、《毛詩》、《春秋左氏傳》，每經各六十人，餘經亦兼習之」。〔註21〕分經教學的進行，是「凡博士、助教、分經授諸生，未終經者無易業」。〔註21〕「諸博士、助教，指分經教授學者，每授一經，必令終講，所講未終不得改業」。〔註22〕顯示在專業課程教學中，教學者必須負責盡職，學生也要全力以赴，才得以學成。具體經學教學大抵可分兩階段，首先是令生員熟讀經文，達到背誦的程度，然後才授文講解義理。〔註23〕第二、則是「會講」，它是集會而講學的教學活動，針

〔註21〕《唐六典》卷 21〈國子監〉，頁 2159。
〔註21〕《新唐書》卷 44〈選舉志〉，頁 1160。
〔註22〕《唐會要》卷 66〈國子監〉，頁 1161。國子監的這種教學方法，唐代顏師古稱為「都講，謂總集諸生大講授也。」即類似近現代學校普遍採用班級授課的教學形式。參見張偉平〈我國古代教學形式若干問題探討〉文刊《華東師範大學學報（教育科學版）》第二十卷二期（2002 年 6 月），頁 73。
〔註23〕《唐六典》卷 21〈國子監〉，頁 2164。（注釋 23，引用日本學者仁田井陸的說法，他擬定唐〈學令〉將國子監博子授經分為兩個階段：令生員熟讀經文，

對國子監全體學員所進行的活動，可分為定期舉行如春秋釋奠禮結束後的講學，另一則是不定期舉行，由國子監祭酒，司業安排，講經以經學為限。唐代歷史上，最著名的是唐德宗貞元十四（795）五月舉行，主講者是太學張博士，講題是《禮記》，會講進行三天，講授過程中十分流暢，義理分明，效果顯著，吸引很多聽眾、達官貴人。唐穆宗時，韓愈出任國子祭酒，恢復會講活動，吸引很多學生、教授與會，帶來教學的新氣象。〔註24〕

在專科類學校方面，除了採用儒家經典學校「專經直進法」外，各有特殊教學方法，例如書學，學習書寫知識專業，練習隸書及各種書寫體，每日仿習，心悟妙理，熟能生巧。在醫學教育上，則有三個特點。一是強調基礎課程，二是重視分科理論學習和專科技術，三是注重臨床和操作技術的培養。尤其重臨床和實際操作，這樣完整醫學教育，不僅是在中國，甚至在古代世界史上都有很突出的地位。〔註25〕

至於考試，以中央六學而言，可分為旬考、歲考、畢業考三類。旬考：考十日所學之課程，分為誦讀、講解兩類。歲考：通一年之業，口問大義十條。畢業考試：學生已通二經、三經或五經，修業在六年以上，經考試合格，可以參加科舉考試（尚書省禮部的省試）。願意留監，可以升進，「四門學生補太學；太學生補國子學」。〔註26〕由於四門學、太學與國子學的程度相近，因此這種升格法並非學術的深造，只是提高學生的社會地位，改善經濟生活待遇。畢業後，除留監深造，參加貢舉之外，也可依蔭入仕，升補學官等。值得一提的是「醫學」教育及考試，並不崇尚理論，而是重視實證（臨床實考）實事求證，頗富科學精神，能夠真正培育實用人才。〔註27〕

學校管理制度也以法令形式予以頒布。在懲處罰規定上，在藝業不精、行為不檢、遊樂無度、逾假違程、桀傲不馴等各有不同罰則，其目的不在處罰而在勸誡，使之導善。學校每年有三種例假，即旬假、田假、及授衣假，尚有許多節日假可休。此外，學生也可以因事、因病、因親病等請假，但都

達到能背誦的程度，然後才授文講義）。

〔註24〕 李翱，〈故正議大夫行尚書吏部侍郎上柱國賜紫金魚袋贈禮部尚書韓公（愈）行狀〉，文刊《全唐文》卷 639，頁 2682。

〔註25〕 王振國主編，《中國古代醫學教育與考試制度研究》（濟南：齊魯書社，2006 年），頁 163～175。

〔註26〕 《新唐書》卷 44〈選舉志（上）〉，頁 1161。

〔註27〕 任育才，《唐型官學體系之研究》，頁 332。

不能逾越期限，否則便會受懲處，嚴重的還會受到勒令退學的命運。〔註28〕

四、經費與師資

官學經費主要是以各種國家稅收為主的財政收入，大致可分為幾部分。一、官員俸祿，政府按官員品級給付月俸錢、祿米、田產（職分田和永業田）。二、經常費用，官學日常開支所需費用，由政府通過公廨田和公廨錢的形成撥給。三、專門費用：皇帝或皇太子的定期幸學釋奠，祭孔儀式，都以皇帝名義或有關部門撥給數量可觀的專門經費。四、基建費用：興建或修繕學校，由政府特別撥出而專用。五、攤派捐助：中央財政緊缺，發動朝臣捐款，募集辦學經費。官學經費中最能得到保障是視學釋奠祭孔費用，次為教師俸祿，其它經費就有很大的問題，加上經費管理多由社會閒雜人（或非專業人員）處理，經費的不穩定因素，成為官學發展的隱憂。若再因政局動盪、君主教育政策、自然災害、戰亂等因素，使得官學要持續穩定的發展，也成為一件不容易之事。〔註29〕

唐代官學教師皆為政府品官，有規定其品秩，待遇與職。〔註30〕中央國子監、非國子監系統學校，地方州縣學等也皆設有教師，官學教師待遇因品秩高低而有較大差距，最低九品教師，雖談不上寬裕，但基本生活應能獲得保證。〔註31〕學官在任內，要接受政府的考核，內容有「四善」與「二十七最」。四善是官品考核，而二十七最可以視為專業職務考核，與教育相關考核有「十二曰訓導有方，生徒充業，為學官之最」、「十四曰禮義興行，肅清所部，為政教之最」等。〔註32〕考核程序，國子祭酒、司業由吏部進行考核；國子祭酒、司業按例考核下屬學官教學績效，以定等第，作為吏部考核的依據。由於學官負責教化、培育人才的工作，因此要求較高。「凡祭酒、司業之選，皆儒重之官，非其人不居」。〔註33〕在唐代前期，選任行政學官（國子祭

〔註28〕詳細內容可參考任育才《唐型官學體系之研究》，頁321～358。
〔註29〕孫培青主編，《中國教育管理史》，頁131～132。
〔註30〕唐代中央、地方官學之學官、員額、品階、待遇、職責、學生人數等內容十分冗長，故不贅述。可以參考高明士著，《中國中古的教育與學禮》，頁223～235（各種統計表）；孫培青主編，《中國教育管理史》，頁134～140（各種統計表）。
〔註31〕孫培青主編，《中國教育管理史》，頁133。
〔註32〕《唐六典》卷2〈尚書省·吏部·考功郎中〉，頁187。
〔註33〕《唐六典》卷21〈國子監〉，頁2116。

酒、司業等），因謹慎撿擇，多為得當。根據統計，研究國子監祭酒、司業等行政學官多為明經出身，或明經末第者，較少由進士科出身來擔任。這種現象，不因唐中葉以後重視進士科而所影響。〔註 34〕在唐代教育行政體系，無論前期、後期，都以（北）齊系為多，次為（北）周系，南（朝）系最少；在教學方面，以齊系最多，但不論前期、後期，都以南系次之，周系最末，尤其是前期更少。齊系能在行政與教學上取得優勢，隋末唐初是轉變的關鍵所在。齊系是指山東地區，此區原本就是中國文化的精華所在，在學術文化成為要角，應是相當自然之事。〔註 35〕

五、中央官學發展、特色與貢獻

唐代中央官學發展盛衰與君主重視與否密切相關。在唐初時期，官學盛於太宗、玄宗時代，而衰於武后時代。科學考試的科目原本是根據中央官學的分科教學而設（參考圖三），藉此選拔政府所需要的統治人才與專業人士。自高宗末年以後，科舉漸受朝野重視，武后當政，採用科舉以選拔人才，學校教育因而荒廢。〔註 36〕唐代政權建立後，推行「尊聖崇儒」的文教政策，使孔子「先聖」地位確立，建立「廟學制」，成為中國傳統教育的特色。從「六學」學生的入學資格、條件等，充分顯示學校社會階級的特色。

中央「七學」由國子監管理，各類專科學校由中央各部門業務單位管理，並有行政專業編制、分工負責不同工作，建立一個較完整教育行政機構，比前代更為專業化。政府根據不同學校、專業、教育目標等，安排不同的專業課程、教學方法也各有不同。各科目有修業年限、考核方法。學校對考試、升格、退學、畢業等規定，皆有制度，法令上明確規範，以確保教育工作的順利進行。學校教育制度化的建立，成為唐代中央官學的特色。中央官學吸納周鄰國家紛紛遣人入學，呈現國際色彩，也是其顯著的特色之一。

唐代中央官學有其具體的貢獻。（一）培育優秀的統治人才，強化國家治理能力。這些官學畢業生任職於政府部門的統治人才，不僅精通儒術、文化素質極高，奠定唐王朝統治的強大基礎。〔註 37〕（二）唐代官學重視科技教

〔註 34〕 陳川源撰，〈唐代國子監行政學官之遷轉——以國子祭酒、司業為例〉（台中：中興大學研究　所碩士論文，2003 年），頁 29、34。
〔註 35〕 高明士，〈隋唐的學官〉收錄氏著，《中國中古的教育與學禮》，頁 275～276。
〔註 36〕 雷家驥，《武則天傳》（北京：人民出版社，2001 年），頁 496～497。
〔註 37〕 高明士，〈唐代官學的發展與衰落〉，頁 45～52（附錄一：出身於官學之唐人

育、醫學、天文學、算學、曆學等方面十分發達，制度化培育科技人才、促進科技高度發展，唐代科技在中古世紀領先世界各地，實奠定於教育的設立與推廣。（三）官方教育的設立，加上科舉制度的盛行，提高唐代人民整體文化水準，形成尚文的社會，促進文學、藝術的高度繁榮。〔註 38〕（四）中央官學發達，周鄰國家紛紛派遣留學生就學於中國、研習唐代文化。他們成為文化媒介，傳播中國文化於本國，在東亞諸國最為明顯，因而形成「東亞漢字文化圈」。〔註 39〕

圖三：唐代學校與科舉關係圖

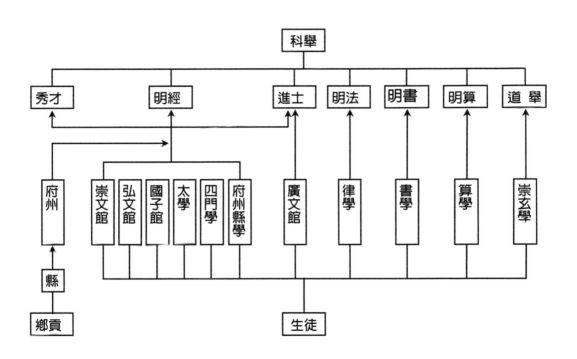

（劉海峰《唐代教育與選舉制度綜論》，頁 54。）

一覽表），可知培育不少統治人才；也可參考任育才，《唐型官學體系之研究》，頁 250～304（附錄表十二：唐代官學所培育人才一覽表）。

〔註 38〕吳楓、鄭顯文，〈唐代庶民階層的文化素質初探〉，文刊《中國唐史學會論文集》（中國唐史學會編）（西安：三秦出版社，1993 年），頁 186～188。

〔註 39〕高明士，〈光被四表：中國文化與東亞世界〉，文刊《中國文化新論·根源篇·永恆的巨流》（台北：聯經出版社，1990 年），頁 515～516。

六、官學教育的意義與評價

官學教育對政治、文化上的貢獻如前述；而最為重要是政治社會化或政治整合的工具。官學與國家關係密切，教育是國家行政的一部分，藉用教育，將儒家思想崇尚「忠」、「孝」觀念，重視倫理尊卑、上下服從的價值觀，凝聚成為人民的共識，進而效忠政府。國家透過教育制度而鞏固其統治權，官方教育可以說形塑國家（或政權）穩定的重要因素之一。官學是國家官僚體系的一部分，教育行政組織、教學與課程等皆受政府法令規範，政府可以藉此進行政治思想的整合，完成形塑人民意識型態的教育目的。儒家的知識與價值，成為士民的主流價值，或為政治、文化評判的主要憑藉，唐朝政權的穩定性與合法性也隨之提高。

由於官學是培育統治人才與儒家意識型態「濡化」場所，對於維持唐政權穩定具有重大的功能。因此，朝臣或儒生在面臨政權危機時，他們大多會思圖從教育著手，進行官學教育制度改革，其中也包括科舉制度。身為官學主管的國子祭酒，也經常向君主建議諸多改革的內容與方向，最著名的實例是代宗的歸崇義與憲宗的馮伉。〔註40〕呈現濃郁的政治意義。

對於唐代中央官學的評價，其一，若以學校組織規模來看，唐代組織系統多元、龐雜，雖有專業化趨勢，但卻失之合理（參考第 43 頁）。以職能而言，國子學與弘文館、崇文館某些性質功能是重疊，兩館設立，並不盡合宜。其二，違反教育規準，如太卜署（卜筮學）屬於咒術迷信，屬於宮廷服務性質，而非正式性質的學校如內教坊學、習藝館等，是為內廷服務而設學，純屬技能訓練而非教育。〔註41〕其三，課程與教學問題：官學以儒家經典、專業教育為主，未能與科舉密切結合，使學生欠缺學習「驅力」；教學過於呆板、僵化的「單向教學」，師生欠缺互動，學習效果不易提升。四、教育經費不足：使官學發展欠缺一個較健全發展的條件（參考頁63）。

〔註40〕 高明士，〈唐代官學的發展與衰落〉，頁28～36。
〔註41〕 參考伍振鷟主編，《教育哲學》（台北：五南出版社，1999 年），頁 77～80。「教育規準有三。（一）合價值性（Worthwhileness）（二）合認知性（Congniliveness）（三）合自願性（Voluntariness）」教授卜筮迷信咒術之學，違反認知活動中旨在求真，辨認事實的精神與態度。宮廷服務性質的內教坊學、習藝館學、小給使學等，嚴格來說是種「非自願性」的技能訓練、強制學習，並非屬於「教育」。在違反教育規準「自願性」原則下，給予廢除。

第二節　官學、科舉與儒學

一、官學教育與科舉制度

　　唐初科舉的分科考試是按照中央六學的分科教學而設置。在唐初，頗重視國子監生，貞觀年間規定：「學生能通一大經以上，咸得署吏」。〔註42〕採取學校直接入仕的辦法，充分顯現對國子監生的優待。「永徽（高宗）之後，以文儒亨達，不由兩監者稀矣。於時場籍，先兩監而後鄉貢。蓋以朋友之臧否，文藝之優劣，切磋琢磨，匪朝伊夕，抑揚去就，與眾共之」。〔註43〕「進士不由兩監者，深以為恥」。〔註44〕可以反映當時重視國子監畢業生。根據研究，中宗景龍元年（707）以前，進士及第者大多是「生徒」（國學生），如咸亨五年（674），錄取 11 名進士，開耀二年（682）錄取 51 名進士，永淳二年（683）錄取 55 名進士，光宅元年（684）錄取 16 名進士，長安四年（704）錄取 41 名進士，景龍元年（707）錄取 48 名進士，共錄取 222 名，此六次榜單中各只有一名是「鄉貢」考上的，共有 6 名，占總錄取率 2.7%。〔註45〕可以反映國子畢業生在（唐初高宗到中宗期間）科考上的優勢。

　　但從武后之後，為了鞏固其統治權力，提拔庶族而重視科舉。武后蔑視學校教育，當時「國子祭酒，多授諸王及附馬都尉。……至於博士、助教，唯有學官之名，多非儒雅之貴。……因是生徒不復以經學為意，唯苟希僥幸。二十年間，學校頓時墮廢矣」。〔註46〕直到玄宗時，重振國學，對學校進行整頓，才恢復如唐初之盛況。但在玄宗末年，政府選拔人才愈重視科舉，天下士子也漸以科舉為最佳出路。中央官學的教育作用愈來愈小，科舉成為整個教育的核心所在。

　　唐初導致中央官學衰沒最大關鍵在於科舉考試科目及內容的改變。參加省試（尚書省）的科目，常行是秀才、明經、進士、明法、明書、明算六科（唐朝科舉共有十二科，除常行六科之外，尚有一史、三史、開元禮、道舉、童子等六科，並不經常舉行。秀才一科，在唐初要求很高，太宗貞觀年間規

〔註42〕《舊唐書》卷 189〈儒林傳序〉（上），頁 1262。
〔註43〕《唐摭言》卷 1〈論曰〉，頁 33。
〔註44〕《唐摭言》卷 1〈兩監〉，頁 15。
〔註45〕劉海峰，《科舉考試的教育視角》（武漢：湖北教育出版社，1996 年），頁 149～150。
〔註46〕《舊唐書》卷 189〈儒林傳序〉（上），頁 1262。

定，凡被推薦應秀才科而未能中選的，其所在州的長官要受處分，（「舉而不第者，坐其州長」規定），所以應秀才科的人很少。高宗後，明經、進士兩科，就成了唐代常科的重要科目。

明經、進士兩科，最初都只是試策，考試的內容是經義或試時務。太宗貞觀八年（634），進士科加試讀經史一部。高宗調露二年（680），進士科加試帖經。永隆二年（681），明經加試帖經，進士加試雜文。玄宗天寶（742～756）年間規定，明經先試帖經，次試經義，最後試策。進士先試帖經，次試詩賦，最後試策。

「其所試策，於所習經史內問；經問聖人旨趣，史問成敗得失。并時務共十節，貴觀理識，不用求隱僻。……言詞不至鄙陋，即為第」。〔註47〕後來，兩科的考試內容雖然還有所變化，而其基本精神則是，進士重詩賦、策論，明經重帖經墨義。因為帖經墨義只要能熟讀經傳和它的注釋就可以中試，詩賦則需要具有文學才能，及第困難。策論的考題，主要是政治、經濟、社會時事等國家大事。檢測考生面臨問題的思考、分析能力。這就要考生通曉經史以論成敗得失，考生不僅要有敏銳、洞察事情的政治識見，也要善於文辭寫作，可以說是相當高難度的評量測驗。在錄取的名額，明經又遠比進士為多。進士科及第的只佔應考人數的百分之一、二，明經科得第的卻佔應考人數的十分之一、二。明經科及第的，每年有一、二百人；進士科得第的，有時只有幾人，有時十多人，有時二十多人，最多也不過三、四十人。所以，當時流傳著這樣的說法：「三十老明經，五十少進士」。〔註48〕唐眾科之中，最貴進士科，「縉紳雖位極人臣，不由進士者終不為美」。〔註49〕就仕途而言，進士科出身又優於明經科，因其文學優長常授以重職如翰林學士，知制誥等，又科舉進士及第出任相職尤多，足見其重要性。相對而言，明經科的考試內容與方法主要是帖經和墨義，只要熟讀注疏即可，及第較易。一般士子多趨向於明經科，特別在北方因沿襲重疏注的學風，有的家庭甚至全家都報考明

〔註47〕 趙匡，〈舉人條例〉，文刊《全唐文》卷.355，頁 1594。策論在科舉制度十分重要，陳飛指出：「試策是唐代科舉中最重要的試項，所有取士各科乎皆有試策。在考試辦法及朝廷的禮重程度方面也優於其他試項，可以說是擔任唐代科舉精神實質及其職責功能最得力的試項」。參考氏著，《唐代試策考述》（北京：中華書局，2002 年），頁3。

〔註48〕 《唐摭言》卷1〈散序進士〉，頁13。

〔註49〕 《唐摭言》卷1〈散序進士〉，頁13。

經科。〔註50〕一般而言，社會上仍有輕明經之風向。茲舉例說明：

《新唐書》卷182〈李珏傳〉載：

（李珏）甫冠，舉明經，李絳為華州刺史，見之曰：「日角珠庭，非庸人相，明經碌碌，非子所宜。」乃更舉進士高等。〔註51〕

《南部新書》〈乙部〉載：

大和中，上謂宰臣曰：「明經會義否？」宰臣曰：「明經只念經疏，不會經義。」帝曰：「只念經疏，何異鸚鵡能言」。〔註52〕

明經科考試重記憶，及第容易；被視為「碌碌」，其至被譏為「何異鸚鵡能言」。加上明經及第大多不擅文詞，通常未能勝任中書舍人、翰林學士等要職，要升居高位之途，也不如進士。

高宗調露二年（680），主管貢舉的吏部考功員外郎劉思立奏請明經、進士二科並加帖經，在通過帖經檢測後，要求進士科加試雜文兩首。「雜文」是指詩賦。詩是指格律詩，有五言八韻（十六句）或六韵（十二句）的詩體，又稱「試律詩」、「試帖詩」；「賦」在唐代也格律化，成為有格律的律賦。〔註53〕雜文考試極為不容易，因為要平仄、對仗押韵，若非有真才實學很難及第。永隆二年（681）8月，朝廷採納劉思立的建議，並下詔規定從今之後，明經試帖有十帖得六帖以上，進士試雜文兩首而表明通識文律者方許試第。〔註54〕因此，明經、進士兩科的考試增加了很多難度。

高宗後，進士科逐漸受到重視，考上也不容易，因此「縉紳雖位極人臣，不由進士者，終不為美，以至歲貢常不減八九百人」。〔註55〕武則天當道時，特別重視進士科。唐人沈既濟云：「太后（武則天）頗涉文史，好雕蟲之藝，永隆中始以文章選士。及永淳之，太后君天下二十餘年，當時公卿百辟，無不以文章達。因循日久，寖以成風」。〔註56〕進士科的優勢逐漸形成。另一方

〔註50〕　程舜英編著，《隋唐五代教育制度史資料》，頁126～127。

〔註51〕　《新唐書》卷182〈李珏傳〉，頁5359。

〔註52〕　《南部新書》〈乙部〉，頁24。

〔註53〕　汪子洋、孔慶成，《科舉文體研究》（大津：天津古籍出版社，2005年），頁5～6。

〔註54〕　《新唐書》卷44〈選舉志（上）〉，頁315。唐代進士科考試內容，場序隨時代而有所變更，但大體上定制於永隆二年。可以參考卓遵宏著，《唐代進士與政治》，頁166。

〔註55〕　《唐摭言》卷1〈散序進士〉，頁13。

〔註56〕　《通典》卷一五〈選舉三〉，頁357。

面，武則天稱帝時，中央官學「學校頹廢」，當時官員韋嗣立批判言：「國家自永淳（高宗）以來，二十餘載，國學廢散，胄子衰缺，時輕儒學之官，莫存章句之選。貴門後進，競以僥倖升班；寒族常流，復因凌替弛業。考試之際，秀茂罕登，驅之臨人，何以從政？」〔註 57〕

官學教育衰廢如此，加上進士科的聲望不斷提高，兩者之間平衡已不存在。唐初，科考場上生徒占優勢的情形，隨著形勢的演變而漸居於下風。

由於中央官學教育是以儒家經術為主，不敵於熟悉文章辭賦的進士科，加上社會上皆重視進士科，科場形成「重鄉貢而輕生徒」，為了改善此偏頗趨勢。玄宗時期，提出一些振興官學的措施，有（一）令貢舉人到國子監行謁廟禮（二）招收庶民之子八百人為俊士生（三）設置廣文館（四）詔天下舉人不得充鄉貢，皆須補學生等。〔註 58〕但這些效果有限，仍然改變不了鄉貢在科場上的優越地位。

唐玄宗開元二十五年（737）重頒科舉考試規定，是官學衰沒的重大關鍵之一。史載：

（開元）二十五年二月敕，今之明經進士，則古之孝廉秀才。近日以來，殊乖本意。進士以聲律為學，多昧古今；明經以帖誦為功，罕窮旨趣。安得為敦本復古，經明行修？以此登科，非選士取賢之道。其明經自今以後，每經宜帖十，取通五已上，免舊試一帖，仍按問大義十條，取通六已上，免試經第十條，令答時務策三道，取粗有文理與及第。其進士宜停小經，准明經帖大經十帖，取通四已上，然後准例試雜文及第者，通與及第。其明經中有明五經已上，試無不通者，進士中兼有經通一史，能試策十條得六已上者，委所司奏聽進止。其應試進士等唱第迄，具所試雜文及第，送中書門下詳覆：其所問明經大義日，須對同舉人考試，應能否共知，取舍無愧。有功者達，可不勉歟？〔註 59〕

從以上詔書規定來看，科考強調經義、雜文的重要性，無論是明經或進士科都增加考試的難度與及第的困難。對於國子監的生徒（學生）而言，他們平日所學是儒家經典，很少涉及文學辭章，他們難與善於詩賦的鄉貢競爭。再

〔註 57〕 《舊唐書》卷 88〈韋嗣立傳〉，頁 471。
〔註 58〕 劉海峰、李兵，《中國科舉史》（上海：東方出版中心，2004 年），頁 95～97。
〔註 59〕 《唐會要》卷 75〈貢舉（上）〉（帖經條例），頁 1377。

者，科舉考試應試明經要「粗有文理」，並答時務策三道，這是要改善明經科長久以來重傾向「孤經絕向」使士子趨向死背，不懂經書真意的現象。〔註60〕這使國子監的儒學教育與科舉考試漸「脫勾」，使學生進入國子監學習成為不重要，甚至可能成為一種浪費或負擔。對於企圖參加科舉而謀求功名的學子而言，學校的重要性為之削弱。德宗貞元年間「膏梁之族，率以學校為鄙事。若鄉貢，蓋假而就貢而已」。〔註61〕即可反映此項事實。

　　整體而言，唐初在國家選拔人才方式中，官學畢業生投考科舉在初期占有優勢，其後因重視科舉與考試方式變更，改變原有優勢。高宗末年，加試雜文，武后當政荒廢學校，重視科舉，使得官學趨於衰沒。玄宗科考重視經義、雜文，因國子監系統學校無法應試科舉新形勢，官學生漸失競爭力，官學教育遂為社會所輕。

二、官學教育與儒學發展

　　余英時言：「（在唐代）更值得注意的則是『經』的觀念，在不斷擴大中，《論語》與《孝經》在唐代已正式取得『聖典』的地位。」〔註62〕杜維明則指出：「隋朝的重新統一中國，唐朝重新恢復持久的和平和繁榮，都對儒家的復興起了很大的刺激作用。配有精彩注疏的官方版本《五經正義》出版了，儒家的禮儀被貫徹到行政的各種層（包括著名的《唐律》的編纂），這兩個突出的事例正足以說明儒學在實踐中的運用。一套以習文讀經為基礎的考試制度被建立起來了。掌握儒家經典即成了投身政治的前提條件，因此可以說，科舉考試最重要的一項制度革新，它把精英文化界定在儒家的話語系統之中」。〔註63〕二位學者對於唐代儒學發展抱著正面、積極（或肯定）的態度，但並非完全是如此。唐代儒學的發展於外部，受到佛、道教的挑戰；在內部則因官學教育、科舉、學術發展等因素，儒家發展受到限制，甚至面臨危機。

　　儒學依附儒家經典及學術研究，唐代儒家藉官方教育（包括私學）的推

〔註60〕《舊唐書》卷185（下）〈楊瑒傳〉，頁1232。
〔註61〕《唐摭言》卷1〈鄉貢〉，頁23。
〔註62〕余英時，《試說科舉在中國史上的功能與意義》　收錄氏著：《中國文化通譯》（香港：牛津大學出版社，2010年），頁202。
〔註63〕杜維明著、陳靜譯，《儒教：Confaciainism》（上海：上海古籍出版社，2008年），頁47。

展，促使儒學及思想普及社會，尤其在「士」的階層，漸成為思想的主流。但從另一角度來看，由於唐朝政府以經學教材作為「育士」之工具；以貢舉制度作為「取士」方法之一。政府經常面臨「育士」與「取士」困境時，礙於政府是「正式組織」變革不易。〔註64〕或基於傳統因素而未敢決心改革，以致於問題未能解決只是延宕而已。

唐代中央官學課程以經學為教材，《孝經》、《論語》為必修，其它教材分為大、中、小三經，各有不同的年限（參考表十，頁61），三種經類的劃分，顯然以篇幅內容為標準，而忽視學習上深淺度、義理上輕重，趨向形式主義。這種的規定，於是產生學習偏差現象。

開元八年（720）七月，國子司業李元瓘就指出：

> 《三禮》、《三傳》及《毛詩》、《尚書》、《周易》等，并聖賢微旨。生人教業，必事資經遠，則斯道不墜。今明經所習，務在出身，咸以《禮記》文少，人皆競讀。《周禮》經邦之軌則、《儀禮》莊敬之楷模，《公羊》、《穀梁》歷代崇習。今兩監及州縣，以獨學無友，四經殆絕。事資訓誘，不因因循。其學生請（停）各量配作業，并貢人參試之，曰凡習《周禮》、《儀禮》、《公羊》、《穀梁》，并請帖十通五，許其入第，以此開勸，即望四海均習，九經該備。從之。〔註65〕

官學生以《禮記》內容競相修習，對於內容經義深奧但很重要之《公羊》、《穀梁》、《周禮》、《儀禮》等則乏人問津。〔註66〕官學生很顯然是將經學作利祿之途（務在出身），修習短淺者來應付考試，政府只好用考試方式來改善。除此之外，還有較為嚴重的，唐代宗時禮部侍郎楊綰所奏貢舉之弊：

> 至高宗朝，劉思立為考功員外郎，又奏進士加（考）雜文，明經帖經從此積弊，浸轉成俗。幼能就學，皆誦當代之詩；長而博文，不越諸家集。遞相黨與，用致虛聲，六經則未嘗開卷，三史則皆同挂

〔註64〕 「正式組織」：「指有明確目的，執行特定工作任務的組織形式。在正式組織內，成員的權利、義務等都有嚴格的規定。人們的行動都必須按照一定的規章制度，並指向共同的組織目標。」收錄於教育百科編委會《教育百科辭典》，頁142。

〔註65〕 《通典》卷15〈選舉（三）〉，頁181～182。

〔註66〕 不僅官學生不喜經義深奧《公羊》等經，學術界也荒廢其學，《韓昌黎集》卷三〈答殷侍御書〉「況近世公羊學幾絕，何氏注外，不見他書。聖經賢傳，屏而不省，要妙之義，無自而尋；非先生好而樂之，味於眾人之所不味。」，頁122。

壁。〔註67〕

楊綰指出「進士加雜文、明經加帖經，從此積弊，浸而成俗」，為了投考科舉學習詩賦文學，產生「六經則未嘗開卷、三史則皆同掛壁」。考試引導教學的現象十足顯著。這種為了考試而讀書的現象，延至到中晚唐，依然存在。自然較不利於儒學長久發展。

　　以上所論是以「科舉影響儒學教育」來論述；另外一個因素是「考試內部」因素所致。唐代貢舉以明經、進士科為主，明經、進士科考試辦法：

　　《唐六典》卷6〈禮部尚書侍郎〉條云：

　　　　舊制諸明經試每經十帖、孝經二帖、論語八帖、七子兼注五帖。每帖三言，通六已上，然後試策十條，通七即為高第。開元二十五年敕：諸明經先帖經，通五已上，然後口試，每經通問大義十條，通六已上，并答時務策三道。（進士科）舊例帖一小經并注，通六已上；帖老子兼注，通三已上；然後試雜文兩道，時務策五條。開元二十五年，依明經，帖一大經，通四以上，餘如舊。〔註68〕

明經科錄取（及第）標準是「通過帖經」然後「口試並答策，取粗有文性者為通」。〔註69〕進士科標準是「通過帖經」，然後雜文及策。「文取華實兼舉，策須義理愜（切）當者，為通」。〔註70〕

　　無論明經、進士科皆要「帖經」，「帖經」重在檢測學生的記憶能力。如果帖經考試、考題普易化，考生均能回答，考試就沒有「評量」效果，考官難以評判高低。〔註71〕於是考官就絞盡心思來提高難度，於是帖經考試出現偏僻、絕句的現象。開元十六年（728）國子祭酒楊瑒言：

　　　　竊見今之舉明經者，主司不詳其述作之意，曲求其文句之難，每至帖試，必取年頭月日，孤經絕句。且今之明經，習左傳者十無二三，若此久行，臣恐左氏之學，廢無日矣。臣望請自今已後，考試者盡

〔註67〕《舊唐書》卷119〈楊綰傳〉，頁3430。
〔註68〕《唐六典》卷6〈禮部尚書侍郎〉，頁367。
〔註69〕《唐六典》卷6〈禮部尚書侍郎〉，頁367。
〔註70〕《唐六典》卷6〈禮部尚書侍郎〉，頁367。
〔註71〕「評鑑（Evaluation）或譯「評量」，它是指收集、運用有關的信息對一個過程的效能或一個結果的質量所作的判斷。在教育中，評鑑按對象可分學生、教學評鑑，學生評鑑是透過測驗，把學生的成績與一定的標準或常模進行比較，從而判斷該學生在這方面的發展水準」。收錄於教育百科編委會《教育百科辭典》，頁528。

帖平文，以存大典。周禮、儀禮、及公羊、穀梁殆將廢絕，若無甄異，恐後代便棄。望請能通周禮、儀禮、公羊、穀梁者，亦量加優獎。」於是下制「明經習左氏及通周禮等四經者，出身免任散官，遂著於式」。由是生徒為瑒立頌於學門之外。〔註72〕

《通典》卷十五〈選舉三〉載：

至有帖孤章絕句，疑似參互者以惑之。甚者或其上抵其注，下餘一二字，使尋之難知，謂之『倒拔』。既甚難矣，而舉人則驅懸孤絕，索幽隱為詩賦而誦習之，不過十數篇，則難者悉詳矣。〔註73〕

楊瑒所言，與之前李元璀一樣，指出《周禮》、《儀禮》、《公羊》、《穀梁》等四經乏人修業的困境。不同的是，玄宗以「出身免任散官」來獎勵，使得楊瑒獲得國學生的贊頌。此外，他也指出明經科考試的荒謬，竟將「年月日」、「孤章絕句」列為考題；甚至為了考倒學生「怪招」盡出（謂之「倒拔」），應試考生也想盡辦法搜集偏僻題目，並編為詩賦而勤加誦習。結果，明經科淪為「隻言片語」，零瑣片面知識的考試，對於經義荒廢或者全然不知。

這種現象持續到中晚唐憲宗元和年間（806～820）元稹在對策中曾云：「今國家之所謂興儒術者，豈不以有通經文字之科乎？其所謂通經者，又不過于覆射數字；明義者，才至辨析章條。是以中第者歲盈百數，而通經之士蔑然」。〔註74〕這樣考試，自然導致經學、教育研習水準的低落。

唐初頒定《五經正義》定本，作為明經科考試定本，也提供教育、學習之便。《五經正義》統一南北方經學，但以南方經學為主體。統一經典，欲定各種學派於一尊，勢必引起不少反動。但唐初學者反對《五經正義》者不乏其人，著名有太宗時太學博士馬嘉運，武后時四門博士王元沖、劉知幾；玄宗時元行沖等。這些反對聲音，在社會上並未造成普遍風氣。〔註75〕以學術發展而言，「定於一」，易流於僵化、形式而失去創造力，由於唐初基本上，國勢強盛，政治、社會安定，朝野君臣習於傳統，遵守前規，並未企圖思考改變，直到安史之亂暴發，戰禍結束，諸儒重新思考國家政策之際，經學風氣為之丕變。

〔註72〕《舊唐書》卷185（下）〈楊瑒傳〉，頁4820。

〔註73〕《通典》卷15〈選舉志（三）〉，頁182。

〔註74〕元稹〈對才識兼茂明於體用策〉，文刊《元稹集》（台北：漢京文化出版社，1983），頁330～331。

〔註75〕高明士，《隋唐貢舉制度》，頁284～292。

第三節　中央官學的衰沒

一、官學衰沒的現象

安史之亂後，代宗多方整頓官學頗有建樹，但到德宗時期，中央官學反而轉為惡化，當時太學學風惡化，中央六館學生員數降低到「百餘人」。原因是德宗對官學沒有熱心，又因「病無貲財」，致使官學始終廢散。〔註76〕然而官學衰沒並非朝夕間的問題，而是長期性、制度性的問題。

中央官學的衰沒，表現最顯著是官學生減少。元和二年（807）十二月國子監奏：「兩京諸館學生，總六百五十員，請每館定額如后：西監學生總五百五十員；國子館八十員，太學館七十員，四門館三百員，廣文館六十員，律館二十員，書館十員，算館一員。」又奏：「天寶以前，各館學生，其數至多，並有員額。至永泰後，西監置五百五十員，東監近置一百員，未定每館員額。今謹具定額如后：東都國子監量置學生一百員；國子館十員，太學館十五員，四門館五十員，廣文館十員，律館十員，書館三員，算館二員。」〔註77〕元和年間劉禹錫也曾言：「貞觀時，學舍千二百區，生徒三千餘，外夷遣子入附者五國，今室廬圮廢，生徒衰少」。〔註78〕若以《唐六典》玄宗時「六學」統計，生徒共有二千二百三十員，但在憲宗元和年間只剩八百四十員，生徒名額大量銳減。唐晚期戰禍頻仍，中央官學發展必受到很大的阻礙。

第二現象是官學生素質的低落。唐代中央官學重視研習儒家經籍，視為培育國家人才不可或缺的條件，但官學教育已出現問題，唐玄宗開元年間（713～741）官學學生多不讀經術。「進士以聲韻為學，多昧古今；明經以帖誦為功，罕窮旨趣」。〔註79〕「儀禮廢絕，雖士大夫不能行之」。〔註80〕

德宗建中二年（781），中書舍人權知貢舉趙贊奏：「應口問大義明經等，舉人明經之目，義以為先，比來相承，唯務習帖，至於義理，少有能通，經

〔註76〕 高明士，〈唐代官學的發展與衰落〉，頁31～32。
〔註77〕 《唐摭言》卷1〈西監〉，頁21。
〔註78〕 （唐）劉禹錫著、瞿蛻園箋證，《劉禹錫集箋證》卷20〈奏記丞相府論學〉（上海：上海古籍出版社，1989），頁554。
〔註79〕 （宋）王欽若、楊億編，《冊府元龜》卷639〈貢舉部（一）・條例〉，頁7391～7392。
〔註80〕 《舊唐書》卷185〈楊瑒傳〉，頁4820。

術浸衰，莫不由此」。〔註 81〕德宗貞元元年（785）在〈南郊大赦天下〉：「致理之本，在審官；審官之由，資乎選士；將務選士之道，必精養士之方。……國庠鄉校，唯尚浮華」。〔註 82〕穆宗時，由於官學生不認真研習，學識淺陋。「孤竹管是祭天之樂，出於《周禮》正經，閱其試程之文，都不知其本事，解律鄙淺，蕪累可多」。〔註 83〕文宗時「（學生）苟尚浮華，莫修經藝，先聖之道，湮郁不傳」。〔註 84〕學校教育逐漸喪失其培育國家人材的功能。

第三現象是罷廢學校：唐德宗貞元年間李觀在〈請修太學書〉提到六館之目，其曰國子、太學、四門、書、律、算等。今存者三，亡者三。……至有博士、助教、鋤犁其中，播五稼於三時，視辟雍如農郊、堂宇頹廢、磊砢屬聯。……長國之術在乎養士，養士之方在乎隆學，夫學廢，則士亡，士亡則國虛，國虛則上下危，下上危，則禮義銷」。〔註 85〕中央官學校舍毀廢，淪為農地，博士、助教耕作其地，呈現荒涼景象。李觀所言「亡者三」是指哪三所學校，文獻史料闕如，難以明確，但在德宗時期有袁頤、陸質擔任國子博士；有杜冀、陳京、施士匄、張某等擔任太學博士；韋渠年、韓愈擔任四門博士等。〔註 86〕來研判，李觀所言「亡者三」，應是指比較不重要的書、律、算學。此三校，直到憲宗元和二年（807），再予重建（參考頁 60）。

中央官學沒落的第四現象是官學生貢舉及格率降低。玄宗以前，生徒占有明顯的優勢，科舉及第多為國子監的學生。「開元以前，進士不由兩監者，深以為恥」。〔註 87〕學者引用《唐摭言》、《文獻通考》證明唐初（景龍元年，707 年以前）生徒多占進士科及第總數百分之九十以上，而鄉貢絕少。〔註 88〕玄宗開元年間，官學生徒貢舉及第率降低已出現，開元十七年（739）國子祭酒楊瑒上奏云：

> 伏聞承前之例，每年應舉，常有千數，及第兩監，不過一二十人，臣恐三千學徒，虛費官廩，兩監博士，濫糜天祿。今監司課試，已退其八九，考功及第，十又不收一二，若長以此為限，恐儒風漸墜，

〔註 81〕《唐會要》卷 75〈貢舉（上）〉，頁 1374。
〔註 82〕《唐大詔令集》卷 69〈南郊大赦天下制〉，頁 353。
〔註 83〕《舊唐書》卷 16〈穆宗本紀〉（長慶元年夏四月條），頁 488。
〔註 84〕《唐大詔令集》卷 29〈大和七年冊皇太子德音〉，頁 96。
〔註 85〕李觀〈請修太學書〉，文刊《全唐文》卷 532，頁 2392。
〔註 86〕任育才，《唐型官學體系之研究》，頁 163、169。
〔註 87〕《唐摭言》卷 1〈兩監〉，頁 15。
〔註 88〕劉海峰，《唐代教育與選舉制度綜論》，頁 61。

小道將興。〔註89〕

兩監學生，在應舉千數之中，及第人數不過一、二十人；監司課試，及格率，不過十分之一、二、可見教學績效低落。其後，因中唐後兵連禍接，官學教育從此一蹶不振，官學生徒參與貢舉及第率更大不如昔。〔註90〕科舉及第大多為鄉貢出身，中唐以後，鄉貢及第的人數大增，身分地位提高，就連唐宣宗也自稱為「鄉貢進士李道龍」。〔註91〕

二、官學衰沒原因的探討

基本上，唐代中晚期的「教育政策」並沒有變更；教學、課程與管理等也沒有改變，大體上而言是沿承前期所訂立的規定。中晚期官學的衰沒，除外在政治動盪因素外，尚有其它因素，茲將此逐漸探究。

（一）科舉制度的衝擊

科舉是利祿仕官之途、尋找簡便速成之路，是人性使然。進入官學教育，一般而言要修業五年以上，花費很長的時間，才取得資格。官學所學與科舉考試脫節；社會上所重視最有政治前途的進士科，官學教育並沒有教授（詩賦雜文），無法吸引優秀學生入學，既使入學，也欠缺一個強烈的「學習動機」。「鄉貢」資格的取得，既節省了時間，又較簡便，天下舉子考生自然傾向「鄉貢」一途。教育政策不切實際，科舉制度帶來衝擊，應是官學衰沒的主因。

（二）教育行政上問題

國子監的六學組織和學規，有令、格、式的規定，進行教學、行政、訓導等方面的管理，但由於唐律令以儒家德禮、仁義為基本信念（援儒入法）；加上國子監、太學又是儒家經學教育的重鎮，深受時人的敬重和信任，便宜行事性的培育英才，為社會所能接納，因此，忽視律法的規定。〔註92〕例如韓愈所提太學生何蕃入太學者廿餘年，是位「老學生」，依照學規大限是九年，滯留太學是違法，但行政單位卻不加處理。〔註93〕筆者認為政府組織（國子

〔註89〕　《唐會要》卷 75〈帖經條例〉，頁 1376。

〔註90〕　高明士，《隋唐貢舉制度》，頁 254～255。

〔註91〕　（宋）尤袤，《全唐詩話》（北京：中華書局，1985 年）卷 1〈唐宣宗條〉，頁 5。

〔註92〕　參考任育才，〈唐人的律法觀──以太學生為例〉，收錄嚴耀中主編，《唐代國家與地域社會研究：中國唐史學會第十屆年會論文集》（上海：上海古籍出版社，2008 年），頁 61～85。

〔註93〕　韓愈，〈太學生何蕃傳〉，文刊《韓昌黎集》卷 2，頁 74。

監）無法「依法行政」，就難以正確、適當處理各種問題，增徒更多困擾，官學衰沒，自然與此密切相關。

（三）教學與管理問題

教學與管理問題也是其內部的因素。韓愈在〈國子監論新注學官牒〉云：「國子監應今新注學官等，牒准今年敕文，委國子祭酒選擇有經藝堪訓生徒者，以充學官。近年吏部所注，多循資敘，不考藝能，至今生徒不自勸勵。」〔註94〕反映出學官素質不佳與政府對選擇學官並非十分重視。李絳在〈請崇國學疏〉云：「國學毀廢，生徒無鼓篋之志，博士有倚席之譏」。〔註95〕文宗太和二年（828）劉蕡也指出官學之弊端云：「國家貴其祿而賤其能，先其身而後其行，故庶官乏通經之學。諸生無脩業之心」。〔註96〕

文宗太和七年（833）國子監奏：「准令監司於諸道搜訪名儒，置五經博士一人。伏以勸學專門，復古之制，博采儒術，以備國庠，作事之初，須有獎進。請五經博士秩比國子博士」。〔註97〕反映出中央官學教師專業素質低落的現象與有必要強化師資。

另一方面，官學衰沒也與管理失當密切相關。中唐時柳宗元曾云：「太學生聚為朋曹，侮老慢賢，有墮窳敗業而利口食者，有崇飾惡言而肆鬭訟者，有凌傲長上而誶罵有司者，其退然自克，特殊於眾人者無耳。僕聞之，惆駭慘悸，良痛其游聖人之門，……遂退託鄉閭家塾，考慮志業過太學之門而不敢跼顧」。〔註98〕放任學生如此，國家如何培育人才。

（四）經費長期的短缺

唐代政府重視儒學教育，廣設學校、培養人才，但政府在教育經費在國家經費編列，支用方面始終有限。教育費包括學官待遇、學院校舍建設、學生衣食宿費、學生免役所造成的財政損失及學校祭祀費，國家教育費用可計算者達 47.12 萬貫。〔註99〕若扣除圖書、修史費用 5.31 萬貫，占國家支出預

〔註94〕 《韓昌黎集》卷 8〈國子監論新注學官牒〉，頁 369。
〔註95〕 李絳，〈請崇國學疏〉，文刊《全唐文》卷 645，頁 2892。
〔註96〕 《舊唐書》卷 190（下）〈劉蕡傳〉，頁 5075。
〔註97〕 《唐大詔令集》卷 29〈冊立皇太子德音〉（台北：鼎文出版社，1978 年），頁 106。
〔註98〕 《柳宗元集》卷 34〈與太學諸生喜詣闕留陽城司業書〉（台北：河洛圖書公司，1974 年），頁 538。
〔註99〕 李錦繡，《唐代財政史稿》（上卷：第三分冊）（北京：北京大學，1995 年），

費用約 2%而已（參考表十二）以此短缺的經費，興辦學校要成功是件艱困之事。伍振鷟指出唐代教育經費來自國庫撥款、債稅收入、群臣捐輸等，但由於缺乏可靠財源的支持，致使唐代的太學教育不能穩定發展。〔註 100〕

表十二：唐代國家政府支出費用

費　用　名　稱	可估算數量（單位：萬貫）	所　占　比　例
官吏待遇	558.20	24.75%
禮儀支用	46.67	2.04%
交通運輸	589.95	26.16%
行政費	93.75	4.16%
賑恤費	197.57	8.765
物價費	153.20	6.79%
水利土水興建費	303.75	13.47%
教育圖書修史費	50.43	2.24%
宗教費	262.55	11.64%
總計	2255.47	100%

（資料來自：李錦繡：《唐代財政史稿》（上卷）第三分冊，頁 1135。）

　　中晚唐時，外族的入侵，藩鎮的戰爭與宗室開支，使得政府欠缺，無法穩定的支持官學的發展。藩鎮割據與地方財政獨立性的擴大，使唐中央政府經濟拮据，即使有勵精圖治的君臣，力圖振興教育事業，但卻已無法維持唐初的盛況。〔註 101〕中唐時劉禹錫曾感慨云：「今之膠序，不聞弦歌，而室廬圮廢，生徒衰少；非學官不欲振舉也，病無貲財以給其用」。〔註 102〕國家財政短絀，無力支付官學費用，只好令群臣捐輸俸祿興學。（詳後文）

　　（五）學風敗壞

　　學生近功近利不好學；師生共圖僥倖，學風頹敝，國家教育在閹臣主政，士人武夫咸感羞辱，學風之不振；學生做假多端，以求「速於登第」；「恥居

　　頁 1109。
〔註 100〕伍振鷟著，《中國大學教育發展史》（台北：三民書局，1992 年），頁 95～97。
〔註 101〕宋大川，《唐代教育體制研究》，頁 166～167。
〔註 102〕《劉禹錫集箋證》卷 20〈奏記丞相府論學事〉，頁 544。

人下而不願拜師」等造成官學沒落。〔註103〕

（六）黨爭影響

因黨爭而影響到官學的正常發展，尤其是朋黨爭奪國子祭酒之職位，使學官亦捲入黨爭的旋渦。〔註104〕

唐代官學衰沒最為關鍵因素在於科舉制度與經費問題。中晚唐後，科舉成為政府選拔人才方式之一，它替國家選才為國家所用，並省去政府育才的部分經費開支。雖然科舉制度存在一些缺點，遭受很多人的批判，但制度存在仍有其價值與功能。由於官學教育以儒學為重心，未能與科舉結合，失去士子學習的「驅力」，致使其功能性大為減弱。經費則為最實際的物質基礎，中晚唐時期，政府財源經常不足，維繫政權相當勉強，要實踐「興學立教」的理想，形如「巧婦難為無米之炊」。在這樣現實環境，客觀條件下，已非「君主好惡」所能決定。

第四節　中央官學的重振

安史之亂時期，中央官學遭受破壞，戰禍結束，代宗極力重建與恢復，使得教育事業仍然持續進行；步入中晚期，唐朝內憂外患不斷，歷代君主仍重視各種措施或政策，力挽狂瀾，維持官學教育的發展。

一、重建校舍、擴大招生

「自至德（肅宗）後，兵革未息，國學生不能稟食，生徒盡散，堂廡頹廢，常借兵健居止」。〔註105〕安史之亂破壞校舍、學生四散、軍隊居借、國學形同廢止。代宗廣德二年（764）詔曰：「古者設太學，教冑子，雖年穀不登，兵革或動，而俎豆之事不廢。頃年戎車屢駕，諸生輟講，宜追學生在館習業，度支給廚米」。〔註106〕要求學生返回學校習業，並由政府支付廚米等物質援助，基於「崇儒尚學，以正風教，乃王化之本」〔註107〕的教育理念。永泰二年（766）正月，代宗決心重新修建官學，擴大招生。《舊唐書》卷 44〈禮儀

〔註103〕任育才，《唐型官學體系之研究》，頁 377～381。學風敗壞與學規管理鬆弛相關，可以參考侯力，〈唐代官學中的學規與學禮〉文刊《益陽師專學報》（1998年 2 期），頁 48～51。
〔註104〕高明士，〈唐代官學的發展與衰落〉，頁 60。
〔註105〕《舊唐書》卷 24〈禮儀（四）〉，頁 922。
〔註106〕《新唐書》卷 44〈選舉志（上）〉，頁 1165。
〔註107〕《舊唐書》卷 24〈禮儀（四）〉，頁 922。

（四）〉載：

> 朕志求理體，尤重儒術，先王大教，敢不底行。頃以戎狄多難，急
> 於經略，太學空設，諸生蓋寡。絃誦之地，寂寥無聲，函丈之間，
> 殆將不掃。上庠及此，甚用憫焉。今宇縣攸寧，文武兼備，方投戈
> 而講藝，俾釋菜而行禮。四科咸進，六藝復興，神人以和，風化寖
> 美。日用此道，將無間然。其諸道節度、觀察、都防禦使等，朕之
> 腹心，久鎮方面。眷其子弟，各奉菱方，修德立身，事資括羽。恐
> 干戈之後，學校尚微，僻居遠方，無所諮稟。……并宰相、朝官及
> 神策六軍軍將子弟欲習業者，自今已後，並令補國子生。欲其業重
> 籝金，器成琢玉，日新厥德，代不乏賢。其中身雖有官，欲附學讀
> 書者，亦聽。其學官，委中書門下簡擇行業堪為師範者充。學生員
> 數多少，所習經業，考試等第，并所供糧料，及學館破壞，要量事
> 修理，各委本司作條件聞奏。務須詳悉，稱朕意焉。……八月，國
> 子學成祠堂、論堂、六館院及官吏所居廳宇，用錢四萬貫，拆曲江
> 亭子瓦木助之。四日，釋奠，宰相、常參官、軍將盡會於講堂，京
> 兆府置食，講論。……貸錢一萬貫，五分收錢，以供監官學生之費。
> 俄又請青苗地頭取百文資課以供費同。〔註108〕

歷經約八個月，終於完成國學的大致規模。由於財政困難，只好拆掉曲江亭
子瓦木來建校舍，修造費用錢四萬貫，貸錢一萬貫，五分收錢，供給官學師
生費用。釋奠禮也照例舉行，其後又從青苗地頭錢一萬文作為資助。戰後政
府政困窘，修造校舍，舉行釋奠禮，師生費用等皆是政府開支，若不是政府
有決心重建，是很難完成。

　　另外一項重大措施則是擴大國學學生的來源。戰禍結束，「諸道節度、觀
察、都防禦使等……并宰相、朝官及神策六軍軍將子弟欲習業者，自令己後，
並令國子生。……其中身雖有官，欲附學讀書者，亦聽」。國子學招收學生原
來的標準「文武三品以上子孫」其條件相當嚴苛。但為了重建官學、放寬條
件，擴大到中下級軍人、官員及其子弟。代宗不畏財政之艱困，銳意進行學
制上的改革，其舉措應是振興儒學以行教化；藉教育「濡化」的力量，作為
維護政治，社會秩序。

　　德宗貞元十九年（803），韓愈任四門博士時，曾上〈請復國子監生徒狀〉

〔註108〕《舊唐書》卷 24〈禮儀（四）〉，頁 922～924。

指出：

> 國家典章，崇重庠序（學校），近日競竟，未恢本原，至使公卿子孫，
> 恥游太學；工商凡冗，或處上庠。⋯⋯今請國子館並依六典，其太
> 學，量許取常參官八品己上子弟充；其四門館，亦量取無資蔭有才
> 業充。〔註109〕

德宗同意韓愈所請，此次增補國學生，自有其社會、教育上的意義。唐初政
府規定「太學」入學資格是「五品以上官子孫」，現在只有「常參官八品以上
子弟」即可；「四門學」要求「七品以上官子孫及庶民俊士者」，現在「無資
蔭有才業」者也可以入學。國學教育資源（或機會）門檻降低，使更多平民
可以接受高等教育。

二、整頓校紀、端正學風

唐代宗重建官學後，由於政府忽視管理，校紀鬆懈，風氣敗壞，到了憲
宗時，情形日益惡化，元和元年（806）國子祭酒馮伉上奏，要求整頓國學。
《唐會要》卷66〈國子監〉載：

> 國子祭酒馮伉奏，應解學生等，國家崇儒本于勸學，既居庠序，宜
> 在交脩其有藝業不勤，遊處非類，樗蒱六博，酗酒喧、爭慢有司，
> 不脩法度有一于此，並請解退。又有文章帖義，不及格限，頻經五
> 年，不堪申送者，亦請解退。其禮部所補生，到日，亦請准格帖試，
> 然後給廚役，每月一度，試經一年，等第不進者，停廚，庶以上功，
> 示其激勸。又准格，九年不及第者，即出監，聞比來多改名卻入，
> 起今以後，如有此類，請退送法司，准式科處，勅旨，依奏。〔註110〕

馮伉認為國家崇儒興學，目的在於修業勸學，學生入學，應該努力就學，不
應該有懶惰，或違法亂紀的行為，如果情節重大者，應予退學，數年考試不
及格，也應令其退學。每月一次，在一年內考績不升者，停止供應伙食。採
取警惕懶惰，嚴懲違紀的措施以達到整肅學風的目的。憲宗批准，降旨照此
辦理。此外，馮伉建議「每月一度試」較為合宜。在此之前，旬試（十天考
試），給予學生、學官製造壓力，精神負擔不少。由「旬考」改為「月考」考
期較長，比較切實可行，成為日後國子監的固定考試方式。

〔註109〕 《韓昌黎集》卷8〈請復國子監生徒狀〉，頁339。
〔註110〕 《唐會要》卷66〈國子監〉，頁1159。

　　元和元年的官學改良，其後因西川、鎮海節度的叛亂，內有「牛李黨爭」之議起，政府無法全力以赴教育發展。到了元和八年（813）舒元輿參觀國學，哀歎國學衰沒而作《問國學記》。〔註111〕

三、刊印石經、重振儒學

　　進入中晚唐，官方經學教育，在內部因素，受到科舉制度的影響，不如前期盛行，加上長期發展，文字內容存在差異，產生教育、研究上困擾；在外在因素佛、道教的競爭，振興儒學，成為政府重要政務項目之一。

　　唐文宗是位好文學、經學的君主，文宗以鄭覃、王起為翰林、講論經史。大和七年（833）令國子選名儒，設置五經博士各一人。開成二年（837），依照鄭覃奏請仿傚後漢靈帝故事刻石於太學。《舊唐書》卷17（下）〈文宗紀（下）〉載：

　　　　時（文宗）上好文，鄭覃以經義啟導，稍折文章之士，遂奏置五經
　　　　博，依後漢蔡伯喈（蔡邕）刊碑刊于太學，創立《石壁九經》諸儒
　　　　校正訛謬。〔註112〕

又《舊唐書》卷173〈鄭覃傳〉載：

　　　　文宗即位，大和三年（829）鄭覃以本官充幹林侍講學士。……（鄭）
　　　　覃長于經學，稽古守正，帝尤重之。覃從容奏曰：「經籍訛謬博士相
　　　　沿，難為改正，請召宿儒奧學，校定六籍，准後漢故事，勒石於太
　　　　學，永代作則，以正其闕。」從之。〔註113〕

此為歷史上所著稱《開成石經》，在起居郎周墀，禮部員外郎溫業等校定《九經》文字，用楷書刻《易》、《書》、《詩》、《儀禮》、《周禮》、《禮記》、《左傳》、《公羊傳》、《谷梁傳》、《論語》、《孝經》、《爾雅》等十二種。《開成石經》彰顯政府重視教育，振興儒學的努力；另一方面，也反映儒學發展所面臨的危機日益嚴重，亟需改革的時期，因而有張弧、林慎思、皮日休等人，從不同的角度積極推進儒學的發展。〔註114〕《開成石經》的完成，加上唐末五代雕刻印刷術的發展，使得刻板《九經》大量印刷，推動經學教育；學者研究、

〔註111〕舒元輿，〈問國學記〉文刊《全唐文》卷727。「舒元輿參觀國子監，見論堂、
　　　　國子、廣文、太學、四門學堂，堂上長苔草，庭院墾為圃，數年無講論，呈
　　　　衰涼景象，因作《問國學記》嘆國學荒廢。」（頁3320）
〔註112〕《舊唐書》卷17（下）〈文宗紀（下）〉（開成二年冬十月條），頁571。
〔註113〕《舊唐書》卷173〈鄭覃傳〉，頁4490。
〔註114〕程方平、畢誠著，《中國教育史》（台北：文津出版社，1996），頁158。

傳授更為方便，促進私學的發達，對於唐末五代的教育發展和文化傳播，扮演著積極的作用。〔註115〕

四、考生入學，以備科舉

　　由於士子考生趨於鄉貢以取得科考資格，官學人數逐漸減少，國子監也日趨衰沒。政府採取新措施、規定，要求凡欲參加科舉考試，必須先具進入官學就讀，藉由官學的教育和參試程度，取得參加科舉的資格。類似這種措施在玄宗天寶年間曾實施過，但結果是失敗。〔註116〕文宗太和八年（834）規定「其公卿士族子弟明年以後，不先入國學習業，不在應明經進士限，其進士舉宜先試帖經，并略問大義，取經義精通者放及第」。〔註117〕武宗會昌五年（845）政府又重申相關規定。《登科記考》卷22載云：

> 正月，受尊號。辛亥，有事於郊廟。禮畢，大赦。制曰：「武功既暢，經術是修，宜闡儒風，以弘教化。應公卿百寮子弟及京畿內士人、寄客外州府舉士人等修明經、進士業者，並隸名太學，每一季一度據名籍分番於國子監試帖。三度帖經全通者，即是經藝已熟，向後更不用帖試。如三度全不通，及三度託事故不就試者，便落下名籍，至貢舉時不在送省之限。其外寄居及土著人修進士、明經業者，並隸名所在官學，仍委長吏於見任官及本土著學行人中選一人充試宮，亦委每季一試。餘並準前處分。如無經藝，雖有文章，不在送省之限。宗子每因恩澤，皆賜出身，自幼授官，多不求學，未詳典法，頗有恣違，委宗正寺收補。明經每年許參三十人，出身同兩館例與補。〔註118〕

政府規定舉生士人修明經、進士業者，要隸名於太學（學籍），由國子監於每季考試，三次不及格或不來考試者，取消其學生名籍。在京師以外有學籍者，由當地官員充任試官，每季一試。政府規定的目的是「寄教育於科舉中」、「借考試以精經藝」，採取教育、考試的方法，以提升考生素質，振興國學，為正

〔註115〕馮曉林，《中國隋唐五代教育史》，頁38～39。關於唐代雕板印刷術，可以參考陳德第，〈雕板印刷術發明于唐代說之新佐證〉，文刊中國魏晉南北朝史學會編《中國魏晉南北朝史學會第九屆年會論文集》（武漢：湖北教育出版社，2009年），頁645～652。

〔註116〕周愚文，《中國教育史綱》，頁258。

〔註117〕《舊唐書》卷17（下）〈文宗紀（下）〉（大和七年八月條），頁551。

〔註118〕徐松撰、孟二冬補正，《登科記考補正》卷22，頁894。

式科舉考試作好準備。由於科舉實行近二百年之久，難以改變；政府經費有限，執行並非嚴謹，政府的舉措規定，未必然能真正的實行。最大的關鍵在於科舉與官學教育（中央、地方）脫節，這個根本問題不解決，只是強制舉子到學校研習，自然沒有多大成效可言。

五、捐獻助學，以振國學

　　經費長期的缺乏，也是造成中央官學衰沒的一項因素。中晚唐時，外族的入侵，藩鎮的戰爭與宗室開支，使得政府欠缺，無法穩定的支持官學的發展。藩鎮割據與地方財政獨立性的擴大，使唐中央政府經濟拮据，既使有勵精圖治的君臣，力圖振興教育事業，但卻已無法維持唐初的盛況。〔註 119〕

　　然而教育是國家經世化民、王道之根本、政府及有識之士，如官員、儒生仍不忘此國家之根本大業，亟力復振。在國家財政短絀，無力支付官學費用，令群臣捐輸俸祿興學。如「元和十三年（818），祭酒鄭餘慶以太學荒廢日久，生徒不振，遂請率文官俸祿，修廣兩京國子監，時論美之」。〔註 120〕元和十四年（819），鄭餘慶又奏：「現任文官一品以下，九品以上，並外使兼京正員官，每日所請料錢，請每貫抽十一文，以充國子監修造文宣王廟，及諸屋宇，並修理經壁」。〔註 121〕「（懿宗）咸通中，劉允章為禮部侍郎，建言群臣輸光學錢冶庠序。宰相五萬，節度使四萬，刺史一萬。詔可」。〔註 122〕「昭宗大順元年（890）二月，宰臣兼國子祭酒孔緯以孔子廟經兵火，有司釋奠無所，請內外文臣自觀察使、制使下及令佐，於本官料錢上緡抽十文，助修國學。從之」。〔註 123〕雖是如此仍然無力挽回傾廢的國學。

小　結

　　儒家的經典與思想，經過兩漢官方的提倡，深切影響到日後傳統王朝的典章制度，人才培養與社會規範。儒家重視倫理尊卑，服從權威、社會和諧的價值，符合統治者所需要一個同質性高、維持社會穩定以鞏固政權的需求。

〔註 119〕宋大川，《唐代教育體制研究》，頁 166～167。
〔註 120〕《唐會要》卷 66〈國子監〉，頁 1160。
〔註 121〕《唐會要》卷 66〈國子監〉，頁 1160。
〔註 122〕《新唐書》卷 160〈劉允章傳〉，頁 4970。
〔註 123〕《舊唐書》卷 20〈昭宗紀〉，大順元年二月條，頁 740。

唐代立國即以崇聖尊儒為其文教政策，藉著教育與科舉制度的實施，成為士人必備的修養，也是社會各階層生活規範的主要來源。儒家思想作為統治者的「工具」，扮演了一個成功的角色，但由於教育、科舉的影響，使得經學逐漸失去了創意生命，對學術、文化發展造成一些負面的影響。

　　唐朝以「崇聖尊儒」為國家教育政策，政府重視儒家及經典教育，欲以此作為培育國家人才、化民成俗，維持政權的穩定。但辦理優良學校教育，要有很多條件加以配合才容易達成如政治、社會安定、經濟繁榮、優好師資、充裕設備、適宜政策等。但在中晚唐，官學教育深受科舉制度（取士）的重大牽引，天下舉子大多以「鄉貢」之途參加科舉，入仕當官，使得國學乏人問津。政局動盪、社會不安、經費短缺等因素，使得國學難以繼續。「時興時廢，整體衰沒」成為此時代最佳寫照。雖經歷代君臣的努力，進行教育政策上部分改良，企圖挽救國學，但仍然無法避免傾衰沒之局面。然而在這些教育上的部分改革（或改變）中，其中以國學教育資源逐漸開放最具有社會、文化上的意義。

第四章　地方官學發展

　　唐代地方官學，基本上是州（郡）縣級官學，是否在州縣層級之下尚有更基層鄉里之學，尚待研究、商榷。〔註1〕地方官學以儒學教育為核心，在前代基礎上有所發展而更為完備，奠定後代發展的良好基礎。

第一節　地方官學的建立與發展

一、唐初發展概況

　　唐高祖在建國之後，在建立中央官學之際，也建立地方官學（儒學），其後太宗、武則天、玄宗等皇帝陸續建立不同類型的地方官學，地方政府也針對其特殊需要設立不同的學校，培育人才。此部分請容於後有詳細論述。

〔註1〕有關唐代鄉里學的討論可以參考周愚文《中國教育史綱》頁 13～14。周愚文指出：「在武德七年的〈置學官備釋奠禮詔〉曾提及「州縣及鄉里，並令置學」，而《新唐書》載：「州、縣、鄉皆置學焉」，時間未詳。又開元二十六年，《舊唐書》載：「天下州縣，每鄉一學」，而《文獻通考》則記：「其天下州縣，每鄉之內，里別各置一學」。如照兩令內容看，設學的層級應擴及於鄉。按唐制，百戶為里，五里為鄉。換言之，鄉學的是以五百戶為範圍，里學是以百戶為範圍。然事實是否如此，學界有不同的解釋。呂思勉以為：皆成具文，不足深較。但劉海峰與馮小林卻以為有鄉校，但其立論史料對所謂「鄉校」的解釋，仍猶待斟酌。因為其所舉史料中的「鄉校」，應是俗稱，義與地方學校同，可能是的是州縣學，而非新設的「鄉學」。又所引筆記小說中的所謂「里學」與「村學」，觀其事蹟，應是私塾，而非官學。因此唐代或許確實有下令在鄉一級設學，但其性質是否為官學，並且納入正式學制系統中，則仍待討論。

　　唐高祖、太宗時推展地方儒學，但因各地條件不同，出現很大的差異性。高宗咸亨元年（670）詔令「諸州縣孔子廟堂及學館有破壞並先來未造者，遂使生徒無肆業之所，先師闕奠祭之儀，久致飄露，深非敬本。宜令所司速事營造」。〔註2〕顯示唐初以來，地方官學並未完全具體落實。

　　如上述高宗咸亨元年詔令，顯示地方官學並未完全落實。但此後卻有地方官學建立，記載於史冊，例如成都縣學、〔註3〕新都縣學，遂州長江縣等。〔註4〕在武則天稱制後，中央官學發展受到重大挫敗，但地方官學受到衝擊似乎不大，以西州（高昌）為例，地方官學的運作大體正常，各級教育官員、生徒的存在可以為證。〔註5〕

　　史書記載有一例，也反映地方官學並未落實的例子。「（韋景駿）累轉趙州長史，路由肥鄉，人吏驚喜，競來犒餞，留連經日。有童稚數人，年甫十餘歲，亦在其中，景駿謂曰：計吾為此令時，汝輩未生，既無舊恩，何殷勤之甚也？咸對曰：此間長宿傳說，縣中廨宇、學堂、館舍、堤橋，并是明公遺跡。將謂古人，不意親得瞻睹？不覺欣戀倍於常也。其為人所思如此。」〔註6〕按韋景駿曾為開元初年肥鄉令，在職期間推動地方教育事務，才有興建學官、館舍之事宜。在此之前，可能尚無學堂（校）之設立。

　　唐初全國地方官學發展不一致，高宗、武則天時期，全國發展情形，因史料闕如無法了解。但在睿宗復位後（711），當時裴耀卿提到「今計天下州縣所置學生不減五、六萬人」。〔註7〕可見學校及學生數額依然可觀。

　　由於政治安定、經濟繁榮，到了唐玄宗開元年間，地方官學發展達於鼎盛時期，州縣學生高達 60710 人。（表十三：唐代全國學生數）〔註8〕

〔註2〕　《舊唐書》卷 5〈高宗紀〉，頁 94。

〔註3〕　王勃，〈益州夫子廟碑〉，文刊《全唐文》卷 83，頁 819。

〔註4〕　楊炯，〈遂州長江縣先聖孔子廟堂碑〉、〈大唐益州大都督府新都縣先聖廟堂碑文並序〉，文刊《全唐文》卷 192，頁 853、855。

〔註5〕　姚崇新，〈唐代西州的官學：唐代西州教育之一〉，文刊《新疆師範大學學報》25 卷 1 期（2004 年 3 月），頁 66。

〔註6〕　（唐）劉肅撰，何正平、馬駿等譯注，《大唐新語譯注》（桂林：廣西師範大學出版社，1998 年），頁 180。（以下《大唐新語》以此版本）

〔註7〕　裴耀卿，〈請行禮樂化導三事表〉，文刊《全唐文》卷 297，頁 1331。

〔註8〕　《通典》卷 15〈選舉（三）〉，頁 187。

表十三：《通典》所載開元間全國學生數

單　位	學生數	單　位	學生數
弘文館	50	太卜署	30
崇文館	50	太史局	36
國子監學校	2610	天文生	150
（六學）		州縣生	60710
崇玄館	200		
太醫署	211	總　計	64047

　　《通典》所載開元年間，是為盛世時代，州縣學生高達 60710 人，若與中央官學合計共有 64047，可謂官學教育之鼎盛時代。

　　由於唐代各地經濟、文化發展情形不一，地方官員對教育工作投入心力不同，產生各地的差異。《舊唐書》卷 185（上）〈高智周傳〉載：「每行郡，必先召學官，見諸生，試其講誦，訪以經義及時政得失，然後問及墾田獄訟之事」。〔註9〕《舊唐書》卷 185（上）〈倪若水傳〉載：「開元初，……出為汴州刺史，政尚清靜，人吏安之。又增修孔子廟堂及州縣學舍、勸勵生徒，儒教甚盛，河、汴間稱詠不已」。〔註10〕高智周、倪若水等地方官員皆重視官學教育，視察州縣學，勸導學生課業或增修孔子廟堂、學舍等。再以興建孔廟，設置官學而言，就產生很大的差距。唐代地方設置孔廟情形如何，史料有限，難以了解其全貌。學者研究唐代四川，指出文獻所載興學建廟的州縣有成都、資州貴平縣、遂寧、新都、九隴、雙流、鹽亭、蓬溪、開縣、嘉定、榮縣、彰明、瀘州、邛州、長江、青神、綿州、巴州、化成縣、夔州等，唐代在四川所置孔廟約有二十餘處，史載四川州縣數，州為 56，縣有 270，見於記載的孔廟不及全數的 7%，唐代四川孔廟的設置，並不十分普遍。〔註11〕

　　在唐初崇儒文教政策之下，興辦地方州縣學，並將興學教化視為地方官員的重要職掌。但由於中央政府欠缺嚴厲的監督，地方官員也並未實際施行，使得各地官學辦理情形頗為不一致，呈現混亂的局面。地方官學教育除了選拔人才、培育醫療人員之外，「化民成俗」也是其重要目的。中央官學有「釋

〔註 9〕　《舊唐書》卷 185（上）〈高智周傳〉，頁 4792。
〔註 10〕　《舊唐書》卷 185（上）〈倪若水傳〉，頁 4811。
〔註 11〕　周原孫，〈宋代四川孔廟的設置及其相關問題〉，收錄四川省孔子研究學會編，《孔學孔廟研究》（成都巴蜀社，1991 年 10 月），頁 420～421。

奠」禮，地方諸州縣釋奠禮，也有詳加規定。《通典》卷 121〈禮八十一〉載：

> 前享三日，刺史（縣則縣令，下仿此。）散齋於別寢二日，致齋於
> 廳事一日。亞獻以下應享之官，散齋二日各於正寢，致齋一日於享
> 所。（上佐為亞獻，博士為終獻。若刺史、上佐有故，並以次差攝；
> 博士有故，取參軍以上攝。縣丞為亞獻、主簿及尉通為終獻。縣令
> 有故，並以次差充當。縣闕則差此縣及州官替充。）其日，助教及
> 諸學生皆清齋於學館一宿。〔註12〕

政府設孔廟，由地方首長（刺史、縣令）擔任主祭，以示隆重。地方官學設
有孔廟的建置，其作用在於實施禮樂教育，藉此潛移默化，以達社風淳美之
效。人數眾多的莘莘學子，深受儒家教育的洗禮，建構龐大儒家勢力或影響
力，發揮「潛轉暗變」的力量，使儒家思想深植各地。

二、學校類型

根據文獻、史料記載，唐代地方官學可分為儒學、醫學、崇玄學、武學、
翻譯學校等類型，茲分述於下：

（一）儒　學

唐初建國之際，在建立中央官學的同時，也著手興建地方官學。武德元年
（618），高祖敕令「上郡學置生六十員，中郡五十員，下郡四十員，上縣學四
十員，中縣三十員，下縣二十員」。〔註13〕此時重建地方官學教育的努力有限，
因為唐初版圖只限於關中、河東部分地區。到了武德七年（624），天下統一後，
高祖詔令「諸州有明一經以上未仕者，咸以名聞，州縣及鄉皆置學」。〔註14〕
「詔諸州明經、秀才、俊士、進士明於禮體，為鄉里所稱者，縣考試，州長重
覆，歲隨方物入貢；吏民子弟學藝者，皆送于京師，為設考課之法。州、縣、
鄉皆置學焉」。〔註15〕此時推行州縣學，地方官學教育開始大規模設置。

州縣學最大特色在於學校建有「文宣廟（孔廟）」，每年春秋仲月上丁舉行
釋奠禮，此為貞觀四年（630）後規定。中晚唐文人劉禹錫在〈許州文宣新廟碑〉

〔註12〕 《通典》卷 121〈禮八十一〉（諸州釋菜於孔宣父：縣釋奠同），頁 1613～1614。
〔註13〕 《舊唐書》卷 189（上）〈儒學（上）〉，頁 4940。
〔註14〕 （宋）司馬光撰，《資治通鑑》（台北：洪氏出版社，1980 年）卷 190，〈高祖
武德七年二月條〉，頁 5976。
〔註15〕 《新唐書》卷 44〈選舉志（上）〉，頁 1163。

云：「歲在丙辰（文宗開成元年，836），元日開成，許州牧、尚書杜公（杜悰），作文宣王廟暨學舍于兌隅革故而鼎新也。…寢廟弘敞、齋宮嚴閟。軒墀相燕，儼雅清潔。門庭墻仞，望之生敬。藏經于重檐，斂器于求櫝。講筵有位，鼓篋有室。授經有博士，督課有助教，指蹤有役夫，洒掃有廟榦。……濟濟莘莘，化行、風驅。家慕恭儉，戶知敬讓。父誨其子、兄規其弟。不游學堂，興撻市同」。〔註16〕從上文來看，州學有博士、助教的編制，文宣王廟也有專人管理。州學附有圖書館、貯藏室、講堂，其教育目的在於「化民成俗」。

（二）醫　學

唐貞觀三年（629），首設地方醫學教育，史載：

> 貞觀三年九月十六日，設諸州治醫學。至開元二十一年（733）七月五日，詔曰：『遠路僻州，醫學全無，下人疾苦，將何恃賴！宜令天下諸州，各置職事醫學博士一員，階品同于錄事，每州《本草》、《百一集驗方》，與經史同貯。』至開元二十七年（739）二月七日，敕十萬戶已上州置醫生二十人，十萬戶以下置十二人，各于當界巡療。〔註17〕

貞觀三年首設，自開元二十七年後，醫學教育才漸制度化。地方醫學除進行教育工作外，負責醫療服務，也是其職責範圍。地方官學形成儒學、醫學雙重並舉的情形。近期出土敦煌寫本 P.2005《沙州都督府圖經》記載州學在城西三百步，其學院內東廂有先聖太師廟，堂內塑先聖孔子及先師顏子之像，縣學在州學之西側，與州學連院，院中東廂有先聖太師廟，堂內塑先聖孔子及先師顏子之像。也有醫學在州學院內，於北牆別構房安置。〔註18〕根據研究，韓愈於唐順宗永貞元年（805），貶到連州陽山（今湖南陽山縣）出任縣令，因水土不服而得瘧疾，依賴當地政府醫療團隊的治療，得以痊癒，反映連遍遠的連州都存有完整的醫療體系。〔註19〕

（三）「崇玄學」（通道學）

唐玄宗開元二十九年（741）正月，首設「崇玄學」，史載：

〔註16〕（唐）劉禹錫、瞿銳園箋證，《劉禹錫箋證》卷 3〈許州文宣王新廟碑〉，頁 77。

〔註17〕《唐會要》卷 82〈醫術〉，頁 1522。

〔註18〕高明士，〈唐代敦煌的教育〉，文刊氏著《中國中古的教育與學禮》，頁 319。

〔註19〕沈柏宏，〈唐代醫療設施及其效益評估〉，文刊盧建榮主編《社會／文化史集刊（4）》（台北：時英出版社，2010 年），頁 50。

> 兩京諸州各置玄元皇帝廟一所，……兼置崇玄學，生徒于當州縣學
> 生數內，均融量置，令習《道德經》及《莊子》、《文子》、《列子》
> 待習業成，每年准明經舉送至省。置助教一人，委所由州長官，于
> 諸色人內精加訪擇補授，仍稍加優獎獎。〔註20〕

根據詔令，崇玄學只設在州級政府，只設助教由州長官選任，生徒由當地州縣學生調撥充任。天寶二載（743）「改天下崇玄學為通道學，博士曰道德博士，未幾而罷」。〔註21〕根據史料來研判，崇玄學存在約有三年而已。

（四）武　學

地方武學首設於武則天當政之時，史載：「則天長安三年（703）令天下諸州宜教人武藝，每年准明經、進士例申奏。」〔註22〕武后下令州級政府設立「武學」，學成又可參加貢舉，具有相當大的吸引力。州級武學生徒，成為「武舉」的重要來源。《唐六典》載：「每歲貢武舉人，有智勇謀略，強力悍材者，舉而送之。試長垛、馬槍、翹關、擊重，以為等第之上下，為之升異出。從文舉行鄉飲酒之禮，然後申送」。〔註23〕武學是武舉的重要基礎，政府選拔已有較明確的規範，與文舉相同，行鄉飲酒禮，並且要每年選送。由於史料闕如，無法進一步了解其發展情形。

（五）翻譯學校

唐代與周邊國家、邊族政治、文化、經濟交流頻繁，彼此需要相互溝通，亟需翻譯人才，史載「文宗開成元年（836）五月敕：應邊州今置譯語學官，掌令教習，以達異意」。〔註24〕設學立意在於培養通曉外語的翻譯才人，但因史料闕如，那些地方設學、行政及管理情形，並沒有具體的規範。

（六）其它學校

除了譯語學校之外，尚有招收邊族的學校，「自南康公（韋皋）鑿青谿道以和群蠻，俾由蜀而貢，又擇群蠻子弟聚於錦城（成都），使習書算，業就輒

〔註20〕 唐玄宗，〈命兩京諸州各置玄元皇帝廟〉，文刊《全唐文》卷31，頁149。

〔註21〕 《新唐書》卷48〈百官志（三）〉，頁1253。

〔註22〕 《舊唐書》卷24〈禮儀志（四）〉，頁935。

〔註23〕 《唐六典》卷30〈京兆河南太原三府官吏・大都督中都督下都督官吏・上州中州下州官吏〉，頁2976。按負責選送武舉由兵曹，司兵參軍負責

〔註24〕 （宋）王欽若等編，《冊府元龜》（南京：鳳凰出版社，2006年）〈外臣條・鞮譯〉卷996，頁11527。

去，復以他繼，如此垂五十年，不絕其來，則為受蜀者不啻千百」。〔註25〕韋
皋自德宗貞元元年（785）出任劍南西川節度使，直到順宗永貞元年（805）
任期長達二十年，中央將西南付與韋皋負責邊防、韋皋招納群蠻子弟就學。
此類招收異族的邊族學校是否在其它地方也出現，相關史料闕如無法詳加論
述。根據出土敦煌文獻資料，地方官學除經學、醫學之外，尚有陰陽學（研
習卜筮之術）、伎術院（研習乘輿祭祀、禮儀、經籍圖書之書寫等）。〔註26〕
這可能是針對地方特殊需要而設立，並非內地之常制。

　　唐代政府十分重視教育，將教化視為地方官員重要職賞，「京兆、河南、
太原牧及都督、刺史掌清肅邦畿，考核官吏，宣布德比，撫和齊人，勸課農
桑，敦敷五教。每歲一巡屬縣，觀風俗，問百年，錄囚徒，恤鰥寡，閱丁口，
務知百姓之疾苦。內有篤學異能聞於鄉閭者，舉而進之；有不孝悌、悖禮亂
常、不率法令者，糾而繩之。……京、畿及天下諸縣令之職，皆掌導揚風化，
憮字黎甿，敦四人之業，崇五土之利，養鰥寡，恤孤窮，審察冤屈，躬親獄
訟，務知百姓之疾苦」。〔註27〕

　　然而各地條件不同，地方長官對設學教育的態度也不一致，導致地方官
學的不平衡。上述六類學校，儒（經）學、醫學學校長期存在，遍及各州之
外，其它地方學類，僅在特殊地方設立，也可能不是長期存在於內地州縣。
關於儒學，於後有詳加論述。在醫學發展方面，唐德宗時，有了重大變革。《唐
會要》卷82〈醫術〉載：

> 貞元十二年（796）二月十五日*勅*。貞觀初，諸州各置醫博士。開
> 元中，兼置助教，簡試醫術之士，申明巡療之法。比來有司補擬，
> 雖存職員，藝非專精，少堪施用。緬思牧守，實為分憂。委之采
> 擇，當悉朕意。自今以後，諸州應厥博士，宜令長史各自訪求選
> 試，取藝業優長，堪效用者，具以名聞。己出身入式，吏部更不
> 須選集。〔註28〕

此次變革，將醫學考試與人才選用權力下放給地方政府，由州長史自行選試，
取其「藝業優長，堪效用者」，充實地方醫學教育與醫務人才。錄取後，只須

〔註25〕孫樵，〈書田將軍邊事〉，文刊《全唐文》卷795，頁3694。
〔註26〕高明士，〈敦煌的官學〉，文刊氏著《中國中古的教育與學禮》，頁345～351。
〔註27〕《唐六典》卷30〈三府都護州縣官吏〉，頁2974、頁3036～3037。
〔註28〕《唐會要》卷82〈醫術〉，頁1215。

呈報吏部核備，吏部不再進行考試，便承認他們的資格。這次的變革，對於地方醫學發展，應有其正面的功能。至於其它地方學校類型，史料缺乏，難以了解其發展面貌。有些學校時存時廢或「名存實亡」。

三、教育行政與管理

　　唐代並沒有管理地方教育行政之專設機構，它是由地方行政部門管理；地方負責學校事務的官員是各州的「長史」。「州縣學生，州縣長官補，長史主焉」。〔註29〕可以看出州長史是負責地方生員選補的官員。地方學官如州縣學醫學、經學博士等也由州縣招聘、補選，呈現地方官學教育在人事任用人的自主性。此外，負責管理州縣級學校的官員尚有司功參軍。據《唐六典》載，其職掌為「掌官吏考課、假使、選舉、祭祀、禎祥、道、佛、學校」。〔註30〕顯而易見，司功參軍也職掌教育行政工作。根據研究，司功參軍職權掌理地方教育事務有一、縣學博士與助教的選聘。二、州縣學生徒的選補。三、巡視本州所屬縣學。四、每年組織本州選士考試。〔註31〕但至於長史與司功參軍二者設立，其關係及運作，文獻及研究缺乏，難窺其詳。〔註32〕地方學校教師（博士、助教）的祿米是由州縣發放一年二次，分別在春季、秋季支領，祿米數額充足，可以充分保障其生活。教育行政、營繕費用也是由地方財政支付。〔註33〕

　　州縣學的生徒由地方長官選補，一般而言，大都是低層官吏和庶民的子弟，教學內容也以「經學」為主，兼習吉、凶禮，參加地方上的禮儀活動；在學期間可以免除課役，並享受一定的物質待遇。

　　到了玄宗開元二十一年（733）政府放寬入學限制，「州縣學生，州縣長官補；州縣學生取郭下（當地）縣人替（補）。……諸百姓立私學；其欲寄州縣學生授業者，亦聽」。〔註34〕法令的放寬，可以藉由長官考選或申請寄學受

〔註29〕　《新唐書》卷44〈選舉志（上）〉，頁1160。
〔註30〕　《唐六典》卷30〈京兆河南太原三府官吏・大都督中都督小都督府官吏・上州中州下州官吏〉，頁2975。
〔註31〕　孫培青主編，《中國教育史研究：隋唐分卷》，頁185。
〔註32〕　喻本伐、熊賢君，《中國教育發展史》，頁249。
〔註33〕　宋大川，《中國教育制度通史（第二卷）魏晉南北朝，隋唐（公元 220～960年），頁369～370,383。
〔註34〕　《唐摭言》卷1〈兩監〉，頁17。

業，提供廣大庶眾接受教育的機會。州縣學生有束脩之禮、備絹匹、酒脯分送博士、助教。

州縣是基本行政單位，管轄範圍並不太大，經費有限，教育事業規模並不太大。根據《唐六典》所載，地方官學師生員額分配如下（表十四）。《唐六典》所載是玄宗開元末年的情形，以當時州縣數來統計地方官學（州縣）生徒合計 60710 人（參考表十三）。

表十四：唐代地方官學師生員額分配表

學校名稱		經　學			醫　學			合　計	
		博士	助教	學生	博士	助教	學生	教師	學生
京　都　學		1	2	80	1	1	20	5	100
都督府學	大都督府學	1	2	60	1	1	15	5	75
	中都督府學	1	2	60	1	1	15	5	75
	下都督府學	1	1	50	1	1	12	4	62
州府學	上州府學	1	2	60	1	1	15	5	75
	中州府學	1	1	50	1	1	12	4	62
	下州府學	1	1	40	1	1	10	3	50
縣學	京縣學	1	1	50				2	50
	畿縣學	1	1	40				2	40
	上縣學	1	1	40				2	40
	中縣學	1	1	35				2	35
	下縣學	1	1	20				2	20
府州玄學		無　常　員							

在縣級層面，有關地方教育工作的情形，以梁肅於代宗大曆九年（774）撰〈崑山縣學記〉加以說明：

> 學之制與政損益，故學舉則道舉，政汙則道汙。崑山，吳東鄙之縣。先是縣有文宣王廟，廟堂之後有學室。中年兵饉，薦臻堂宇大壞，方郡縣多故，未遑繕完，其後長民或因而葺之，以民尚未泰，故講習之事，設而不備。大曆九年，太原王綱以大理司直兼縣令，既釋奠于廟，退而歎曰：「夫化民成俗，以學為本，是而不崇，何政之為？」

乃諭三老主吏，整序民，飾班事，大啟宇於廟垣之右，聚《五經》
於其間。以邑人沈嗣宗躬履經學，俾為博士。於是遐邇學徒，或童
或冠，不召而至，如歸市焉。公聽治之暇，則往敷大猷以聳之，博
考明德以翼之。優而柔之，使自求之，揭而厲之，使自趨之。故民
見德而興行，行於鄉黨，洽於四境。父篤其子，兄勉其弟，其不儒
服而行，莫不恥焉。〔註 35〕

梁肅所言未免有溢美之處，但從中可知，反映出地方教育情形。一、「教化」
是縣令重要工作。王壽南教授根據兩唐書，大唐六典對縣令職權的分析，縣
令的職權大約可以歸納有教化、訴訟、社會救濟、農業、地政、賦稅、戶口、
傳驛、倉庫、治安、防洪、水利、交通等。〔註 36〕興學教化是縣令重要工作
項目之一。二、地方教育的目的是「化民成俗」，三、縣學重建或恢復，取決
於縣令的態度，重建工作可能以修建文宣王廟為首務。釋奠之禮，縣令擔任
主祭。四、地方縣學的博士，可由縣令聘請；縣令可以視學，督導學生課業。
五、縣學具有藏書的功能，以利教學活動進行。六、地方興學，帶動地方文
教盛行。

　　州長史（或司功參曹）負責教育行政管理，但實際教學是由博士負責，
博士以教授經學為其工作，助教則協助教學、考試工作。擔任地方教育工作
者「多寒門鄙儒」〔註 37〕「（博士）然無職事，衣冠恥之」。〔註 38〕地方官學
最重要的任務培育學生，通過考試，取得「生徒」資格以試科舉，在教學過
程中有旬試和歲試。前者類似平時考，以試讀、試講為主；後者是年度成績
總結，通常由州長官出面監試。「其試者通計一年所受之業，口問大業十年，
得八已上為上；得六已上為中，得五己上為下」。〔註 39〕成績依照答對數目區
分為三等，答對六題以上才算及格。

　　地方官學生修業完成（約六年～九年），於歲終，博士試之。方法有帖經、
經義、策論等與科舉相同，根據試卷，評出等第。由博士列名呈報府或州司
功參軍，再由地方長官裁定，被錄取的人即是被舉送的貢士，上貢到中央禮
部參加省試。

〔註 35〕梁肅〈崑山縣學記〉，文刊《全唐文》卷 519，頁 2335～2336。
〔註 36〕王壽南，〈論唐代的縣令〉，文刊《政大學報》第 25 期（1972 年 5 月），頁 182。
〔註 37〕《通典》卷 33〈職官十五（總論郡佐）〉，頁 484。
〔註 38〕《新唐書》卷 49（下）〈百官志（下）〉，頁 1314。
〔註 39〕《唐會要》卷 35〈學校〉，頁 634。

四、地方官學的特色

　　整體而言，地方官學發展有以下特色。一是「廟學制」；自貞觀四年後下令全國州縣學（儒學）皆置孔子廟，「廟學制」成為地方官學最大特色。二是醫學設立，使地方官學形成儒學、醫學雙重並舉的情形，不同於前代。三是學制連貫；唐玄宗開元二十五年（737）五月。敕令：「諸州縣學生，年二十五以下，人品九品子若庶人生年二十一以下，通一經以上及未通經，精神通悟有文詞史學者，每年銓量選舉，所習簡試，聽入四門學充俊士」。〔註40〕州縣學學生入中央官學「四門學」，使得中央官學與地方官學原本獨立，自此銜接起來，形成一個上下連貫的學校制度。這樣連貫的學制，是以往所未有，它也成為唐代官學教育的顯著特色。〔註41〕四是自主性較高，由於中央法規並不明確，責令地方辦理，地方長官對教師、學生、教學、管理等有較大自主權。

第二節　唐代中晚期發展

一、地方官學衰沒

　　安史之亂後，藩鎮割據戰禍頻仍，中央權威遭受極大削弱，地方官學教育與中央官學類同傾向衰落、頹廢。肅宗乾元元年（758），肅宗「以兵革未息又詔廢州縣學生，以俟豐歲」。〔註42〕，代宗時，楊綰上疏條奏貢舉之弊時指出：「今京有太學，州縣有小學，兵革一動，生徒流離，儒臣師氏，祿廩無向」。〔註43〕由於戰禍影響，唐政府沒有足夠財力、人力重整地方教育，這種情形在中晚唐時代的文集皆有所記載：

　　《韓昌黎文集》卷 7〈處州孔子廟碑〉載：

　　　郡邑皆有孔子廟，或不能修事；雖設博士弟子，或役於有司、名存實亡，失其所業。獨處州刺史鄴侯李繁至官，能以為先，既新作孔子廟，

〔註40〕　《唐會要》卷 35〈學校〉，頁 634。
〔註41〕　周愚文，《中國教育史》，頁 14。
〔註42〕　《舊唐書》卷 24〈禮儀志四〉，頁 924。
〔註43〕　《舊唐書》卷 119〈楊綰傳〉，頁 3434。按肅宗乾元元年已詔廢州縣學，代宗楊綰所言「州縣有小學」合理研判應指「鄉校」。在唐代，「鄉學」（或鄉校）性質為何，由於史料有限，難以判斷，但若依其文意，可能是官方設立的學校。

又令工改為顏子至子夏十人像。其餘六十子，及後大儒公羊高、左丘明、孟軻、荀況、伏生、毛公、韓生、董生、高堂生、揚雄、鄭玄等數十人，皆圖之壁，選博士弟子……入學行釋菜禮。〔註44〕

《柳宗元集》卷 5〈柳州文宣王新修廟碑〉載：

元和十年（815）八月，（柳）州之廟屋（指孔子廟）壞，幾毀神位。刺史柳宗元始至，大俱不任，以墜教基。二丁未奠荐，法齊時事，禮不克施。乃合初、亞、終於三官布衣，泊于瀛財，取土木金石，徵工僦功，完舊益新。〔註45〕

唐代地方官學採用「廟學制」，學生不僅要研習學業，也要「如法以祠（孔子）」。孔廟是膜拜聖人之地，從皇帝到學生皆要恭敬地到廟裡釋奠（或釋菜），修建孔廟成為地方官學的重要項目。如上述之處州、柳州，即是如此，其它地方官學發展，茲以文獻、史料加以說明。

《新唐書》卷 162〈曹華傳〉載：

（曹）華惡沂之地褊，請移理於兗，許之。初，李正己盜有青、鄆十二州，傳襲四世，垂五十年，人俗頑驚，不知禮教。華令將吏曰：鄒、魯儒者之鄉，不宜忘於禮義。乃躬禮儒士，習俎豆之容，春秋釋奠於孔子廟，立學講經，儒冠四集。出家財贍給，俾成名入仕，其往者如歸。〔註46〕

杜牧〈故范陽盧秀才墓誌〉載：

秀才盧生，名霈，字子中。自天寶後三代，或仕燕，或仕趙，兩地皆多良田，畜馬，生年二十，未知古曰周公、孔夫子者，擊毬飲酒。策馬射走兔，語言習尚，無非攻守戰鬥之事。鎮州有儒者黃建，鎮人敬呼為先生，建因語生以先王儒學之道，因復曰：「自河而南，有土地數萬里，可以燕趙比者，百數十處，有西京東京，西京有天子公卿士人畦居，兩京間皆億萬家，萬國皆持其土產，出其珍異，時節朝貢，一取約束。……」〔註47〕

《舊唐書》卷 125〈張謐傳〉載：

〔註44〕《韓昌黎文集》卷 7〈處州孔子廟碑〉，頁 823。
〔註45〕《柳宗元集》卷 5〈柳州文宣王新修廟碑〉，頁 124。
〔註46〕《舊唐書》卷 162〈曹華傳〉，頁 4243。
〔註47〕杜牧，〈唐故范陽盧秀才墓誌〉，文刊《全唐文》卷 755，頁 3467。

（張鎰）大曆五年（770），除濠州刺史，為政清淨，州事大理。乃招經衍之士，講訓生徒，比去郡，升明經者四十餘人。撰《三禮圖》九卷、《五經微旨》十四卷、《孟子音義》三卷。〔註48〕

韓愈〈潮州請置鄉校牒〉：

此州學廢日久。進士明經，百十年間，不聞有業成貢於王庭、試於有司者。人吏目不識鄉飲酒之禮，耳未嘗聞鹿鳴之歌。忠孝之行不勸，亦縣之恥也。夫十室之邑，必有忠信；今此州戶萬有餘，豈無庶幾者邪？刺史縣令不躬為之師，里閭後生無所從學。爾趙德秀禾：沈雅專靜，頗通經，有文章，能知先王之道，論說且排異端而宗孔氏，可以為師矣。請攝海陽縣尉，為衙推官，專勾當州學，以督生徒，興愷悌之風。刺史出己俸百千以為舉（學）本，收其贏餘，以給學生廚饌。〔註49〕

《新唐書》卷146〈李栖傳〉載：

（李栖筠）出為常州刺史，歲乃旱，編人死徙踵路，栖筠為浚渠，廝江流灌田，遂大稔。宿賊張度保陽羨西山，累年吏討不克，至是發卒捕斬，支黨皆盡，里無吠狗。乃大起學校，堂上畫孝友傳示諸生，為鄉飲酒禮，登斂降飲，人人知勸。〔註50〕

《新唐書》卷197〈羅珦傳〉載：

擢廬州刺史。民間病者，捨醫藥，禱淫祀，（羅）珦下令止之。脩學官、政教簡易。〔註51〕

《新唐書》卷197〈韋丹傳〉載：

（韋丹）還為容州刺史。教民耕織，止惰游，興學校，民貧自鬻者，贖歸之，禁吏不得掠為隸。……教種茶、麥、仁化大行。〔註52〕

在藩鎮割據的地區，如李正己占有青、鄆十二州，四世統治此地，使得山東地區近五十年文教事業荒廢。值到曹華到職，施行文教「立學講經」，才得以「儒冠四集」。而割據最長久的河朔，中央政令不及，地方文教荒廢，盧秀才

〔註48〕《舊唐書》卷125〈張鎰傳〉，頁3545～3546。
〔註49〕韓愈，〈潮州請置鄉校牒〉，文刊閻琦校注《韓昌黎文集注釋》（下）（西安：三秦出版社，2004年），頁506。
〔註50〕《新唐書》卷146〈李栖筠傳〉，頁4736。
〔註51〕《新唐書》卷197〈羅珦傳〉，頁5628。
〔註52〕《新唐書》卷197〈韋丹傳〉，頁5629。

「年二十，未知周公、孔夫子」，終日「策馬射兔」、「語言習尚，無非攻守戰鬥之事」，生活方式「若夷狄然」。〔註53〕其它如羅珦在廬州，韓愈在潮州，李栖筠在常州等，皆因學校長久荒廢，任職時加以重建。

從上述的幾個實例，可以看出地方官學衰沒的幾項因素。一是藩鎮久據，學校教育荒廢，二是地方首長怠忽職責，未能設校興學，積極推展教化工作，荒廢教育工作，連官吏都「目不識鄉飲酒之禮，耳未嘗聞鹿鳴之歌」，孔廟也任其荒廢。三是地方社會失秩，治安欠佳，無法推展教育的工作。

在唐代中晚期地方官學發展中，政策上的轉變是其關鍵。在德宗、憲宗時期，教育政策的轉變影響鉅大。

《封氏聞見錄》卷1〈儒教〉載：

今上登極，思弘教本，吏部尚書顏真卿奏改諸州博士為文學，品秩在參軍之上。其中下州學一事已上。并同上州，每令與參軍同試貢舉，並四季同巡縣點檢學生，課其事業。博士之為文學，自此始也。

〔註54〕

《舊唐書》卷12〈德宗本紀〉載：

貞元三年（787）省州縣官員，上州留上佐、錄事、參軍、司戶、司士各一員，中州上佐、錄事、參軍、司戶、司兵各一員；下州上佐、錄事、司戶各一員。京兆、河南兩府司錄、判司及四赤丞、簿、尉量留一半，諸赤畿縣留令、丞、尉各一員。〔註55〕

《新唐書》卷49〈百官志四（下）〉載：

元和六年（811）廢中州、下州文學。〔註56〕

據《新唐書》卷49（下）〈百官志（四）下〉載「德宗即位，改博士曰文學」〔註57〕所以《封氏聞見錄》所載是指德宗。唐制各州各有博士以《五經》教授諸生，但從德宗之後，博士不僅改名「文學」，他們還要和司功參軍會同辦理貢舉，到屬縣點檢學生。工作性質有重大改變，由原來專業教學工作轉為

〔註53〕《新唐書》卷148〈史孝章傳〉載：史孝章言其父史憲誠曰（魏博節度使）曰：「大河之北號富疆，然而挺亂取地，天下指河朔若夷狄然。」，頁4790。

〔註54〕（唐）封演撰，《封氏聞見錄》（北京：新文豐出版社，1984年）卷1〈儒教〉，頁3、4。

〔註55〕《舊唐書》卷12〈德宗本紀（上）〉，頁356～357。

〔註56〕《新唐書》卷49（下）〈百官志四（下）〉，頁1314。

〔註57〕同註56。

兼理行政事務，工作內容複雜，份量也加重，對於地方官學發展殊為不利。德宗貞元三年，因邊防緊張，戰事頻繁，採取張延賞的建議減官省俸料以助軍事。〔註58〕德宗採納他的建議，若依此令，各州博士被裁省。上、中州只留管理行政上佐、司功參軍而已。「下州」的教育行政管理官員，只剩上佐一員而已。對於教育工作推展極為不利。到了憲宗元和六年，將中州、下州文學裁廢。如依史書所載：國內只剩「上州」存有官學，地方官學即面臨立國以來的最大危機。〔註59〕整體而言，地方官學衰沒的原因，主要有下列諸端。

（一）政治動盪不安

唐代中晚期，主要外患有吐蕃、南詔，兩敵交相侵犯，成為最大邊患；內有宦官專政，朋黨之爭，造成政局不安；部分藩鎮叛服無常，形同內戰，鉅耗國力。政府難以全面發展教育事業，中央官學即是如此，遑論地方官學。

（二）考課制度問題

雖然州縣長官興學教化是其職責，但唐制考課有「四善二十七最」與教育相關有「禮義興行，肅清所部，為政教之最；……訓導有方，生徒充業，為學官之最；……占候醫卜、效驗多者，為方術之最」。〔註60〕但量其功過，分為等第又以「諸州縣官人，撫育有方，戶口增益者，各准見戶為十分論，每加一分，刺史、縣令各進考一等。……若撫養乖方，戶口減損者，各准增戶法，亦每減一分降一等。其勸課農田能使豐殖者，亦准見地十分論，每加二分，各進考一等。其有不加勸課以致減損者，每損一分，降考一等」。〔註61〕很顯然地方首長考績重點在於戶口增減，農田增損而非興學教化；加上興

〔註58〕《新唐書》卷127〈張延賞〉，頁4446。
〔註59〕據《通典》卷3〈職官十五〉載，依天寶時統計全國上州一百零九、中州二十九、下州一百八十九，總共三百二十七州（頁480）。李吉甫撰，《元和郡縣志》時間在憲宗元和二年（807）～八年（813）之間，根據凍國棟引用相關資料推測《元和郡縣志》登錄開元戶似因開元十七年（729）或十八年（730）的戶部計帳而來。《元和郡縣志》所載全國二百九十三州，未報戶口數多達七十一州，因此全國計有361州（並未分上、中、下州）。參見氏著《唐代人口問題研究》（武漢：武漢大學出版社，1993），頁12～13。玄宗開元末年到天寶年間，時間差距不大，人口數應不會有多大變化，若以開元年間戶部計帳（戶口）分為上、中、下州來推測憲宗時上、中、下州等級，是比較相近。若依憲宗詔令全國僅有上州存有州學，約占全國33%左右。
〔註60〕《新唐書》卷46〈百官志·尚書·吏部·考功郎中·員外郎〉條，頁1190～1191。
〔註61〕《通典》卷15〈選舉志（三）〉，頁193。

辦學校，需要長時期才能呈現績效，並非速成，使得很多地方首長不願意投資興學教育工作。

（三）科舉衝擊

在州縣學研習時間長，師資欠佳，課程也未必能與科舉制度相結合，使之學習動機（或驅力）減弱，成為地方官學不振的原因之一。在唐玄宗末年，州縣學生已經出現「絕無舉人」。〔註62〕

韓愈就指出「州學廢日久，進士明經業百十年間，不聞有業成貢於王庭，試於有司者」。〔註63〕州學荒廢或績效很差，無法培育「生徒」參加貢舉。州縣政府選拔「鄉貢」，配合科舉制度，成為其重要工作項目。若有設學也可能成為生徒享有免徭役，接受津補的場所而已。國家所需要的人才依賴科舉制度供給，這也是唐代中晚期科舉盛行，官學消沈的最大關鍵。所以在德宗、憲宗時期，教育政策的鉅大改變，應是時勢所然。

（四）經費不足

唐代中晚期，地方財政劃分是「一曰上供（繳納中央），二曰送使（節度使），三曰留州」。〔註64〕地方政府經費不足，設置學校，花費鉅大，形成重大負擔。經費短缺使很多地方首長寧願興修孔廟與辦理祭祀典禮，而不願意投入基本教育工作。〔註65〕如上述韓愈在潮州興學，經費不足，要捐出自己部分官俸設學，可見經費之匱乏。

（五）條件不足

地方興學要有較安定的政治、社會條件，在邊界的地方，外患侵犯頻仍，無法設學；在遍僻地方經濟、文化落後地區，也缺乏設學的良好條件。唐代歸為「邊州」即是如此。〔註66〕

唐代中晚期地方官學衰沒的主因在於政局不安，難以發展教育事業。科舉

〔註62〕 封演撰，《封氏聞見錄》卷1〈儒教〉，頁3。
〔註63〕 韓愈，〈潮州請置鄉校牒〉，文刊《韓昌黎集》〈文外集上卷〉，頁401。
〔註64〕 《新唐書》卷52〈食貨（上）〉，頁1359。
〔註65〕 程舜英編，《隋唐五代教育制度史資料》，頁239～241。
〔註66〕 《唐六典》卷2〈尚書史部・吏部尚書、吏部郎中（上）〉，載「安東、平、營、檀、媯、蔚、朔、忻……戎、茂、巂、姚、播、黔、驪、容為邊州」，共計五十州，其位置處於邊疆，為中原之外圍（頁276）。《舊唐書》卷185（上）〈韋機傳〉載：「顯慶中為檀州刺史。邊州素無學校，（韋）機敦勸生徒，創立孔子廟。」（頁49858）也可以作為佐證。

制度的衝擊，削弱地方官學學生學習意願，也是造成官學衰沒的重要因素。其它如經費不足、考課制度、地方條件不足等，也都促成官學不振的其中因素。

二、地方興學

　　唐代中晚期，地方官學的興廢，與地方長官態度密切相關，例如肅宗時李栖筠在常州「大起學校」；代宗時，羅珦在廬州、王綱在崑山、李椅在福建「修學官」、韓愈在潮州、曹華在兗州「立學講經」、杜悰在許州「作學舍」等，這些荒廢已久的州縣官學，因為地方官的熱衷興辦，使其局面得以改觀。但這些地方官學興盛局面並非是政策性的實行，僅是個別地方首長的支持，並不能持之以恆，地方官學衰沒之勢，是難以扼回。

　　唐德宗建中初，常袞為福建觀察使，記載興學情形，「始，閩人未知學，袞至，為設鄉校，使作為文章，親加講導：與為客主鈞禮，觀游燕饗與焉，由是俗一變。歲貢士與內州等。卒於官，年五十五，贈尚書左僕射，其後閩人春秋配享袞于學官云」。〔註67〕唐憲宗時，高承簡出任兗海沂密等州節度觀察置使「於是詳究利病，備陳綱條，復闕里之風化，修淹中之禮樂。」使山東地方教育得以恢復。〔註68〕官員重視地方官學教育，多少與其重儒學、文學、科舉出身密切相關，例如常袞「天寶末，及進士第，性狷潔，不妄交游。由太子正字，累為中書舍人，文采瞻蔚，長於應用，譽重一時。魚朝恩賴寵，兼判國子監。袞奏：『成均之任，當用名儒，不宜以宦臣領職』」。〔註69〕「李栖筠，字貞一，世為趙人，……喜書，多所通曉，為文章勁迅有體要，不妄交游。族子華每稱有王佐才，士多慕向。始，居汲（縣）洪城山下，華固請舉進士，俄擢高第。……栖筠喜獎善，而樂人攻己短，為天下士歸重，不敢有所斥，稱贊皇公云」。〔註70〕「韓愈，字退之，昌黎人。……愈生三歲而孤，養於從父兄。愈自以孤子，幼刻苦學儒，不俟獎勵。……洎舉進士，投文於公卿間，故相鄭餘慶為之延譽，由是知名於時。尋登進士第。宰相董晉出鎮大深，避為巡官」。〔註71〕「柳宗元，字子厚，河東人。……宗元少聰警絕眾，尤其西

〔註67〕《新唐書》卷150〈常袞傳〉，頁4810。
〔註68〕崔郾，〈高公（承簡）德政碑〉，文刊《全唐文》卷724，頁3330。
〔註69〕《新唐書》卷150〈常袞傳〉，頁4810。
〔註70〕《新唐書》卷146〈李栖筠傳〉，頁4735～4737。
〔註71〕《新唐書》卷160〈韓愈傳〉，頁4195。

漢詩騷。下筆構思，與古為侔，精裁密緻。璨若珠貝。當時流輩咸推之，登進士第，應舉宏辭，授校書郎，藍田尉」。〔註72〕「韋丹，文字明，京兆萬年人。……（韋）丹蚤孤，從外祖顏真卿學，擢明經，調安遠令」。〔註73〕

　　唐代中晚期地方官學發展，可以歸納三項特色。一、是不均衡性：各地興學情形不一，大多與地方首長態度密切相關。由於南方經濟條件漸佳，地方官學可能有較好的發展機會。二、是特殊性：每個地方文化、社會、經濟、政治條件不一，地方官學也出現特殊性。例如在西州，地方醫學教育雖大致符合政府法令，也以官方頒佈醫書為教材，但在當地醫學教育，把當地醫方類列為教材，佛僧參與教學工作，佛教團體主持悲田養病坊等呈現地方特色。〔註74〕三是脆弱性：師資與設備不佳、經費不足、科舉制度的衝擊、政治不安定等因素，要發展與維持教育體系，充滿「不穩定」與「脆弱性」。

　　上述是中國內地官學發展情形，處於邊境的敦煌，則是另種風貌，尤由於近幾十年的研究，對於地方官學發展有更進一步的理解。

　　吐蕃佔領期間（786～847），敦煌（沙州）寺院佛教教育取代了州縣學教育，寺院變成了學校。宣宗大中二年（848），張義潮發動起義，逐退吐蕃統治，建立歸義軍政權，恢復唐制，重建州縣學，其興學主要措施表現在兩個方面：一、仿效唐朝中央之官學，設置檢校國子祭酒及太學博士，二、重新確立廟學制，重建州縣學。此外，從敦煌遺書中，儒家經典總數約有二百件左右，近四十種文獻，分別是：《周易》、《周易經典釋文》、《古文尚書》、《今學尚書》、《尚書釋文》、《毛詩故訓》、《毛詩音》、《毛詩定本》、《毛詩正義》、《禮記者》、《春秋經傳集體》、《春秋左氏抄》、《春秋穀梁傳集解》、《春秋穀梁傳解釋》、《御注孝經疏》、《論語鄭氏注》、《論語集解》、《論語疏》、《爾雅白文》、《爾雅注》等，根據眾多學郎題記可以看出這些是地方官學，以儒家經典為主要教材的內容。〔註75〕

〔註72〕　《新唐書》卷160〈柳宗元傳〉，頁4213。

〔註73〕　《新唐書》卷197〈韋丹傳〉，頁5629。

〔註74〕　姚崇新，〈唐代西州的醫學教育與醫療實踐〉，文刊《文史》2010年第4輯（2010年11月），頁147～174。可以參考陳登武，〈從《天聖令・醫疾令》看唐宋醫療照護與醫事法規──以"巡患制度為中心"〉，收錄《唐研究》第14卷（2008年12月），頁247～276。

〔註75〕　尹偉光、楊富學、魏明孔等著，《甘肅通史：隋唐五代卷》（蘭州：甘肅人民出版社，2009年），頁455～458、463。

第三節　南方的興起

在唐初以前，中國經濟、文化重心在華北。安史之亂後，由於南方地理環境優越，長期安定，北方人口南遷帶來充足勞動力，較先進生產技術，農田水利興修，農田耕地拓墾，經濟作物的種植等因素，南方經濟大幅提升，經濟重心逐漸南移，尤其是江淮地區，具有舉足輕重的地位，是國家財賦重心。「軍國費用，取資江淮」。〔註76〕南方經濟開發與繁榮，提供教育、文化、社會發展的重要基礎。茲以長江中游（湖北、湖南、江西）、福建、江南地區加以說明：

一、長江中游地區

此地區在唐初經濟、文化發展落後於華北，中晚唐後由於經濟開發與繁榮，地方長官重視文教，設學校，招延名儒教授，科舉制度盛行，帶動教育發展，北方士人南遷、南仕、南游，如韓愈、柳宗元、李德裕等，對當地文化促進皆有貢獻。〔註77〕使得長江中游地區文化大幅提升，社會風氣也有很大的改變，儒家的思想也隨著教育，科舉漸植入民間社會，從表十五、表十六可以顯現此區的重大改變。

表十五：長江中游地區唐五代詩文作者分布

區　域	散　文　作　者			詩　　人		
（時期）	中唐前	中唐後	小　計	中唐前	中唐後	小　計
湖　北	21	31	52	26	36	62
湖　南	1	10	11	9	27	36
江　西	3	25	28	5	56	61
總　計	25	66	91	40	119	159

（資料來自：牟發松：《唐代長江中游的經濟與社會》，頁311～312。根據《全唐文》、《全唐詩》籍屬所作統計）

〔註76〕杜瑜，《中國經濟重心南移：唐宋間經濟發展的地區差異》（台北：五南圖書公司，2005年），頁227～228。

〔註77〕牟發松，《唐代長江中游的經濟與社會》（武漢：武漢大學出版社，1989年），頁321～322。

表十六：唐代長江中游地區進士數量

區　　域	中唐前	中唐後	小　　計
湖　北	19	24	43
湖　南		7	7
江　西	1	74	75
總　　計	20	105	125

（資料來自：牟發松，《唐代長江中游的經濟與社會》，頁 314～315。根據《登科記考》所作統計）

　　表十五資料來自《全唐文》、《全唐詩》中籍屬本區作者，雖有些粗略，但能夠流傳下來，多屬著名文人或其作品屬於佳優者，因有其代表性。表十六，根據《登科記考》所載及第人數有限，不少人資料也未必然反映歷史真況。但此統計，仍可以作為文化狀況一個概性的理解。從兩表可以看出在唐初，長江中游文化發展之低落，到了中晚唐，湖南、江西則迅速成長，尤其江西更為顯著，根據研究，江西地區如此迅速，除了經濟發展為基礎之外，科舉制度帶來文化、教育的影響，北方人士的南徙對江西人文發展發揮的引導作用，應舉習業社會風氣等因素，促使江西地區文化的快速發展。〔註 78〕新進的研究也指出：江西政局在唐代中晚期相對穩定，是北人南遷聚集的地區，仕官入江西的官員興學辦校，以經書儒家教化人民，遂使江西人才輩出；江西經濟快速發展，手工業中造紙業、雕版印刷業發達，提供江西文化、教育的傳播與普及提供了優越的條件。〔註 79〕

二、福建地區

　　唐初福建地區，與中原地區相比，其文化、經濟是相對落後很大。地理位置遠離京師，加上社會風氣安士重遷，不急進取的封閉心態，閩中舉子多孤單寒俊之士，無名人力薦，因此難以及進士第。〔註 80〕在唐代中晚期後，

〔註 78〕 黃玫茵，《唐代江西地區開發研究》（台北：台灣大學文史叢刊之九十九，1996年），頁 211～218。

〔註 79〕 江宜華，《唐代長江地區士族之研究》（嘉義：中正大學歷史研究所博士論文，2003 年），頁 36～37。

〔註 80〕 劉海峰、莊明水，《福建教育史》（福州：福建教育出版社，1996 年），頁 13～16。

伴隨經濟開發，加上自貞元十二年（796）福建取消南選，逼使閩人積極投入科舉活動。〔註81〕

在中晚唐，福建地區有二次著名的地方官學興辦。第一次是代宗大曆七年（772），李椅出任福建地區觀察使，他以興修學校，推行文教為首要政事。修孔廟建學校行釋茶禮，招聘博士教學，行鄉飲酒禮，任職三年（大曆十年，1775）死於任內。他在任期間「以五經訓民，考教必精，弦誦一時。于是一年知敬學，二年學者功倍；三年而生徒祁祁，賢不肖競功。家有洙泗，戶有鄒魯，儒風濟濟，被于庶政」。〔註82〕李椅在福建興學，推行教育，使「閩中無儒家者流，成公（李椅）至而俗易……由是海濱之人，以不學為恥，州縣之教達于鄉黨，鄉黨之教達於眾庶矣」。〔註83〕將儒家思想深入民間社會眾庶。

第二次是德宗建中元年（780），常袞出任福建觀察使。「（常）袞至，為設鄉校，使作為文章，親加講導，與為客主鈞禮，觀游燕饗與焉，由是俗一變，歲貢士與內州等。卒于官」。〔註84〕常袞興學詳細情形，並無較多史料說明，但他任內在李椅教育事業基礎上，更加推廣到地方，設立鄉校；最重要是選拔優秀學生北上參加科舉考試，使得「歲貢士與內州等」。這二次的官方興學，對日後福建文教產生很大的影響與貢獻。在地方官員的鼓勵、倡導下，福建儒學漸有發展，在沿海福州、泉州、漳州地區掀起重視儒學的文化浪潮，出現著名的書堂（如東峰、梁山、歐陽詹書堂），出現一些名士開始聞名如林披、歐陽詹、陳陶、周朴、秦系、韓偓、催道融、黃滔、徐寅等。〔註85〕此外，懿宗時李頻為建州刺史任內，施行教化，以禮治下，也對福建文教發展有所貢獻。〔註86〕

福建地區首位進士是唐中宗神龍二年（706）的薛令之，中晚唐以後漸多，貞元七年（791）、八年（792）林藻、歐陽詹及第後，閩士及第才漸多，至唐

〔註81〕 劉海峰、莊明水，《福建教育史》，頁16～17。根據《唐會要》卷75〈南選〉條載：「南選」是唐初優待南方福建、嶺南、交州、黔州地區當地人士的特權，他們不由中央吏部銓選，當地人士以「選補」方式充任當地官員。貞元十二年（796）取消福建「南選」。（頁1370）

〔註82〕 獨孤及，〈福州都督府新學碑銘並序〉，文刊《全唐文》卷390，頁1754。

〔註83〕 同註81。

〔註84〕 《舊唐書》卷150〈常袞傳〉，頁4810。

〔註85〕 徐曉望主編，《福建通史（第二卷）：隋唐五代》（福州：福建人民出版社，2006年），頁243～245、264～281。

〔註86〕 （元）辛文房撰、戴揚本譯注，《唐才子傳》卷7〈李頻〉，頁457。

亡國，共有 61 名進士。若以貞元七年為界，到唐亡共 116 年，共有 60 名閩人進士及第，大約兩年有一個閩人及進士第、比起唐初僅有一名，實在有很大差距。〔註 87〕從進士及第，反映出福建文化水準大幅提升，興辦教育則是提升文化的重要關鍵。

　　在唐初，福建並未出現具有廣泛知名度的知識分子，但自八世紀末以後的二世紀，福建出現活躍的知識階層，到了北宋，成為中國最重要士人文化區之一。到了北宋、福建路考中科舉總共二千六百名，居全國之冠。福建地區能夠有如此成就，實得助於晚唐五代的急速發展。〔註 88〕

三、江南地區

　　唐代江南地區，以太湖流域為中心，在唐初，江南水利事業發展遲緩。到了安史之亂後，才大量興修灌溉渠，開展與擴大面積，並發展圩田、圍田等，使農田迅速增加，生產技術如江東犂田的使用，提高耕作速度；使用積肥施肥，維護地力常新；推廣稻麥輪種等使江南地區生產量大幅提升。江南地區絲織、製茶、冶鑄、製鹽、造船、刻書印刷業等十分發達。商業與城市經濟繁榮，成為唐代中晚期政府經濟財賦重心所在地。〔註 89〕白居易指出「當今國用，多出江南；江南諸州，蘇（州）為最大，兵數不少，稅額至多」。〔註 90〕杜牧云：「三吳者，國用半在焉」。〔註 91〕道出江南地區的重要性，由於經濟的繁富，帶動文教事業的發展，產生更多政治、文學上的優秀人才。

　　在安史之亂後，南方經濟迅速發展，社會也相對於北方安定，文教事業得以推展，使得南方應舉及第也都在增加，除了福建、江西之外，湖南、皖南也是極為顯著之地區。〔註 92〕

　　南方的興起，可以用〈會昌五年（845）舉格節文〉規定各地選送的應試

〔註 87〕徐曉望主編，《福建通史（第二卷）：隋唐五代》，頁 253～256。

〔註 88〕陳弱水，〈晚唐五代福建士人階層興起的幾點觀察〉文刊《中華民國史專題論文集：第五屆討論會（第一冊）》（台北縣：國史館印行，2000 年），頁 461。

〔註 89〕杜瑜，《中國經濟重心南移：唐宋間經濟發展的地區差異》，頁 241～270。也可參考頌俊雄，〈唐代長江三角洲核心地區經濟發展初探〉，收錄氏著《唐代人口與區域經濟》（台北：新文豐出版社，1995 年），頁 461～486。

〔註 90〕白居易，〈蘇州刺史謝上表〉，文刊《全唐文》卷 666，頁 3301。

〔註 91〕杜牧，〈禮部尚書崔公行狀〉，文刊《樊川文集》（台北：漢京文化，1983 年），頁 210。

〔註 92〕吳宗國，《唐代科舉制度研究》，頁 250～251。

名額概見：

> 所送人數：其國子監明經，舊格每年送三百五十人今請送三百人；
> 進士，依舊格送三十人；其隸名明經，亦請送二百人；其宗正寺
> 進士，送二十人；其東監、同、華、河中府所送進士，不得過三
> 十人，明經不得過五十人。其鳳翔、山南西道、東道、荊南、鄂
> 岳、湖南、鄭滑、浙西、浙東、鄜坊、宣商、涇邠、江南、江西、
> 淮南、西川、東川、陝虢等道，所送進士不得過一十五人，明經
> 不得過二十人。澤潞、幽孟、靈夏、淄青、鄆曹、兗海、鎮冀、
> 麟勝等道，所送進士不得過十人，明經不得過十五人。金汝、鹽
> 豐、福建、黔府、桂府、嶺南、安南邕等道，所送進士不得過七
> 人，明經不得過十人。其諸支郡所送人群，請申觀察使為解都送，
> 不得諸州各自申解。〔註93〕

由上列所舉地區來論，依進士、明經應試名額可分為三等區。第一等區（進
士十五年，明經二十人），除了鳳翔、鄭滑、涇邠、鄜坊、宣商、陝虢之外皆
在南方（共十三節度使區）應舉名額的規定，呈現當時文化、教育發展的現
況。從會昌五年舉格節文來進行應試名額統計，全國明經、進士科總名額為
1981名（明經1360名、進士621名）、中央國子監、宗正寺、東監與京畿重
地同州、華州、河中府等地共占有850名（明經700名、進士150名），國子
監系統學校（包括東監，隸名明經）共有610名，約占總額三分之一，反映
政府保障中央官學的政策。其它屬於地方共有1131名，北方共有606年（明
經370名，進士236名），南方則有525名（明經290名，進士235名），南
北在應試總名額上差距縮小，反映南方崛起了現象。根據學者統計唐代進士
前後、後期統計。在前期北方五道（關內、河南、河北、河東、隴右道）進
士有68名；而南方五道（江南、山南、淮南、嶺南、劍南道）僅有29名。
到了中晚唐，北方有245名，而南方有225名，南方（尤其是江南道）興起
是極為顯著之事。〔註94〕若再以詩人，散文作家各道分布統計來作比較，南
方則呈現迅速成長，詩人總數提升365.4%，而散文作家也高達130%，成長率
大幅領先北方。（參表十七；表十八）

〔註93〕《唐摭言》卷1〈會昌五年舉格節文〉，頁4～5。
〔註94〕許友良，《唐代狀元研究》（長春：吉林人民出版社，2004年），頁326。

表十七：唐代詩人前後期各道分布統計

名　　稱	唐前期	唐後期	升降百分比
北方五道	229	330	44.0%
南方五道	78	363	365.4%

（1. 資料來自許友根，《唐代狀元研究》，頁 324。

2. 北方五道是指關內道、河南道、河北道、河東道、隴右道；南方五道是江南道、山南道、淮南道、劍南道、嶺南道等。）

表十八：唐代散文作家前後期各道分布統計

名　　稱	唐前期	唐後期	升降百分比
北方五道	319	499	56.4%
	82	191	130.0%

（資料來自許友根，《唐代狀元研究》，頁 324～325。）

小　結

　　唐初逐漸建立官學，到了玄宗時代達於高峰。地方官學，基本上以州縣官學為重心，發展不同類型學校，儒學與醫學並重是其特色。各地方的教育，基本上由州刺史全面主導，長史、經學（或文學）博士是負責教育行政，實際教學的負責人。但因各地條件不一，發展十分不均衡，地方官學的設立目的主要在於「化民成俗」，另一則是辦理「生徒」取得科舉資格，為國選舉人才。

　　唐代中晚期由於政局動盪，內憂外患頻仍，德宗、憲宗時期教育政策重大改變、科舉制度衝擊、考課制度的設計、地方經費不足等因素，出現衰沒現象。除了少數地方官員設校興學，推展教育工作之外，衰沒之勢是難以挽回。私學教育取代官學（包括中央官學），成為中晚唐教育發展的主流。由於南方的興起，帶動文教高度發展，人才濟濟，應舉及第人數大增，進而在政治、文化上扮演了重要的角色。到了北宋、南方人士在政治、文化上影響力顯著，此為中晚唐發展之趨勢使然。

第五章　私學教育發展

　　唐初的私學教育，主要沿承魏晉南北朝、隋代而來。到了中晚唐中央官學、地方州縣學時廢時興，大多已名存實亡，私學因之勃興，代替官學擔任教育的職能，傳承社會、文化的功能。尤其是科舉制度的盛行，帶動私學教育的熱潮。

第一節　唐代前期發展

　　在唐代前期，官學教育由於政府的提倡較為發達，書生士人大多進入官學就讀。武則天執政，廢毀官學，許多書生士子隱居山林研習或隨附私學就讀，家境優佳者則以自修或家庭教育為主。李唐建立新朝，鑑於隋朝亡國之鑑，特別重視帝王（或皇室）教育，也形成私學上的特色。整體而言，唐代前期私學教育的重點可約歸納為一是聚徒講學，二是家庭教育，三帝王（皇室）教育。

一、聚徒講學

　　唐朝建立初期，一些著名的學者或官員，在家鄉或下職後聚徒講學，例如「（張士衡）及長，（劉）思軌授以《毛詩》、《周禮》，又從熊安生及劉焯受《禮記》，皆精究大義。此後徧講《五經》，尤攻《三禮》。……士衡既禮學為優，當時受其業擅名者，唯賈公彥為最焉」。〔註1〕「（曹憲）每聚徒教授，諸生數百人，當時公卿已下，亦多從受業。憲又精諸家文字之書。……江、淮

〔註 1〕　《舊唐書》卷 189〈儒學（上）・張士衡傳〉，頁 4949。

間為《文選》學者，本之於憲。又有許淹、李善、公孫羅復相繼以《文選》教授。由是其學大興於代」。〔註2〕「（李善）方雅清勁，有士君子之風，……以教授為業，諸生多自遠方而至」。〔註3〕聚徒講學最著名的實例是睿宗時尹知章。《舊唐書》卷189（下）《儒學（下）·尹知章傳》載：

> 睿宗初即位，中書令張說荐（尹）知章有古人之風，足以坐鎮雅俗，拜禮部員外郎。俄轉國子博士。後秘書監馬懷素奏引知章就秘書省與學者刊定經史。知章雖居吏職，歸家則講授不輟，尤明《易》及《莊》、《老》，玄言之學，遠近咸來受業，其有貧匱者，知章盡其家財以衣食之。……其所注《孝經》、《老子》、《莊子》、《韓子》、《管子》、《鬼谷子》，頗行於時。門人孫季良等立碑於東都國子監之門，以頌其德。〔註4〕

尹知章學識淵博，熟悉諸家之學，雖有公職在身，但歸家則「講授不輟」，辦理私學。對於貧困學生給予資助。從此分析、求學的士人學生大抵是束脩自費的。他的學生能於逝亡後立碑頌德，尹知章應是一位深受學生敬重尊崇的師長。

唐初私學從師，是可以自由選擇，誠如錢穆所言「私門教育、自由教育」、「更重師資人選」、「重在人與人間傳道」。〔註5〕

《舊唐書》卷189（上）〈儒學（上）·李玄植傳〉載：

> 時有趙州李玄植，又受《三禮》於（賈）公彥，撰《三禮音義》行於代。玄植兼習《春秋左氏傳》於王德韶，受《毛詩》於齊威，博涉漢史及老、莊諸子之學。〔註6〕

《舊唐書》卷189（上）〈儒學（上）·朱子奢傳〉載：

> 朱子奢，蘇州吳人也。少從鄉人顏彪習《春秋左氏傳》，後博觀子史，善屬文。〔註7〕

前引張士衡與李玄植之例，可知私學「學無常師」，能獲得多師之傳授，學其所優長，成為博學之士。私學的學生，通常較有強烈的意願，成效也較為顯

〔註2〕 《舊唐書》卷189〈儒學（上）·曹憲傳〉，頁4945～4946。
〔註3〕 《舊唐書》卷189〈儒學（上）·李善傳〉，頁4946。
〔註4〕 《舊唐書》卷189〈儒學（下）·尹知章傳〉，頁4974～4975。
〔註5〕 錢穆〈中國歷史上的傳統教育〉，收錄氏著《國史新論》，頁198～199。
〔註6〕 《舊唐書》卷189（上）〈儒學（上）·李玄植傳〉，頁4950。
〔註7〕 《舊唐書》卷189（上）〈儒學（上）·朱子奢傳〉，頁4948。

著，「善屬文」或「博學」應是私學的具體成果。

唐初官學在政府提倡，扶植下十分發達，私學屬於從屬，輔助的地位。從上述的實例，唐代初期的私人講學的教授大多是著名學者，講學以學術性研究為主，經學、諸家、文選等為其重點，並未完全依附科舉而學習。

二、家庭教育

除了私人講學之外，士大夫的家庭教育也是此時期的特色。貞觀年間，名臣李襲譽從揚州罷職「經史逐盈數車」，他告誡子孫曰：「吾近京城有賜田十頃，耕之可以充食；河內有賜桑千樹，蠶之可以充衣；江東所寫之書，讀之可以求官。吾沒之後，爾曹但能勤此三事，亦何羨人」。〔註 8〕李襲譽為官清廉，居家節儉自律，「所得俸祿，散給宗親，余貲寫書數萬卷」。〔註 9〕他對子孫的告誡，教誨十分確實，鼓勵子孫讀書求官，反映當時人的社會價值觀。曾任中宗朝宰相的蘇瓌將其長期仕官，從政經驗、為人治學的態度，書寫給兒子蘇頲作為家教，其文：

> 宰相者，上佐天下，下理陰陽，萬物之司命也。……臨大事、斷大義、正道以當之，若不能，即速退中樞之地。……管財無多蓄，計有三年之用外，散之親族。多蓄甚害義，令人心不寧，不寧則理事不當矣。……遠妻族，無使揚私於外……毋以親屬撓有司，一挾私，則無以提綱在上矣。子弟婿居官，隨器自任，調之勿過其器而居人之右。子弟車馬服用，無令越眾，則保家，則能治國，居第在乎潔，不在華，無令稍過，以荒厥心。〔註 10〕

蘇瓌居宰相之位，為人耿直，深受他人尊重。〔註 11〕家教的重點在治國與治家結合，做官治國要堅持「正道」，不能追求太多財貨，生計自足即可，否則「多蓄甚害義」，要避妻族、母族干預政務，以私害公；子弟婿居官，根據才能任用；生活不能奢華，越超一般人生活水準。惟有如此「則保家，則能治

〔註 8〕 《舊唐書》卷 59〈李襲譽傳〉，頁 2332。
〔註 9〕 （唐）劉肅撰，何正平、王德明等譯注，《大唐新語》卷 3〈清廉第六〉，頁 127。
〔註 10〕 蘇瓌，〈中樞龜鏡〉，文刊《全唐文》卷 168，頁 759。
〔註 11〕 蘇瓌事蹟可參考（唐）劉肅撰，何正平、王德明等譯注，《大唐新語》卷 1〈匡贊第一〉，頁 23；卷 3〈公直第五〉，頁 119；《舊唐書》卷 88〈蘇瓌傳〉，頁 2878～2884。

國」。蘇頲果不負父親家教，弱冠舉進士及第，其後累遷宰相，與宋璟同朝為相，締造「開元盛世」。蘇頲將家訓之文呈示宋璟，宋璟題名為《中樞龜鏡》而流傳於世。家教的成功，培育人才得以保家與治國，蘇瓖、蘇頲父子即是顯例。另外一著名士大夫家庭教育的例子是中宗時縣令李恕的《戒子拾遺》，其重要內容，可見當時門第所重視的教育內涵：

> 男子六歲教之方名，七歲讀《論語》、《孝經》，八歲誦《爾雅》、《離騷》，十歲出就師傅，居宿於外。十一專習兩經。……擢第之後，勿棄光陰，三四年間，屏絕人事，講論經籍，爰迄史傳，并當諳憶，悉令上口、洎乎弱冠，博綜古今，仁孝忠貞，溫恭謙順。……告休暇景，公務餘閒，學以潤身，必資宏益。……家中經史不能周足但能閱，市恆有賤書。假如數萬青蚨，纔（才）當一馬之直；堪德數千黃卷，便為百代之寶。……幼習義方，以歸名教，察天倫之重，既悟同生；覺流俗之非母遵覆轍。女子七歲教以《女儀》、讀《孝經》、《論語》、習行步容止之節，訓以幽閒聽從之儀。……十五而笄，十七而嫁，既從禮制。……婦之德，貴在貞靜，內外之言，不出閨闈，鄭衛之音，尤非所習；遊娛之樂，無以寬懷。……諺云：『成家由婦，破家由婦，緬尋其語，其語諒匪虛談。』〔註 12〕

《戒子拾遺》文中內容主張自幼學習經典，從師研習，即使及第之後，不要忘記深造研讀，熟悉經史。重申維護家法名教的重要性，其後則以女子、婦女教育為末。強調教育效果與「成家由婦，破家由婦」的關係。《戒子拾遺》基本上來看是相當完整的家庭教育，子女都研習儒家經典為起點，重視人格、生活教育，將做人、讀書與仕宦結合一體。與《中樞龜鏡》類同，都注意到女子（或婦女）的問題，前者強調為官之際，要遠離母族、妻族的介入政事；《戒子拾遺》則重視女子或婦女德的基礎教育，兩者可能反映出對武周繼唐，后妃專政歷史殷鑑的時代感受。

　　唐代士族自有特殊的「家風」，此「家風」是指一個家庭的傳統習慣與作風，家風有持續性的特點，累世相傳，它是藉由家長的言行、價值觀，作風對子女產生潛移默化的影響。〔註 13〕前述蘇瓖、李恕之例即是顯著，茲再舉

〔註 12〕 （宋）劉清之《戒子通錄》卷 3〈戒子拾遺〉，收入《四庫全書珍本初集》（第 75 函之 2）（上海：商務印書館，1935 年）（未編頁碼）。
〔註 13〕 馬鏞著，《中國家庭教育》（長沙：湖南教育出版社，1997 年），頁 147～148。

山東著姓盧懷慎之例加以說明。

《舊唐書》卷 98〈盧懷慎傳〉載：

　　盧懷慎，滑州靈昌人。其先家于范陽，為山東著姓。……懷慎少清
　　謹，舉進士，歷監察御史、吏部員外郎。景龍中，遷右御史臺中丞，
　　上疏以陳時政得失。……懷慎清儉，不營產業，器用服飾，無金玉
　　綺文之麗所得祿俸，皆隨時分散，而家無餘蓄，妻子匱乏。〔註14〕

盧懷慎清儉，盡忠職守，深獲玄宗的肯定，先後兩次賞賜米粟、絹布，並親
自為其書寫碑文。〔註15〕此清儉的家風，也影響其子。「（盧）奐，早修整，
歷任皆以清白聞。……玄宗幸京師，次陝城頓，審其能政。於廳事題贊而
去。……斯為國寶，不墜家風，……乃特授奐為南海太守……自開元以來四
十年，廣府節度清白者」。〔註16〕盧懷慎另一兒子盧奕「亦傳清白，歷御史中
丞而死王事」。〔註17〕

　　盧懷慎的清白家風，以身作則，對其子孫樹立典範，可以稱是最好的教
育楷模。每個家族（或家庭）對於其子孫有不同要求，例如著名畫家閻立本
告誡子孫要多讀書，不要學習「丹青」（作畫）末技。〔註18〕唐玄宗名相姚崇
遺令要求「節葬」，不可鋪張奢華。〔註19〕元延祖告誡其子元結「而曹逢世多
故（安史之亂），不得自安山林，勉樹名節，無近羞辱」。〔註20〕勉勵元結為
國效忠，樹立名節、呈現家庭教育的多元性。

三、帝王（皇室）教育

　　唐代初期除了上述私人講學，家庭（或家族）教育之外，「帝王（皇室）」
教育也是顯著特色。宗室子弟除可以就學小學、弘文館、崇文館之外，皇帝
也自行規劃教育工作。唐太宗貞觀二十二年（648）將自身從政經驗，結合前
代君臣治亂史事，撰成《帝範》一書賜給太子李治作為後世子孫治國。內容

〔註14〕《舊唐書》卷 98〈盧懷慎傳〉，頁 3064。
〔註15〕《舊唐書》卷 98〈盧懷慎傳〉，頁 3069
〔註16〕《舊唐書》卷 98〈盧懷慎傳〉，頁 3070。
〔註17〕《舊唐書》卷 98〈盧懷慎傳〉，頁 3070。
〔註18〕閻立本，〈誡子〉文刊翟博主編《中國家訓經典》（海口：海南出版社，2002年），頁 288。
〔註19〕姚崇，〈遺令誡子孫文〉文刊翟博主編《中國家訓經典》，頁 299～300。
〔註20〕元延祖，〈誡子結〉文刊翟博主編《中國家訓經典》，頁 304。

有君體、建親、審官、納諫、去讒、戒盈、崇儉、賞罰、務農、閱武與崇文等十二篇，這十二篇是人君應該躬行實踐。《帝範》可以說是中國首部有系統的帝王家教專著。書中告誡子孫「況乎無纖毫之功，直緣基而履慶，其崇善之廣德，則業泰而身安。若肆情以縱非，則業傾而身喪．且成遲敗速者，國之基也；失易得難者，天之位也，可不惜哉！可不慎哉？」〔註 21〕此外，在《貞觀政要》一書，也反映唐太宗對子弟教育的重視。「上智之人，自無所染。但中智之人無恆，從教而變，況太子師保，古難其選。成王幼小，周召為保傅、左右皆賢，日聞雅訓，足以長仁益德，使為聖君。秦之胡亥，用趙高作傅，教以刑法。及其嗣位，誅功臣、殺親族，酷暴不已，旋踵而亡。故知人之善惡，誠由近習」〔註 22〕太宗重視太子、諸王教育，精選師傅，為之教導，以達「根本安固」的政治目的。

唐睿宗時，對宗室諸王政績不滿意，因為擔任官職未能盡責，荒怠政務，處事偏私，縱情於田獵、酗酒，違反規矩制度，睿宗告誡他們「當從誠慎，勉遂悛改。如迷而不復，自速愆尤」。〔註 23〕唐玄宗時，命令張說、徐堅、韋述等人編輯類書，以利皇子研習，他們將重要歷史事件與文章收集分門別類，力求簡略編輯成書。唐玄宗命名為《初學記》，此書不僅是皇子教材，也流傳於世。〔註 24〕帝王學有天子自撰教材如太宗《帝範》、玄宗《開元訓誡》、憲宗《前代君臣事跡》等，特別重視以史為鑑的主題。此外，太宗皇后長孫氏，重視諸公主教育，著有《女則》十篇，作為女性教育的行為準則。〔註 25〕李唐皇室重視宗室子孫的教育，特重治國修身，其目的在於培育優秀統治者以鞏固政權。

第二節　唐代中晚期發展

唐代前期，官學教育由於統治者的提倡而興盛發達，士子學生大多入官學為優先，私學則附於從屬地位。武則天執政時期，官學教育被荒廢，導致大批名師宿儒隱居山林、聚從講學，為私學發展提供發展的條件。隨著武周

〔註 21〕 唐太宗，〈帝範後序〉，文刊《全唐文》卷 10，頁 47。
〔註 22〕 （唐）吳兢著，《貞觀政要》卷 4〈論尊敬師傅〉，頁 189～190。
〔註 23〕 唐睿宗〈誡諸王皇親敕〉，文刊《全唐文》卷 19，頁 93。
〔註 24〕 《大唐新語》卷 9〈著述第十九〉，頁 372。
〔註 25〕 《新唐書》卷 83〈諸帝公主傳〉，頁 3645～3646。

廣開科舉，重視文學，提供私學發展有利條件。官學重視儒經，與科舉脫勾；私學教育內容活潑、多元，以應考準備為優先。於是，士庶率先不令子弟入官學受教，愈多的人接受私學教育。中晚唐，官學衰微，大量士子研習於鄉里，棲學於山水之間，私學平流緩進，潛轉暗變，扮演教育、文化與社會的重要功能。唐代中晚期，政治、社會、教育等發生很大的變化，根據學習者身分（社會階級、地位）、學習場所、方式等可分為隱居（或自家）修業，招生授業（與個別傳授）、山林習業、鄉校與私塾、宗室教育、家族（或家庭）教育、社會教育、書院教育等類型。這些不同的私學類型，大多在唐代前期已出現，但有發展情形卻不同於前期。

一、不同類型

（一）隱居（或自家）修業

唐代士子不少人選擇一閑雅清境場所讀書自修，待研習完成後參加科考，取得功名。名相牛僧孺十五歲時，居長安附近的莊園讀書「數年業就，名聲入都中，登進士上第」。〔註26〕「（柳璨）少孤貧好學，僻居林泉。晝則採樵，夜則燃木葉以照書」。〔註27〕晚唐詩人皮曰休「襄陽竟陵人也，業文，隱鹿門山，號醉吟先生，竊比大聖，榜末及第」。〔註28〕在《唐才子傳》記載幾個著名的實例。

《唐才子傳》卷4〈李端〉載：

> （李）端，趙州人，嘉祐之姪也。少時居廬山，依皎然讀書，意況清虛，酷慕禪侶。大曆五年（770）李摶榜進士及第，授秘書省校書郎。〔註29〕

《唐才子傳》卷4〈張謂〉載：

> （張）謂，字正言，河內人也。少讀書嵩山，清才拔萃，泛覽流觀，不屈於權勢。……累官為禮部侍郎，無幾何，出為潭州刺史。〔註30〕

〔註26〕《樊川文集》卷7〈唐故太子少師奇章郡開國公贈太尉牛公墓志銘并序〉，頁114。

〔註27〕《舊唐書》卷179〈柳璨傳〉，頁4669。

〔註28〕（五代）孫光憲撰，《北夢瑣言》卷2〈皮日休獻書〉（北京：中華書局，1985年），頁7。

〔註29〕《唐才子傳》卷4〈李端〉，頁227。

〔註30〕《唐才子傳》卷4〈張謂〉，頁245。

《唐才子傳》卷 4〈竇群〉載：

> （竇群），字舟列，初隱毗陵，稱處士。……出為黔南觀察使，遷容
> 管經略使，卒官所。家無餘財，惟圖書萬軸（卷）耳。〔註 31〕

唐中葉以後，辟召入幕或政治顯貴的推薦是士人的重要仕宦之途。許多公卿
名相皆是辟召、入仕因此很多士人是由隱居而出仕。他們隱居山林讀書不少
是沽名釣譽，標示清高以求仕途的。

《舊唐書》卷 173〈李紳傳〉載：

> 中尉王守澄用事，逢吉令門生故吏結託守澄為援以傾紳，晝夜計畫。
> 會紳族子虞，文學知名，隱居華陽，自言不樂仕進，時來京師省紳。
> 虞與從伯耆、進士程昔範皆依紳。及耆拜左拾遺，虞在華陽寓書與
> 耆求薦，書誤達於紳。紳以其進退二三，以書誚之，虞大怨望。及
> 來京師，盡以紳嘗所密話言逢吉姦邪附會之語告逢吉，逢吉大怒。
> 問計于門人張又新、李續之，……逢吉乃用李虞、吳昔範、劉栖楚，
> 皆擢為拾遺，以伺紳隙。〔註 32〕

《舊唐書》卷 179〈張濬傳〉載：

> 張濬字禹川，河間人。祖仲素，位至中書舍人。父鐐，官卑，家寓
> 州。濬倜儻不羈，涉獵文史，好大言，為士友之所擯棄。初從鄉賦
> 隨計，咸薄其為人。濬憤憤不得志，乃田衣野服，隱於金鳳山，學
> 鬼谷縱橫之術，欲以捭闔取貴仕。〔註 33〕

《舊唐書》卷 171〈李渤傳〉載：

> （李）渤恥其家污，堅苦不仕，勵志於文學，不從科舉、隱於嵩山，
> 以讀書，業文為事。元和初，戶部侍郎鹽鐵轉運使李巽、諫議大夫
> 韋況更薦之，以山人徵為左拾遺。（李）渤託疾不赴，遂家東都。朝
> 廷政有得失，附章疏陳論。又撰《禦戎新錄》二十卷，表獻之。九
> 年（元和九年，814）以著作郎徵之。……（李）渤於是赴官，歲餘，
> 遷右補闕。〔註 34〕

李紳族子李虞「假隱居，真求仕」是無庸置疑；而張濬因「憤憤不得志」而

〔註 31〕 《唐才子傳》卷 4〈竇群〉，頁 263。
〔註 32〕 《舊唐書》卷 173〈李紳傳〉，頁 4498。
〔註 33〕 《舊唐書》卷 179〈張濬傳〉，頁 4656。
〔註 34〕 《舊唐書》卷 171〈李渤傳〉，頁 4437。

隱居於金鳳山，學「鬼谷縱橫之術」，其政治目的十分顯明。李渤「不從科舉」、「以讀書業文為事」，但仍志於政事，在有力人士推薦下登上仕途。終南山、嵩山是唐代舉子、士人最響往的地方。「放利之徒，假隱自名，以詭祿仕，肩相摩道，至號終南、嵩山為仕途捷徑，高尚之節喪焉」。〔註35〕所謂「終南捷徑」成語即源於此，描繪求祿士子假隱居的真相。

除了隱居讀書之外，也有居家自行修業，參加科舉考試：

韓愈〈送湖南李正字序〉載：

> 貞元中，（韓）愈從太傅隴西公平汴州，李生之尊府以待御史管汴之鹽鐵、日為酒殺羊享賓客，李生則尚與弟學讀書、習文辭，以舉進士為業。〔註36〕

《舊唐書》卷 177〈裴休傳〉載：

> （裴）休志操堅正，童齔時，兄弟同學于濟源別墅。休經年不出墅門，晝講經籍，夜課詩賦。〔註37〕

《唐才子傳》卷 6〈徐凝〉載：

> （徐）凝，睦州人。元和間有詩名。方干師事之。與施肩吾同里閈（鄉里），日親聲調，無進取之意，交眷（朋友親戚）悉涙勉，始遊長安，不忍自銜鬻；竟不成名。將歸，以讀辭韓吏部（韓愈）云：『一生所遇惟元白，天下無人重布衣，欲別朱門涙先盡，白頭遊子白身歸。』知者憐之。〔註38〕

《唐才子傳》卷 8〈邵謁〉載：

> （邵）謁；韶州頌源縣人。少為縣廳吏，客至倉卒，令怒其不搘床迎侍，逐去。遂截髻著縣門上，發奮讀書。……咸通七年（866）抵京師，隸國子，時溫庭筠主試，扌閔擢寒苦，乃榜（邵）謁詩三十篇，以振公道。……已而釋褐。後赴官，不知所終。〔註39〕

《唐才子傳》卷 8〈汪遵〉載：

> （汪）遵，宣州涇縣人。幼為小吏，晝夜讀書良苦，人皆不覺。咸

〔註35〕《新唐書》卷 196〈隱逸傳〉，頁 5594。
〔註36〕《韓昌黎集》卷 4〈送湖南李正字序〉（台北：河洛圖書公司，1975 年），頁 161～162。
〔註37〕《舊唐書》卷 177〈裴休傳〉，頁 4593。
〔註38〕《唐才子傳》卷 6〈徐凝〉，頁 367。
〔註39〕《唐才子傳》卷 8〈邵謁〉，頁 481。

通七年（866）韓袞榜進士。遵初與鄉人許棠友善，工為絕句詩，而深自晦密，以家貧難得書，必借於人，徹夜強記，（許）棠實不知。……汪遵，涇之一走耳（僕役），拔身卑污，奮譽文苑。家貧借書，以夜繼日，古人閱市偷光，殆不過此。……諺曰：『金玉有餘，買鎮宅書。』〔註40〕

上述李正字、裴休因父祖為官，家境富裕，教育資源豐富，可以居家修業，「以舉進士為業」。而像徐凝這樣的讀書人，雖有詩名，但在長安因不願炫耀賣弄詩才，未能獲得聲名，追求仕宦之途無機會，只能感慨向韓愈辭行，道白內心的感受。邵謁出身寒苦，發奮讀書，有貴人溫庭筠協助，終能及第釋褐。汪遵「家貧難得書」，向人借書勤苦修習，終能榜第進士。從上述例子，或許反映當時讀書追求功名利祿的情形。韓愈言：「布衣之士，身居窮約，不借勢於王公大人，則無以成其志；王公大人，功業顯著，不藉譽於布衣之士，則無以廣其名」。〔註41〕這或許可以解釋徐凝落第、邵謁及第的原因。

（二）招生授業

唐代士人有些是自己閉門修業，或從師研習，也有到山林間尋訪名師，拜在門下。這些學識淵博的隱逸人士、學者或官員，招收弟子、授經講課、教授詩詞、文學等。尤其是科舉及第後的官員、學者與文人，以其投考經驗、社會聲望、身居位職，吸引更多士人舉子從師學習，這種有實際教學性質的個人性的教育活動，也列入招生授業類型。

《唐摭言》卷 10〈海敘不遇〉載：

段維壯年不知書，……聞中條山書生淵藪，因往請益。眾以年長，猶未發蒙，不與授經。或曰：『以律詩百餘篇，俾其諷誦。翌日，（段）維悉能強記之。諸生異之。……因授之《孝經》，自是未半載，維博覽經籍，下筆成文。于是請下山。……咸通、乾符中，聲名籍甚。』〔註42〕

《太平廣記》卷 347〈韋安之〉載：

（韋安之）往少室（山）尋師。至登封，逢一人。……曰：「吾姓張名道。……欲往少室山讀書。……所往一志，乃約為兄弟……同入

〔註40〕 《唐才子傳》卷 8〈汪遵〉，頁 488。
〔註41〕 《韓昌黎集》卷 3〈與鳳翔邢尚書書〉，頁 118。
〔註42〕 《唐摭言》卷 10〈海敘不遇〉，頁 329～330。

少室，師李潛。經一年，張道博學精通，為學流之首。〔註43〕

《唐才子傳》卷5〈呂溫〉載：

（呂）溫，字和叔，河中人，初從陸質治《春秋》，梁肅為文章。貞元十四年（798）李隨榜及第，中宏詞。〔註44〕

《唐才子傳》卷5〈賈島〉載：

> （賈）島，字閬山，范陽人也。……雖行坐寢食，苦吟不輟。……（韓愈）結為布衣交，遂授之文法。去浮屠，舉進士。……島貌清意雅，談玄抱拂，所奕悉塵外之人。〔註45〕

《唐才子傳》卷5〈戴叔倫〉載：

> （戴）叔倫，字幼公，潤州金壇人。師事蕭穎士為門生。……工詩，貞元十六年（800）陳權榜進士。〔註46〕

《唐才子傳》卷5〈孟郊〉載：

> （孟郊）卒，餘慶給錢數萬營葬，仍瞻其妻子者累年。張藉謚為貞曜先生，門人遠赴心喪。〔註47〕

《唐才子傳》卷7〈李商隱〉載：

> （李）商隱，字義山，懷州人也。令孤楚奇其才，使遊門下，授以文法，遇之甚厚。開成二年（837）高鍇知貢舉，楚善於鍇，獎譽甚力，遂擢進士，又中拔萃。〔註48〕

《唐才子傳》卷7〈方干〉載：

> （方）干，字雄飛，桐盧人。幼有清才，散拙無營務。大中中，舉進士不第，隱居鏡湖中，……徐凝初有詩名，一見干器之，公卿好事者爭延台內，名竟不入手。遂歸，無復榮辱之念。……初李顏學干為詩，頻及第，詩僧清越賀云：「弟子已折桂，先生猶灌園。」咸通末卒，門人相與論德謀迹。謚曰：『玄英先生』。〔註49〕

《唐國史補》〈卷下〉載：

〔註43〕　《太平廣記》卷347〈韋安之〉收入《筆記小說大觀》（貳）（揚州：廣陵書社，2007年），頁1045。
〔註44〕　《唐才子傳》卷5〈呂溫〉，頁330。
〔註45〕　《唐才子傳》卷5〈賈島〉，頁290。
〔註46〕　《唐才子傳》卷5〈戴叔倫〉，頁326。
〔註47〕　《唐才子傳》卷5〈孟郊〉，頁323。
〔註48〕　《唐才子傳》卷7〈李商隱〉，頁419。
〔註49〕　《唐才子傳》卷7〈方干〉，頁452～453。

韓愈引致後進，為求科第，多有投書請益者，時人謂之韓門弟子。
〔註50〕

《柳河東集》卷34〈報表君秀才避師名書〉載：

後學之士到門，日或數十人，不虛其來意，有長必出之，有不至必慇之。〔註51〕

《唐語林》卷2〈文學〉載：

元和中，後進師匠韓公（愈），文體大變。又柳柳州宗元，尚書李翱，皇甫郎中湜，馮詹事定，祭酒楊公、李公，皆以高文為諸生所宗。而韓、柳、皇甫、李公皆以引接後學為務。楊公尤深為獎善。〔註52〕

《唐摭言》卷4〈師友〉載：

韓文公（愈）名播天下，李翱、張籍皆升朝，藉北面師之，故愈答崔立之書曰：『近有李翱、張籍者，從予學文』，……後愈自潮州量移宜春郡，郡人黃頗師愈為文，亦振大名。〔註53〕

《新唐書》卷168〈柳宗元傳〉載：

（元和十年，815）徙柳州刺史，……南方為進士者，走數千里從宗游，經指授者，為文辭皆有法。〔註54〕

《韓昌黎集》卷7〈柳子厚墓誌銘〉載：

衡湘以南為進士者，皆以子厚（任柳州刺史）為師，其經承子厚口講指畫為文詞者，悉有法度可觀。〔註55〕

段維到中條山研讀，顯然有名師宿儒於其間授業講習；韋安之與張道有志一同，前往少室山，事師李潛，「為學流之首」，顯然共同修業的學生應該是很多。也有個別從師學習，如呂溫、賈島、方干、李凝等。但名師教授不會只限於個人，從學者應不少，例如孟郊、方干等人。另外，也有個別化的教學，例如呂溫從學陸質、梁肅；令孤楚教授李商隱；韓愈授文法於賈島等例子。個別化的教學，一般而言，效果較佳，因為它可以了解學生學習狀況，學生可以循序漸進學習；充分師生互動、討論、增益學習效果。呂溫、賈島、李

〔註50〕 《唐國史補》卷下，頁57。
〔註51〕 《柳河東集》卷34〈報袁君秀才避師名書〉，頁547。
〔註52〕 《唐語林》卷2〈文學〉，頁54～55。
〔註53〕 《唐摭言》卷4〈師友〉，頁154～155。
〔註54〕 《新唐書》卷168〈柳宗元傳〉，頁5141～5142。
〔註55〕 《韓昌黎集》卷7〈柳子厚墓誌銘〉，頁296。

商隱等人日後在學術、文學上獲致聲名，或許與此教學方法有關。

由於唐代中晚期，科舉重詩歌、文學，所以教學內容大抵以「文法」（文章作法）、「詩」（詩歌、格律）為主，不同於前期以經史為主。在前期，教授身分大多名師宿儒，但在後期，師資已多元化，只要學有專精、聲名遠播，即可招生授業。「唐咸通中，荊中有書生，號唐五經者，學識精博，實曰鴻儒，旨趣甚高，人所師仰，聚徒五百輩，以束脩自給優游卒歲，有西河濟南之風，幕寮多與之游」。〔註 56〕這位「唐五經者」，能招生五百人，聚徒講學，可謂實力驚人。私人授業，師生感情深厚，從孟郊卒「門人遠赴心喪」即可看出。韓愈、柳宗元指導後學或士子問學於韓、柳，他們與後學結成師友關係，對於日後學術風氣產生一些影響，日後「古文運動」能夠形成風潮，與此多少有關聯。〔註 57〕至於較具體私人教學情形，史料有限，茲舉一實例來說明：

《劉禹錫集》卷 6〈唐故衡州刺史呂君集紀〉載：

（呂溫）始以文學震三川（河南府），三川守以為貢士之冠。……祖、考皆以文學至大官，早聞《詩》、《禮》于先侍郎，又師吳郡陸質通《春秋》，從安定梁肅學文章，勇於藝能，咸有所祖。年益壯，志益大，遂去文字，與俊緊交，重氣概，核名實，歆然以致君及物為大欲，每與其徒疑考要，皇王霸之際，臣子忠孝之道，出入上下百千年間，詆訶角逐，疊發連注，得一善，輒旰衡擊節，揚袂頓足，信容得色」。〔註 58〕

呂溫從其父呂渭研習《詩》、《禮》，又從師陸質學《春秋》與梁肅學文章。積極學習各種藝能，並能有所師承，可謂是博學多聞的學者。劉禹錫描述呂溫與生徒講學情形，他以維護天子權威與儒家忠孝之道為其教育宗旨；教學過程中講析疑難問題，互相問難辨駁，如獲得一個精闢的見解，就舉目揚眉，拍手叫好，呈現得意的神情。這樣生動活潑的教學方式，正是突破記憶、背誦的僵化教學，開啟學子的思維辨析能力，對學子的心智啟發具有重大的功能。另一角度來看，呂溫從師陸質研究《春秋》，陸質是沿承經學家啖助、趙匡而來，著有《春秋集傳釋疑》。〔註 59〕辨經、解經正是新經學的重要觀念，

〔註 56〕《北夢瑣言》卷 2〈不肖子三變〉，頁 19。
〔註 57〕吳宗國，《唐代科舉制度研究》，頁 125。
〔註 58〕《劉禹錫集箋證》卷 6〈唐故衡州刺史呂君集紀〉，頁 361。
〔註 59〕《舊唐書》卷 189（下）〈儒學（下）・陸質傳〉，頁 4977。

呂溫的教學正是這種精神的展現。呂溫、韓愈、柳宗元等人深受新經學的影響，此種學術的新風潮，可以說藉著教育體系而傳播、開展，深化新經學發展的重要基礎。

（三）山林習業

在唐代，一些士人寄居佛寺或道觀，成為佛教、道教助學的一種形式。此種形式，往往是士子赴舉入仕的前階。

《唐語林》卷四〈栖逸〉載：

> 宣州當塗隱居山岩，即陶貞白煉丹所也。爐迹猶在。後為佛舍，有僧名顏范、俗姓劉，雖為沙門，而通儒學，邑人呼為『劉九經』。顏魯公、韓晉公、穆監守，獨孤常州皆與之善。名執業受業者數十人。〔註60〕

顏范雖是佛教高僧，但以儒學而名聞一時，他不僅結交當時名士如顏魯公等人，還以經學專業傳授弟子。

大曆貞元年間隱居漢陽的于鵠，有〈題宇文裔山寺讀書院〉詩：

> 讀書林下寺，不出動經年。書閣通僧院，山廚共石泉。雲庭無履迹，龕壁有燈烟，年少今頭白，刪詩到幾篇。〔註61〕

上述詩篇描繪少年常年習業於山寺吟讀讀書到白頭，辛苦而生動的形象。著名書法家顏真卿曾云：「予未仕時，讀書講學恆在福山；邑之寺有類福山者，無有無予迹也」。〔註62〕

關於士子舉子寄附寺院習業情形，茲再舉例：

《唐才子傳》卷1〈吳筠〉載：

> （吳）筠，字貞節，華陰人。通經義、美文辭。舉進士不中，隱居南陽倚帝山為道士。天寶中，玄宗遣使召至京師，與語甚悅，敕待詔翰林。……筠每陳設名教世務，帝重之。……後知天下將亂，若求還嵩山，詔為立道觀。大曆間卒。弟子諡為完元先生。〔註63〕

《唐才子傳》卷3〈道人靈一〉載：

〔註60〕《唐語林》卷4〈栖逸〉，頁144。

〔註61〕（宋）李昉等輯，《文苑英華》（台北：新文豐出版社，1979年）卷236〈題宇文裔山寺讀書院〉，頁1190。

〔註62〕顏真卿，〈泛愛寺重修記〉，文刊《全唐文》卷37，頁1512。

〔註63〕《唐才子傳》卷1〈吳筠〉，頁57。

　　（道人靈一）一公，剡中人。童子出家，鉼鉢之外，餘無有。天性超穎，追縱謝客（謝靈運），隱麻源第三谷中，結茆（茅）讀書。後白（佛）業精進，居若耶溪雲門寺，從學者四方至矣。〔註64〕

咸通時洪州刺史李騭，自敘在太和五年（831），無錫惠山寺研習修業：

　　肄業於惠山寺，居三歲。其所諷念：《左氏春秋》、《詩》、《易》及司馬遷、班固史、屈原《離騷》、莊周、韓非書記，及著歌詩數百篇，其詩凡言山中事者，悉記之於屋壁。〔註65〕

無錫惠山寺泉山宜茶名聞於世，是中晚唐士子樂於赴往習業的最佳處所；濃郁的人文氣息，可以說是文人集聚最優去處。晚唐乾寧二年（895）進士，泉州莆田人黃滔撰〈莆山靈岩寺碑銘〉記載：「貞元年間，林藻、季蘊、歐陽詹等三年讀書寺中，皆中殊科，大中年間，陳蔚、黃楷、歐陽碣、黃滔等四人，讀此寺十年，黃滔得中甲等」。〔註66〕

　　唐人習業於山林寺院之分佈，劃分為十五區，即：1.終南、華山、長安南郊區；2.嵩山及其近區諸山；3.中條山、太行山區；4.泰山及其近區諸山；5.廬山；6.衡山；7.羅浮山；8.蜀中諸山寺觀；9.九華山；10.揚州寺院及淮南其他諸寺山；11.慧（惠）山寺及浙西其他諸山；12.會稽剡中及浙東其他諸山；13.福建諸山寺；14.敦煌諸寺院；15.其他。整體而言，唐代士子借附寺觀教育修業，這種習業山林寺院的方式成為唐人的風尚。〔註67〕

　　就寺觀教育言，唐代佛道兩教盛行，寺觀除宗教活動外，也成為讀書之所。高明士分析其原因有一、是寺觀規模廣大又有莊田；二、是除供僧道食宿外，也供寄讀之士子。而學成欲應舉者，寺觀也多資助旅費食糧；三、是寺觀藏書豐富，除佛道經典外，亦有經史子集之書；四是寺院設立精舍，提供藏書與讀書的場所。有此優良條件，除出家僧道讀書修道其中外，士子（特別是寒門子弟）亦紛紛就學其內。〔註68〕寺觀教育的內容雖以傳授經論道法為主，但亦有傳儒學者。至於寄寓之士子，則多攻習儒業。士子讀書於寺觀，中唐以後尤盛。一方面是科舉的引誘，但寺觀本身的良好讀書環境，安史亂

〔註64〕《唐才子傳》卷3〈道人靈一〉，頁166～167。
〔註65〕李騭，〈題惠山寺詩序〉，文刊《全唐文》卷724，頁3302～3303。
〔註66〕黃滔，〈莆山靈岩寺碑銘〉，文刊（全唐文）卷825，頁3856。
〔註67〕嚴耕望，〈唐代習業山林寺院之風尚〉，收錄氏著《唐史研究叢稿》，頁367～424。
〔註68〕高明士，〈唐代的私學〉，收錄氏著《中國中古教育與學禮》，頁466～469。

后政局不安、官學形同虛設，亦是主因。〔註69〕

（四）鄉校（學）與私塾

　　唐代鄉學比以前較為普及，在各類文獻、史料中，存有不少鄉學、村（里）學的記載，甚至在敦煌文書，也提及到鄉村、坊學、社學的存在。〔註70〕鄉學（或稱村學、里學）是種授徒講學的學校，屬於啟蒙教育性質，它可能是由當地人士聯合辦理，以公共場所為學舍，延聘教師，經費自籌。私塾，是種授徒講學式的私學，包括家塾、家館等，它是由士大夫（或士族、官宦、富豪等）自行設立，聘請教師在家教讀子弟或塾師自行創辦招收學童。

　　玄宗開元二十一年（733）五月曾下敕：「許百姓任立私學，欲其寄州縣受業者亦聽……貞元三年（787）正月，右補闕宇文炫上疏：『京畿諸縣鄉村廢寺，并為鄉學』。〔註71〕可以看出唐政府對私學、鄉學等教育的重視。其他如參與平定安史之亂的名臣苗晉卿「大會鄉黨，歡飲累日而去。又出俸錢三萬為鄉學本，以教授子弟」。〔註72〕名將王栖曜「濮州濮陽人也，初遊鄉學天寶末，安祿山叛，尚衡起義兵討之，以栖曜為牙將。」〔註73〕可以看到鄉學已經存在，這種鄉學，可能與私塾類同，是屬於私辦性質。「田先生者，……元和中，隱於饒州鄱亭村，作小學以教村童十數人」。〔註74〕田先生應是村（私）塾的教師。

　　柳宗元談論自己少年求學經歷說：「始僕少時，嘗有意游太學，受師說，以植志，持身焉」。後來聽說太學的學風破壞「遂退托鄉閭家塾，考厲志業，過太學之門而不敢跼顧，尚何能仰視其學徒者哉！」〔註75〕說明他是捨棄太學而就私學，藉由鄉閭家塾的途徑完成學業教育的。又如元稹、白居易之詩，在當時「禁省、觀寺、郵侯，壁之上無不書，王公、妾婦、牛童、馬走之口無不道」。〔註76〕再如「皮日休〈傷嚴子重〉序云：余為童在鄉校時，簡上抄

〔註69〕　高明士，〈唐代的私學〉，收錄氏著《中國中古教育與學禮》，頁 481～482。

〔註70〕　萬軍杰，〈試析唐代的鄉里村學〉，文刊《史學月刊》（2003 年第 5 期），頁 29～35。

〔註71〕　《唐會要》卷 35〈學校〉，頁 635。

〔註72〕　《舊唐書》卷 113〈苗晉卿傳〉，頁 3350。

〔註73〕　《舊唐書》卷 152〈王栖曜傳〉，頁 4068。

〔註74〕　《太平廣記》卷 44〈田先生條〉，收錄《筆記小說大觀》（貳），頁 744。

〔註75〕　《柳宗元集》卷 34〈與太學諸生書〉，頁 539。

〔註76〕　元稹《元稹集》卷 51〈白氏長慶集序〉，頁 554～555。

杜舍人牧之集，見有與進士嚴惲詩，後至吳一日有客曰嚴某，余志其名久矣，遽懷文見造，于是樂得禮而觀之」。〔註77〕皮日休為唐末著名文人，他回憶幼童時在鄉校學習時，杜牧文集、嚴惲詩歌已成名於世，並成為其研習的內容。文化逐漸普及程度如此之深廣，應是鄉學（村里之學）、私塾的貢獻與推廣。

唐永貞元年（805），泉州德化縣三班泗濱村金姓村民聘請顏芳（787～860）為塾師教授弟子。顏芳到此之後，怡情當地山水，定居於此。其子顏仁芳博覽經史，擅長文學，成為當時著名的詩人之一。這種授徒講學的私塾教育，都能在經濟、文化較為落後地方出現。邊僻如泉州德化縣之地，存有私塾，相信廣大的中國，應當會有更多類似的學校（或教育組織）。〔註78〕

鄉學、私塾一般是以文化啟蒙、早期教育為主，〔註79〕應以應付未來科舉考試而所準備，學習儒家經典如《論語》、《孝經》、《千字文》、《太公家教》、《免園冊府》、《蒙求》等教材與著名文人的文集、詩歌等。

（五）宗室教育

唐代中晚期，宗室教育重心在於「公主」教育。唐代社風不佳，因為李唐出身北朝胡化漢人，不甚講究倫理，加上受南北朝風氣薰染。唐室公主，性行驕縱，不讓前代。而公主改嫁，也以為常，有多至四、五次。〔註80〕唐代公主驕橫情形，有名的事例是唐宣宗時永福公主。「初，（于）琮尚永福公主，（公）主與帝食，怒折化筋，帝曰：『此可為士人妻乎？』更許琮尚主（廣德公主）」。〔註81〕唐代中晚期諸帝對公主們的教育，其目的希望她們能夠成為恪守禮法的賢淑者。諸帝的訓誡與教育大體是一、「無鄙夫家」，遵守禮法。二、不與民爭利，勿進獻求榮。三、「使知儉嗇」，節約生活。四、「無忤時

〔註77〕（宋）計有功撰，《唐詩紀事》（下）卷 66〈嚴惲〉（台北：中華書局，1981年），頁 994。
〔註78〕陳篤彬、蘇黎明，《泉州古代教育》（濟南：齊魯書社，2005 年），頁 20。
〔註79〕朱利民、王尚林，〈唐代私學考〉，文刊《人文雜誌》1993 年第 3 期（1993 年6 月），頁 91。
〔註80〕傅樂成，〈唐型文化與宋型文化〉，收錄氏著《漢唐史論集》（台北：聯經出版社，1987 年），頁 360。可以參考（1）王壽南，〈唐代公主之婚姻〉收錄於《第一屆歷史與中國社會變遷研討會》（台北：中央研究院三民主義研究所，1982年），頁 151～191。王氏指出：「由於實際環境，公主品德之不良，家族禮儀，駙馬在家中之地位，駙馬之仕途等因素常造成唐代公主婚姻之困難。（頁191）。（2）李樹桐，〈唐代婦女的婚姻〉，收錄氏著《唐史研究》（台北：台灣中華書局，1979 年），頁 63～91。
〔註81〕《新唐書》卷 83〈諸帝公主〉，頁 3672。

事」，勿參朝政。五、嫁否聽便，信仰自由。六、出嫁為婦，不准淫亂，有子而寡不得再嫁等。〔註82〕由於唐帝的努力，產生為世人所稱的賢婦。前述例子，于琮娶廣德公主，「琮為黃巢所害，（公）主泣曰：『今日誼不獨存，賊宜殺我！』巢不許，乃縊室中。（公）主治家有禮法，嘗從琮貶詔州，侍者纔（才）數人，卻州縣饋遺.凡內外冠、婚、喪、祭，主皆身答勞，疏戚咸得其心，為世聞婦」。〔註83〕

（六）家庭（或家族）教育

根據社會階級、性別，可分為 1.、士族教育，2.、庶民教育，3.、婦女教育等。

1、士族教育

陳寅恪言：「中原經五胡之亂，而學術文化尚能保持不墜者，固由地方大族之力，而漢族之學術文化變為地方化與家門化矣。故論學術，只有家學可言，而學術文化與大族盛門常不可分離也」。〔註84〕延至唐代，學術與家教也是名門望族的家法、家風與家規，成為士族的重要教育內容。「唐為國久，傳世多，而諸臣亦各修其家法，務以門族相高。其材子賢孫不殞其世德，或父子相繼居相位，或累數世而屢顯或終唐之世不絕。嗚呼，其亦盛矣。然其所以盛衰者，雖由功德薄厚，亦在其子孫」。〔註85〕點出士族教育在政治、文化的重要性。

士族教育所重視的是家風與家學，此兩者的內涵、錢穆有深切的論述：「今再匯納上面各項敘述而重加以一番綜合的說明，則可謂當時（魏晉南北朝）門第傳統共同理想所希望於門第中人，上自賢父兄，下至佳子弟，不外兩大要目：一則希望其能具孝友之內行，一則希望其能有經籍文史學業之修養，此兩種希望結合，並合成為當時共同之家教。其前一項之表現，則成為家風，後一項之表現，則成為家學」。〔註86〕

〔註82〕徐少錦、陳延斌著，《中國家訓史》（西安：陝西人民出版社，2003 年），頁 316～322。

〔註83〕《新唐書》卷 83〈諸帝公主〉，頁 3672～3673。

〔註84〕陳寅恪，〈崔浩與寇謙之〉，收錄《陳寅恪史學論文集》（上海：上海古籍出版社，1992 年），頁 214。

〔註85〕《新唐書》卷 71（上）〈宰相世系表（一）〉，頁 2179。

〔註86〕錢穆，〈略論魏晉南北朝學術文化與當時門第之關係〉，文刊《新亞學報》5 卷 2 期（1961 年 2 月），頁 54。

　　唐代士族教育，主要由父母、兄長與親友充當教授者；傳統經典文史修養、培育特有家族風格，成為士族「家教」的特色，茲以穆寧、柳公綽家族等加以說明：

1. 穆寧家族：家學與家風

《舊唐書》卷 155〈穆寧傳〉載：

　　穆寧，懷州河內人也。父元休，以文學著，撰洪範外傳十篇，開元中獻之，玄宗賜帛，授偃師縣丞、安陽令。寧清慎剛正，重交遊，以氣節自任。少以明經調授鹽山尉。是時，安祿山始叛，偽署劉道玄為景城守。寧唱義起兵，斬道玄首，傳檄郡邑，多有應者。賊將史思明來寇郡，寧以攝東光令將兵禦之。……廣德初，加庫部郎中。是時河運不通，漕輓由漢、沔自商山達京師。選鎮夏口者，詔以寧為鄂州刺史、鄂岳沔都團練使及淮西鄂岳租庸鹽鐵沿江轉運使，賜金紫。時淮西節度使李忠臣貪暴不奉法，設防戍以稅商賈，又縱兵士剽劫，行人殆絕，與寧夾淮為理，憚寧威名，寇盜輒止。……寧好學，善教諸子，家道以嚴稱。事寡姊以悌聞。通達體命，未嘗服藥。每誡諸子曰：「吾聞君子之事親，養志為大，直道而已。慎無為諂，吾之志也。」貞元十年（794）十月卒，時年七十九。四子：贊、質、員、賞。……質兄弟俱有令譽而和粹，世以「滋味」目之：贊俗而有格為酪，質美而多入為酥，員為醍醐，賞為乳腐。近代士大大言家法者，以穆氏為高。〔註87〕

《新唐書》卷 163〈穆寧傳〉載：

　　穆寧，懷州河內人。父元休，有名開元間，獻書天子，擢偃師丞，世以儒聞。……德宗在奉天，奔詣行在，擢祕書少監，改太子右庶子。帝還京師，乃曰：「可以行吾忠矣！」即罷歸東都。以祕書監致仕，卒。……寧居家嚴，事寡姊恭甚。嘗撰家令訓諸子，人一通。又戒曰：「君子之事親，養志為大，吾志直道而已。苟枉而道，三牲五鼎非吾養也。」疾病不嘗藥，時稱知命。四子：贊、質、員、賞。……先是，韓休家訓子姓至嚴。貞元間，言家法者，炯韓（韓休）、穆二門云。〔註88〕

〔註87〕《舊唐書》卷 155〈穆寧傳〉，頁 4113～4116。
〔註88〕《新唐書》卷 163〈穆寧傳〉，頁 5014～5016。

穆寧懷州河內人，父元休「世以儒聞」。么在其父親教育下「剛正，氣節自任」、「明經及第，調鹽山尉」。在安史之亂中，他據兵守境，入顏真卿幕府，參與平定叛亂。在安史之亂期間（754～763）擔任大運河漕運官員，使江南財賦補給得以輸往京師，治理得宜，使漕運、商貿順利，使軍閥縱兵掠勢漸衰。大曆五年（770），兼和州刺史「理有善政」，德宗初年，藩鎮叛亂，奔赴奉天勤王，亂平之後，德安返回京師，罷歸東都，以秘書監致士，逝亡。

　　穆寧為官正直並且家法嚴謹，他教育諸子，重視身教，以身作則，「事寡甚恭」，嘗撰《家令》訓諸子，人一通。教戒諸子曰：「君子之事親，養志為大，吾志直道而已。苟枉而道，三牲五鼎非吾養也。」穆寧以「養志」為之首，培養「直道」精神，此為家風。「養志」應是孟子所云「浩然正氣」「正（仁）道精神」，作為人生的價值觀。他的兒子「贊、質、員、賞」在朝為官，「皆以守道行誼顯」，史書論述穆氏兄弟「兄弟皆和粹，世人珍味目之」「近代士大夫言家法者，以穆氏為高。」

　　2. 柳公綽家族：家學與家風

　　《舊唐書》卷 165〈柳公綽傳〉載：

> 柳公綽字起之，京兆華原人也。祖正禮，邠州士曹參軍。父子溫，丹州刺史。公綽幼聰敏。……公綽性謹重，動循禮法。屬歲飢，其家雖給，而每飯不過一器。歲稔復初。家甚貧，有書千卷，不讀非聖之書。為文不尚浮靡。事繼親薛氏三十年，姻戚不知公綽非薛氏所生。性端介寡合，與錢徽、蔣乂、杜元穎、薛存誠文雅相知，交情款密。凡六開府幕，得人尤盛。……盧簡辭、崔璵、夏侯孜、韋長、李續、李拭皆至公卿。為吏部侍郎，與舅左丞崔從同省，人士榮之。子仲郢，弟公權、公諒。

仲郢字諭蒙，元和十三年（818）進士擢第，釋褐秘書省校書部。牛僧孺鎮江夏，辟為從事。仲郢有父風，動修禮法，僧孺歎曰：「非積習名教，安能及此！」……仲郢嚴禮法，重氣義。仲郢以禮法自持，私居未嘗不拱手，內齋未嘗不束帶。三為大鎮，廄無名馬，衣不薰香。退公布卷，不捨晝夜。《九經》、《三史》一鈔，魏、晉已來南北史再鈔，手鈔分門三十卷，號《柳氏自備》。又精釋典，《瑜伽》、《智度大論》皆再鈔，自餘佛書，多手記要義。小楷精謹，無一字肆筆。撰《尚書二十四司箴》，韓愈、柳宗元深賞之。有文集二十卷。子珪、璧、玭。珪字鎮方，大中五年（855）登進士第，累辟使府，早卒。璧，

大中九年登進士第。文格高雅。嘗為馬嵬詩，詩人韓琮、李商隱嘉之。玭應兩經舉，釋褐秘書正字。又書判拔萃，高湜辟為度支推官。……初公綽理家甚嚴，子弟克稟誠訓，言家法者，世稱柳氏云。〔註89〕

柳公綽幼年聰敏，但個性謹重，遵守禮法，並且有非常好的文化教養，歷任不同官職，個性耿介，結交文雅之士，侍奉繼母（薛氏）如生母，不惜請調洛陽以利奉養，符合孝道。其子柳仲郢繼承家風「嚴禮法，重氣義」，牛僧隱歎曰：「非積習名教，安能及此！」居家儉僕自奉，謹戒奢華。入仕之後更加經營家學、整理經史，號《柳氏自備》，精選佛經、手記要義、撰經書要箋、編文集等，形成柳氏家學。對日後傳承與子弟應舉入仕，有很大的協助。仲郢之後其子柳珪、柳璧、柳玭三子皆科舉及第，體現士族教育的成效。柳玭為了延續家風，特著《家訓》以戒子孫。特別指出「其失尤大者五，宜深誌之」。〔註90〕柳公綽這家族的傑出表現，被視為「家法者」典範。

柳公綽其弟柳公權是著名書法家「幼嗜學，十二能辭賦。元和初，進士擢第，釋褐秘書省校書郎。……歷穆、敬、文三朝，侍書中禁。……咸通初，改太子少傅，改少師，居三品。二品班三十年。……尤精《左氏傳》、《國語》、《尚書》、《毛詩》、《莊子》。每說一義，必誦數紙」。〔註91〕柳公綽伯父柳子華，歷仕官職，其子公器、公度。公度位止光祿少卿；公器之子遵，遵之子璨，柳璨仕至宰相。〔註92〕京兆華原柳家可以說是晚唐仕宦的顯赫士族。

2、庶民教育與家學

一般庶民家庭，部分接受早期啟蒙教育（詳於後），若要參加科舉，並非一件容易之事。除了個人資賦條件佳優外，尚需要相當經濟能力維持，才有餘裕培養子弟應舉。因此，繼承家庭專業知識、技能或向外學習一技之長以謀生（師徒傳授），成為大多數庶民的選擇。唐代家庭教育中傳授技能主要有農家、手工業、天文曆算、史學、書學、道學與佛學等。〔註93〕醫學教育也藉由家學、寺觀（佛道教）教育傳承下來。〔註94〕在唐代，社會上對專業知

〔註89〕《舊唐書》卷165〈柳公綽傳〉，頁4300～4308。
〔註90〕《舊唐書》卷165〈柳公綽附柳玭傳〉，頁4309。
〔註91〕《舊唐書》卷165〈柳公綽附柳公權傳〉，頁4312。
〔註92〕《舊唐書》卷165〈柳公綽附柳子華傳〉，頁4313。
〔註93〕王厚香、汲廣運，〈論唐代家庭教育〉，文刊《臨沂師範學院學報》23卷3期（2001年6月），頁50～51。
〔註94〕于賡哲，〈唐代醫學教育及醫人地位〉，文刊《魏晉南北朝隋唐史資料》第二

識或教育，似乎存有輕視之風氣。「今朝野士庶咸恥醫術之名，多教子弟誦短文、構小策以求出身之道，醫治之術闕而弗論，吁可怪也」。〔註95〕「巫醫樂師百工之人，君子不齒」。〔註96〕雖是如此，傳統知識與科技，藉著家庭教育、師徒傳授方式等延續下來。

3、婦女教育

一般而言，唐代重視女子教育，女未出嫁前，主要是家庭教育，施教者主要是母親，部分豪門大族，還可能有姆師。部分女生出生名望家族，即幼即秉持家風家訓。施教主要內容有品德行誼、研習詩書、女工、琴瑟音律。平常人家女子也大多能讀書識字。所讀之書，除儒家經典外，也有諸子、史籍、佛道經典，反映時代思想特色。最為流行的女教書是劉向《列女傳》與班昭《女誡》。〔註97〕學者根據敦煌文獻研究指出，唐代大多數女子雖未能與男子般接受學校教育，但社會與家庭隨時隨地都在對女子進行教育，流行於敦煌地區《崔氏夫人訓女文》，即是顯例。〔註98〕

（七）社會教育

社會教育大抵上可分為「義學」、「社學」、「俗講」等三類。在敦煌文書中，有「義學」之名，敦煌殘卷末有題記「乾元二年（759）一月二十六日義學生王老子寫了，故記之也。」在唐代西州高昌縣阿斯塔那墓發現唐寫本《論語鄭氏注》殘卷，是由高昌縣寧昌鄉厚鳳里「義學生人天壽，年十二，狀□」書寫。卜氏在同卷書另一處書寫「景龍四年（710）三月一日私學卜天壽□」證明西州也有義學存在，而義學即是私學。〔註99〕

在出土敦煌文獻中，不少社邑文書，在私社（民間結社）教育或教化功能的記載主要保存在社條和社文中，其中對私社教育最重要是「社齋文」，從文獻中顯現私社教育功能首先體現儒家文化（如尊卑之禮，朋友之義、忠孝

十輯（2003 年 12 月），頁 156～158。
〔註95〕孫思邈，〈千金要方序〉，文刊《全唐文》卷 158，頁 712。
〔註96〕《韓昌黎集》卷 1〈師說〉，頁 24。
〔註97〕周愚文，〈唐代婦女與家庭教育初探〉，收錄周愚文、洪仁進主編，《中國傳統婦女與家庭教育》（台北：師大書苑，2005 年），頁 9～36。
〔註98〕趙跟喜，〈敦煌唐宋時期的女子教育初探〉，文刊《敦煌研究》2006 年 2 期（2006 年 5 月），頁 91～96。可以參考朱鳳玉〈敦煌蒙書中的婦女教育〉，收錄周愚文、洪仁進主編，《中國傳統婦女與家庭教育》，頁 37～57。
〔註99〕高明士，〈敦煌的私學〉，收錄《中國中古的教育與學禮》，頁 510～511。

等），次為佛教，儒家文化教育明顯占據主導和支配地位。私社教育和教化不僅有助於其成員道德的養成，有利於維持社會穩定和鄉里的和睦，對文化的傳承也具有積極意義。〔註100〕敦煌儒學也對吐蕃產生深刻的影響。〔註101〕

　　唐代佛教盛行，為了進行宣教，出現講唱文學，是謂「俗講」，俗講文學是「變文」，它是為了教化普遍民眾，將佛教經義通俗化的結果。其教育的目的在於「普觀四眾，依教修行」，俗講地點通常在寺院，藉情節曲折的故事來說明教義，深受下層民眾的歡迎。「俗講」的內容除佛教經義、故事之外，也將儒家核心思想：「孝」、禮教傳統、讀書仕進的理念加以傳播，可以說是充當儒家思想社會化的有力工具。〔註102〕

（八）書院（或書堂）

　　「書院」之名，最早於唐玄宗「麗正」、「集賢」書院。但此時之書院具有中央圖書館收藏功能，尚有利輯經籍、備皇帝顧問，訪求賢才之職能，並無實際地教學活動，無學校教育性質。〔註103〕

　　在唐代也出現一些私人讀書處被稱書院，基本上是學者或士人讀書研討學問或聚會交誼場所。在晚唐，因雕板印刷術研發達，書籍大量印刷，出現藏量甚多的書院，但大多數並無講學（或教學）活動。唐末江西江州陳氏「東佳書堂」已具有教學活動。

　　徐鍇〈陳氏書堂記〉：

> 潯陽廬山之陽，有陳氏書堂。其先蓋陳宜都王叔明之後。……伯宣因
> 來居廬山，遂占籍於德安之太平鄉常樂里，合族同處，迨今千人。……
> 袞……我唐烈祖中興之際，詔復除而表揭之，旌其義也。袞以為族既

〔註100〕郝春文，〈唐後期五代宋初敦煌私社的教育與教化功能〉，收錄韓昇主編，《古代中國：社會轉型與多元文化》（上海：上海人民出版社，2007 年），頁 218～330。相關資料可以參考（1）乜小紅著，《俄藏敦煌契約文書研究》（上海：上海古籍出版社，2009 年），頁 52～66。（2）鄭志明〈敦煌寫本家教類的庶民教育〉收錄《第二屆敦煌國際研討會論文書》（台北：漢學研究中心，1991年），頁 125～144。

〔註101〕陳炳塵，〈從敦煌資料看儒學對吐蕃的深刻影響〉，文刊《敦煌研究》2004 年第 4 期（2004 年 12 月）。

〔註102〕黃書光主編，《中國社會教化的變革與傳統》（濟南：山東教育出版社，2005年），頁 219～229。

〔註103〕任育才，《唐型官學體系之研究》，頁 132。關於具有教學功能書院首次出現於何時，歷來有三種說法。唐代、五代、宋代之說，各有所宗。參考周愚文，《中國教育史綱》，頁 264。

庶矣，居既睦矣，當禮樂以固之，詩書以文之，遂於居之左二十里曰
東佳，因勝據奇，是卜是築，為書樓堂廡數十間，聚書數千卷，田二
十頃，以為遊學之資。子弟之秀者，弱冠以上皆就學焉。〔註104〕
「東佳學堂」不僅是種家（族）教，兼具藏書、學田、教學三種功能，從其
藏書（聚書數千卷）、教學（弱冠以上皆學焉）來看，東佳書堂是一所標準的
書院，從此角度來看，具有教學功能的書院是起源於唐代。〔註105〕**根據研究，**
唐末五代已經出現很多書院、書堂。〔註106〕

（九）寺院（或宗教）教育

寺院教育以佛、道教為主，不含其它宗教。以僧尼、道士為教育對象不
包括世俗人士。如前所述，道教列為官方教育系統之一。道教深受統治者喜
愛，甚至迷信金石丹藥、齋醮祈禳之術，士人階層服食丹藥盛行。道教發展
雖不如佛教，但在經戒、符籙傳授更加系統與規範化；齋醮禮儀也更為制度
化，使得道教教育更進一步的發展。〔註107〕

佛教除前述山林寺院、俗講教育外，佛教宗教教育注重師承，與漢儒師
法相似，而在師承基礎上分家，如禪宗後分五家。〔註108〕**唐代佛教教育最顯**
著的是「義林」（闡發佛理、講經論壇），使得佛教哲理得以充分發揮，也形
成不同的宗派。〔註109〕

唐代中晚期，儒、釋、道教的教育，趨向融合，道家吸收儒家的忠孝仁
信等倫理思想；儒家吸收道家的道家學說及宇宙生成、萬物化生說。佛教天
台宗也將儒家人性論，道家長生的神仙思想納入佛教。這些都是打破宗教（或
學派）的界限而互相吸收，這對日後「三教融合」，以至於「理學」的產生，
開闢了一條大道。〔註110〕

〔註104〕徐鍇，〈陳氏書堂記〉，文刊《全唐文》卷 888，頁 4114。
〔註105〕張勁松，〈唐代江州陳氏東佳書堂的性質問題當議〉，收錄卞孝萱、徐雁平編，
　　　　《書院與文化傳承》（北京：中華書局，2009 年），頁 73。
〔註106〕李兵，《書院教育與科舉關係》（台北：台灣大學出版中心，2005 年），頁 24
　　　　～25。
〔註107〕孫昌武著，《隋唐五代文化史》（上海：東方出版中心，2007 年），頁 380～381。
〔註108〕丁綱著，《中國佛教教育：儒佛道教育比較研究》（成都：四川教育出版社，
　　　　1988 年），頁 115。
〔註109〕介永強，〈隋唐長安佛教義林與義學風尚〉，文刊《陝西師範大學學報》（哲學
　　　　社會科學版）36 卷 2 期（2007 年 3 月），頁 25～31。
〔註110〕王洪軍著，《中古時期儒釋道整合研究》（天津：天津人民出版社，2009 年），

二、私學與官學的比較

　　就整體而言，私學教育與官學有些顯著的差異。一、就以教育目的而言：官學以培養官僚、專業人才為主；而私學則有研習學術、佛道、詩文，準備科舉為主要目的，尤其又以應舉登第為主要職志。二、就學生資格而言：官學保留社會階級性，其後則有平民化的趨向；相對於官學，不論門第、出身，只要有志向（或有資財），就可成為某一類型的私學學生。三在師資方面：官學礙於政府規定，師資有其規範；但私學師資多元化，「聞道有先後，術業有專攻」〔註111〕皆可以為師。四在教材方面：官學以經學、專業為範圍，與科舉制度脫勾；民間私學除了經學教育，也教授文學、詩賦、佛道、經濟生產等內容，但以應舉準備為其重點。五、論教學方法：官方大體以講述法大班（型）上課為主；〔註112〕而私學教學常有個別性、辯論式教學，績效較佳。師生關係密切，中晚唐韓愈、柳宗元、呂溫等人推動古文運動、新經學運動，蔚成風潮，既是藉教育網絡而展開。

第三節　私學教材

　　唐代官學教材以經學、史學與專業教材為其內容，但私學教材則不同，除了個別士大夫家庭之家學之外，當時名人文士的文學作品，如李白、杜甫、元稹、白居易詩歌；韓愈、柳宗元的散文，也是當時考生舉子、兒童研習的作品。在準備投考前，學子都事先學習啟蒙（或蒙書）材教，《文選》、聲韻之學以應試。

一、重要的蒙書教材

　　在中國蒙學讀物（教材）發展史上，隋唐五代是個過渡時期，一方面沿用舊有舊有的識字讀本，一方面又創編一些新內容的讀物。〔註113〕童蒙讀物

　　　　頁 252～35。
〔註111〕《韓昌黎集》卷 1〈師說〉，頁 25。
〔註112〕周愚文指出講述法有其優點：方便、經濟、省時。但其缺點是單向式教學，以致不易引起學生興趣主動學習，刺激源少變化，以致學生不易集中注意。氏著〈認知領域的教學方法與策略〉，收錄黃光雄主編，《教學原理》（台北：師大書苑，1995 年），頁 118～120。
〔註113〕徐梓，《蒙學讀物的歷史透視》（武漢：湖北教育出版社，1996 年），頁 51。

在唐代可分官方、民間兩類。《千字文》、《百行章》、《孝經》屬於官方版蒙學教材，其它如《開蒙訓要》、《蒙求》、《兔園策府》、《太公家教》則屬於民間版本。政府版《百行章》、《孝經》有強烈政治色彩，重視儒家倫理道德教育，反映「崇聖尊儒」的文教政策。民間版固然有人倫理教處世道理的內容，但也有生活實用知識，應考科舉所需要的能力培養。茲將唐代重要蒙書教材，簡要列表十九，並加以說明：

表十九：唐代流行的重要蒙書教材

類　別	名　稱	作　者	主　要　內　容　或　特　色
識字類	千字文	南朝周興嗣	編成韻文，方便背誦
識字類	開蒙要訓	六朝馬仁壽	由淺入深，循次漸進
知識類	蒙求	唐代李　翰	歷史、成語故事為主
知識類	兔園策府	唐代虞世南	對偶駢體書寫，協音成韻，易於諷誦
德行類	百行章	唐代杜正倫	大量道德化教材
德行類	太公家教	唐代作者不詳	淺易白話、俗語寫作

（一）千字文

　　《千字文》一般認為是南朝梁武帝時周興嗣所撰寫，在南北朝是重要字書。它編成韻文，方便背誦，內容天文地理、歷史典故、禮義倫常等皆包涵其中，四句一字，簡明要理，深受歡迎，流傳到唐代，成為著名的啟蒙教材。唐末時局動亂，顧蒙「避地至廣州，困於旅食，書《千字文》授于聾俗（愚昧之人），以換斗筲之資」。〔註 114〕即是流傳的明證。

（二）《開蒙要訓》

　　《開蒙要訓》是唐代重要童蒙教材之一，為六朝馬仁壽所撰，此書流傳於敦煌地區，到宋代便佚亡。此書內容豐富，知識層面很廣，主要目的在啟迪兒童，有由淺入深、循次漸進的特點，是中唐以前普遍的蒙學教材。它強調人倫禮法的重要性，作為識字教材《開蒙要訓》既能啟智兒童的智慧發展，也有利對兒童進行齊家治國等多方面的思想教育與培育。唐初由尚武精神以及均田、租庸調法的實施，因《開蒙要訓》內容不少農業、農具知識，頗受到重視，但自玄宗後科舉制度盛行，與社會風尚產生差距，因此，流傳範圍

〔註 114〕　《唐摭言》卷 10〈韋莊奏請追贈不及第近代者（顧蒙）〉，頁 348。

縮至邊陲敦煌地區。〔註 115〕

（三）《蒙求》

《蒙求》是唐代童蒙用書，可能是唐代李翰所撰。此書內容是歷史與成語故事為主，四字一句，兩句一韻，每句皆有一件歷史故事，藉用講述歷史故事的過程中，達到道德禮義的教化作用，這種以歷史故事為教材的教學方法，吸引兒童對於閱讀與學習的興趣，也可以藉此增加歷史知識。在中唐以後，《蒙求》漸流行於鄉里之間，成為重要兒童學習的讀物。此書受到唐人的重視，與當時科舉考試有關，科考內容中，詩、賦、策均需用典。此書提供考生所需要的知識，有助於求功名者誦習。〔註 116〕

（四）《兔園策府》

《兔園策園》（或名《兔園冊府》、《兔園冊》、《兔園策》）應時唐太宗貞觀年間虞世南所編撰。此書內容，無法詳盡得知，書寫以對偶駢體的文字分類，敘述各種知識屬解比事、協音成韻，以易於諷誦，偶語有四字、五字、六字、七字，內容有〈辨天地〉、〈正曆數〉、〈議封禪〉、〈征東夷〉、〈均土壤〉，全文約三千三百十字。此書有較完整的義理論述，不同以往《急就篇》、《千字文》等字書。此書有助於科舉考試，所以受人重視。〔註 117〕

（五）《百行章》

《百行章》是唐初貞觀年間杜正倫所編寫，是官方頒定的蒙書，共有八十四章，加上序言近五千字，其目的在於推廣「忠孝之道」、「盡節立孝」，欲藉童蒙時期教化，期求成人為當朝忠臣孝子。全書以古代忠臣孝子故事為主軸，大量道德教育的讀本，《百行章》以四六駢體文書寫，用成人眼光來編撰，並未符合兒童身心發展、生活經驗世界，對於童蒙理解與學習上有一定的難度，《百行章》作為唐初官定童蒙教材，並非理想，但它反映政府在教育政策上有「尊儒」的原則。

（六）《太公家教》

《太公家教》是從古代著名兵學之書《六韜》中擷取進德之助之嘉言，

〔註 115〕王一平，《唐代兒童的養與教》（台北：台灣師範大學歷史所碩士論文，2004
　　　　年），頁 114～115。
〔註 116〕周愚文，《中國教育史綱》，頁 367～368。
〔註 117〕周愚文，《中國教育史綱》，頁 366～367。

所載是太公對文王所說的話。文句淺白通俗，其書寫形式，全文除了少部分字數多寡不一外，絕大部分是作四字韻語，而押韻的方式是兩句一韻，全書約二千五百字左右，文句以四字成語為多，也有字句長短參差。此書內容雜引《孝經》、《論語》、《漢書》、《說苑》等書與古代聖賢行誼編輯而成，大多為做人處事道理，倫理道德的教材。〔註 118〕茲介紹《太公家教》重要部分加以分析：

> 經論曲直，《書》論上下，《易》辯剛柔，《詩》分風雅。禮樂興行，信義成著，仁道立焉。禮上往來，尊重高下，得人一牛，還人一馬；往而不來，非成禮也，來而不往，亦非禮也；知恩知報，風流雅儒，有恩不報，豈成人也。事君盡忠，事父盡孝。禮聞來學，不聞往教。捨父事師，必望功效。先慎口言，欲整容貌。善事須貪，惡事莫榮。直實在心，莫作詐巧。孝子事親，晨省暮參，知飢知渴，知暖知寒，憂則同感，樂則同歡。……臣無境外之交，弟子有束脩之好。一日為君，終日為主；一日為師，終身為父。……立身之本，義讓為先。……勤學之人，必居官職，良田不耕，損人功力，養子不教，費人衣食。……積財千萬，不如明解一經；良田千頃，不如薄藝隨臨，慎是護身之符，謙是百行之本。……余之志也，四海為宅，五常之家；……唯貪此書一卷，不用黃金千車；集之數韻，未辨疵瑕；本不呈於君子，意欲教於童兒。〔註 119〕

《太公家書》原本是教育子弟用書，從以上部分內容來分析，大半是在教育忠孝、禮節、教與學的重要性，也論述敬慎、擇友、謙讓、勤儉、行善等道德在為人處世的重要性，具備良好的教育價值，可以說是教育兒童的優良讀物。根據學者研究，作者取材是一、「依經傍史」：以經書中的嘉言粹語與史傳中的人物事蹟為取材範圍與依據，二是「約禮時宜」：即配合時代風氣與社會禮俗的要求。〔註 120〕其書成年代約在「安史之亂」後，憲宗「元和中興」（755～806）之間。〔註 121〕《太公家教》流傳甚廣，經常是鄉村間兒童的教材；由於作者可能是鄉村教書的宿儒，所以內容不少是以接近白話、俗語來寫作，提高學童的

〔註 118〕 王建堯，〈唐代啟蒙教材之探討〉《中國文化月刊》文刊第 23 期（1999 年 12 月），頁 46～48。

〔註 119〕 周鳳五，《敦煌寫本太公家教研究》（台北：明文書局，1986 年），頁 10～27。

〔註 120〕 周鳳五，《敦煌寫本太公家教研究》，頁 41～50。

〔註 121〕 周鳳五，《敦煌寫本太公家教研究》，頁 94。

興趣，對於理解效果、創造想像與啟發作用等皆有很大的幫助。

（七）敦煌地區蒙書

此外根據學者研究唐五代敦煌地區的蒙書，除上述蒙童教材之外，在敦煌地區也出土 1.《新合六字千文》，於《千字文》每句各加兩字，六字一句，對偶押韻，內容與《千字文》類同，共約一千五百字，2.《俗務要名材》適應當地民間日常生活的語彙，加以分類編排之字書，知識層面的深度僅於名詞介紹，提供孩童學習檢索的工具書，具有了解語言音韻變化與生活名詞檢索的功能，3.《雜集時要字》集合當時現實生活，常見生活字詞編匯而成，共約一千三百字，採用「義類分部，立有類名」，如車部、果子部、彩色部、酒部，著重實用屬於功能性的工具，4.《碎金》：全書一卷，以平、上、去、入四聲編排，共有四百二十人條語詞，是極少數注意的字書，5.《雜抄》廣泛介紹現實生活最具實用價值之綜合性知識啟蒙材教，可稱是生活小百科全書，共有五千餘字，採用一問一答形式，組織成編，是相當理想而有效的語文教學形成。6.《孔子備問書》以一百五十五問答形式所編，屬於綜合知識類，有較多宗教內容。7.《古賢集》歷史知識類，八十句，五百六十字，七言詩體，具有平仄協調隨意轉韻特色，易於背誦、朗讀，也可獲得歷史知識。〔註 122〕

此外，尚有《敦煌二十四孝》與《敦煌童話寓言》，前者是為短篇故事形式，描寫二十四孝的孝訓事蹟，作為兒童基礎道德教育，呈現以「孝」為中心的儒家思想、在整個兒童教育的重要性。〔註 123〕後者有鷰子賦、茶酒論兩篇，在描寫技巧、內容情節、作者寓意，以兒童文學觀點來看，都可稱得上成功的作品，作品本身充滿了「幻想」，更是它的一大特色。鷰子賦中，充分顯示公理不畏強權，正義終得伸張的真理；茶酒論則具有知識性價值的作品。〔註 124〕近期敦煌出土的《上大夫》也是著名的童蒙讀物。此讀物研判應是唐中晚期流行敦煌地區的作品；它不僅是通俗讀物，也是兒童學習字的仿書。《上大夫》因其字少，簡單易學，又合於學習心理，易收學習成效，因此唐代以來一直是學童識字習字之最初教材。〔註 125〕

〔註 122〕羅宗濤、任允松，〈敦煌蒙書的時代性〉，文刊《敦煌學》第 27 輯（南華大學敦煌學研究中心編著），2008 年 2 月，頁 397～414。

〔註 123〕雷僑雲，《敦煌兒童文學》（台北：台灣學生書局，1985 年），頁 86～89。

〔註 124〕雷僑雲，《敦煌兒童文學》，頁 161。

〔註 125〕朱鳳玉，〈敦煌寫本蒙書《上大夫》研究〉，收錄中國唐代學會，中正大學中文系、歷史系主編，《第五屆唐代文化學術研討會論文集》（高雄：麗文文化

　　近幾十年來，出土敦煌民間童蒙教育主要教材是《千字文》、《開蒙訓要》、《太公家教》等三件抄本，數以千計，可見其普及程度除少數家庭可上縣學、寺學之外，大多數的農家子女，也只能接受家庭教育，學習待人接物的禮節，學習生產生活的知識與技能。〔註 126〕

二、應考書籍

（一）《昭明文選》（簡稱《文選》）

　　《昭明文選》是中國文學史上編選的首部文學總集。它匯集六朝以前各家優秀作品，廣受唐代知識分子的重視。唐初曹憲以《文選》教授學生；李善相繼傳授，使文選更為盛行。李善為《文選》作注釋、教授傳業，逐漸發展出專門學術：文選學。唐代文人、士族居家必備《文選》，充當子弟投考科舉必備的參考書籍，當時所謂「《文選》爛，秀才半」，熟精《文選》使得文學典雅宏麗，「持以教兒子，自是應舉捷徑也。」在敦煌出士文獻中訓蒙類有《秦婦吟》、《燕子賦》、《子虛賦》、《滄浪賦》、《李陵與蘇武書》、《王梵志集》、《李嶠百詠》等，說明《文選》也流行於西北關隴地區。〔註 127〕唐武宗宰相李德裕出身趙郡士族，年輕時「恥與諸生，從鄉賦，不喜科試。年纔及冠，志業大成，貞元中，以父讒逐蠻方，隨侍左右，不求仕進」。〔註 128〕他言及祖父李木酉筠雖於天寶末年登第，「自後不於私家置《文選》，蓋惡其祖尚浮華不根藝實。然朝廷顯官，須是公卿子弟。何者？自小便習舉業，自熟朝廷間事，臺閣儀範，班行准則，不教而自成。寒士縱有出人之才，登第之後，始得一班一級，固不能熟習也」。〔註 129〕出身士族的李德裕厭惡《文選》，正反映私家廣置以應考的事實。

（二）音韵（韻）之書（韻書）

　　音韻之書是將文書按韻編排，以分辨韵調，確定讀音之書。唐代產生不少韻書，統稱《唐韻》。這些雖是官韻，但其實是私人獨立修撰而進奉於朝廷，

　　　　出版社，2001 年），頁 87～104。
〔註 126〕楊際平、郭峰、張和平著，《五～十世紀敦煌的家庭與家族關係》（長沙：岳麓書社，1997 年），頁 79～80。
〔註 127〕李浩，《唐代關中士族與文學》（台北：文津出版社，1999 年），頁 158。
〔註 128〕《舊唐書》卷 174〈李德裕傳〉，頁 4509。
〔註 129〕《舊唐書》卷 18（上）〈武宗紀〉會昌五年十二月條，頁 603。

而由政府頒定，最著名的有：1.題為唐玄宗御撰《韻英》五卷，2.顏真卿主持編撰《韵海鏡鴻》三百六十卷。尚有孫緬《唐韻》是根據隋代陸法言《切韻》改編而來。〔註130〕由於韻書在科考中詩賦創作十分重要，因此，私家收藏、抄寫韻書成為社風。家中有應試之子弟的家庭，私人傳授的私塾、隱居山林之舉子，也大多必備韻書參考習作。王國維云：「唐代盛為詩賦，韻書當家置一部，故陸（陸法言）、孫（孫緬）二韻，當時寫本當以萬計。……韻書為唐時詩賦所需，當時移寫者，當不下數萬部。故不獨書名互異，即各本卷詳細，亦不盡同」。〔註131〕科舉進士科，帶動韻書的學習與唐詩的創作。

在唐代，幼童學習聲韻，誦詠名人之詩、文章作品，成為社風，功名利祿驅使，詩歌成為士人，考生必學之路。楊綰在《論貢舉疏》云：「幼而就學，皆誦當代之詩；長而傳文，不越諸家之集」。〔註132〕中唐詩人元稹在《白氏長慶集序》云：「予于平水市中見村校諸童競習詩，召而問之，皆對曰：「先生（村校老師）教我樂天（白居易）、微之（元稹）詩」。〔註133〕白居易云：「自長安抵江西三、四千里，凡鄉校、佛寺、逆旅、行舟之中，往往有題僕詩者」。〔註134〕學童幼而讀詩，年長考詩賦，這種詩賦的考試制度，帶動社會上詩歌的普及，也使得唐代成為中國詩歌的黃金時代。《唐才子傳》卷 9〈公乘億〉載：「億，字壽山，咸通十二年（871）進士。善作賦，擅名場屋間，時取進者，法之，命中」。〔註135〕公乘億善於寫賦，在科舉考場上很有聲名，當時很多希望藉由科考仕宦的人都效仿他的作品以利通過考試。

唐代士人參加科舉，其所研習課程，茲以唐代墓誌銘幾個案例，加以補充說明。

盈〈大唐故將作監丞清河邵張府君墓誌銘并序〉：

（張）公諱寧，字仁則，其先貝州郡清河人也。……幼習經籍，鄉舉孝廉，早工翰墨，跡近羲獻。〔註136〕

〔註130〕肖占鵬、李廣欣著，《唐代編輯出版史》（天津：南開大學出版社，2009 年），頁 84～85。
〔註131〕王國維，〈書吳縣蔣氏藏唐寫本《唐韻》後〉，收錄《觀堂集林》卷 8〈《唐韻》校記自序〉（北京：國家圖書館出版社出版，2009 年），頁 272～273。
〔註132〕《舊唐書》卷 119〈楊綰傳〉，頁 3434。
〔註133〕《元稹集》卷 51〈元氏長慶集序〉，頁 554。
〔註134〕《白居易集》卷 45〈與元九書〉，頁 957。
〔註135〕《唐才子傳》卷 9〈公乘億傳〉，頁 536。
〔註136〕□盈，〈大唐故將作監丞清河邵張府君墓誌銘並序〉，收錄周紹良編，《唐代墓

鄭涵〈大唐故懷州錄事參軍崔公合祔墓誌銘〉：

公諱稑，字嘉成，清河東武城人。……公幼承德訓，雅有深致，弱冠治魯春秋與虞夏商周之書，薦於有司，經明上第，釋褐參陝州大都府軍事。〔註137〕

崔周冕〈唐故鄉貢進士京兆韋府君墓誌銘並序〉：

公（韋行素）善屬文，尤攻詞賦，其體麗而壯，調清而遠，性稟中和，卓然獨立，使文學俱成，垂譽於世。……寶曆歲秋，赴賓薦，應進士舉，芳聲藹然，實後來之光烈。〔註138〕

袁都〈唐故國子監禮記博士趙公墓誌銘〉：

公諱君旨，字正卿，天水人也。……公孝友純至，耽習儒訓，尤好為禮學。……遂取禮書陳於前，日夜諷誦不倦。業既就，來上國，應三禮科，果得高第，因授右監門錄事參事，又歷國子監助教及丞。誘教生徒，多所發明，莫不遵順指義，洗拂訛誤。人人敬仰之，以為師。〔註139〕

李惲〈大唐故魯氏墓誌之銘〉：

（魯）謙字益之，魯氏第二字。……年七歲，好讀詩書，旰食忘寢，勤學不輟，師喻以文義，皆記之心腑。未逾十五，孝經、論語、尚書、爾雅、周易皆常念，禮記帖盡通。又為文章，格韻清峻，罕有其儔者，學鍾王歐褚之書，並得妙絕。〔註140〕

○○〈唐故朝請大夫慈州刺史柱國賜緋魚袋謝觀墓誌銘並序〉：

（謝觀）生世七歲，好學就傅，能文。及長，著述凡冊卷，尤攻律賦，似得楷模，前輩作者，往往見許。開成二年（837）舉進士，中第，釋褐曹州冠句縣尉。〔註141〕

誌銘彙編（下）》，〈元和○○九條〉，頁1954。

〔註137〕鄭泳，〈大唐故懷州錄事參軍崔公合祔墓誌銘〉，收錄於周紹良編，《唐代墓誌彙編（下）》，〈元和一○一條〉，頁2019。

〔註138〕崔周冕，〈唐故鄉貢進士京兆韋府君墓誌銘並序〉，收錄於周紹良編，《唐代墓誌彙編（下）》，〈大元○○七條〉，頁2099。

〔註139〕袁都，〈唐故國子監禮記博士趙公墓誌銘〉，收錄於周紹良編，《唐代墓誌彙編（下）》，〈大元○八七條〉，頁2158。

〔註140〕李惲，〈大唐故魯氏墓誌之銘〉，收錄於周紹良編，《唐代墓誌彙編（下）》，〈咸通○六四條〉，頁2354～2355。

〔註141〕○○，〈唐故朝請大夫慈州刺史柱國賜緋魚袋謝觀墓誌銘並序〉，收錄於周紹

元仲容〈唐故鄂岳觀察推官監察御史裏行上柱國元公墓銘並序〉：

　　公諱袞，字山甫，仲容之元兄也。小有奇質，卓然不群。……六歲
　　入小學，讀孝經。……七歲學論語，日讀數篇。……未十歲通左氏
　　傳，十四擢明經。貞元初，調補汝州參軍事。〔註 142〕

田舜夫〈大唐故楊府君墓誌銘〉：

　　公諱行立，字知道，其先弘農人。……七歲通孝經、論語，十歲明
　　詩、禮。嘗曰：事父母能竭其力，事君能致其身，可以終身之矣。

　　〔註 143〕

段廓〈唐故鄉貢進士段府君墓誌銘並序〉：

　　公諱庚，字甚夷。……幼樂詩書，受性端潔。……年十四舉孝廉，
　　兩試春闈不中，選退而謂伯仲曰：時之高重者文舉，所貴者爵位。
　　吾觀今之高貴，未有不遊藝俊造而致身於霄漢也。遂博覽九經、
　　諷誦六義，得相如之遺格，有子建之餘風，十戰文場，一登策試。

　　〔註 144〕

從上述實例，大致可以了解唐代士人應舉前研習的大致輪廓。唐代士人參加
科舉，有的自幼從師學習，也有自修以應舉。自幼研習論語、孝經是基本內
容，書法似乎也是必須學習的項目。其後應付科舉項目，才有不同研習方向。
投考明經科尚經書、儒術；投考進士科則重詩文、律賦；也有專攻某一科如
袁都，投考三禮科、呈現「考試主導學習」的現象。唐代中晚期重進士科，
貴爵位的風尚，也可由段庚之言加以論證。晚唐《雜抄》在敦煌遺書出土，
列舉學習教材有《史記》、《三國誌》、《春秋》、《老子》、《三禮》、《周禮》、《離
騷經》、《流（劉子）》、《爾雅》、《文場秀》、《（莊）子》、《切韻》、《毛詩》、《孝
經》、《論語》、《急就章》、《文選》、《漢書》、《典言》、《尚書》、《尚書幾家書》、
《開蒙要訓》、《千字文》等，〔註 145〕可以作為最好實證。

　　良編，《唐代墓誌彙編（下）》，〈咸通○六四條〉，頁 2428。
〔註 142〕元仲容，〈唐故鄂岳觀察推官監察御史裏行上柱國元公墓銘並序〉，收錄於周
　　　　紹良編，《唐代墓誌彙編續集》（上海：上海古籍出版社，2007）〈大元○二三
　　　　條〉，頁 816。
〔註 143〕田舜夫，〈大唐故楊府君墓誌銘〉，收錄於周紹良編，《唐代墓誌彙編續集》，〈咸
　　　　通○一五條〉，頁 934。
〔註 144〕段廓，〈唐故鄉貢進士段府君墓誌銘並序〉，收錄於周紹良編，《唐代墓誌彙編
　　　　續集》，〈咸通○八一條〉，頁 1096。
〔註 145〕高明士，〈敦煌的私學〉，收錄《中國中古的教育與學禮》，頁 521。

第四節　私學與科舉

一、追逐功名

　　由於科舉及第，登仕入宦，關係個人、家庭與家族。因此家中男子只要有成材的希望，家中成員通常願意對此教育投資而付出代價。在唐代，不少士庶之家自幼兒時期即開始背通蒙書、基本經典、練習書法、詩賦作品等以培養文藝修養，藉著官學、私學途徑接受教育。在唐中晚期，官學教育的衰沒，私學教育成為主流，很多著名的名士、文人、官僚等以此登上文壇與政界，最有名的實例是元稹與白居易，以期最後能夠熟練地寫入，成功通過科考的試驗。

　　《舊唐書》卷 166〈元稹傳〉載：

　　　稹八歲喪父。其母鄭夫人，賢明婦人也，家貧，為稹自授書，教之書學。稹九歲能屬文。十五兩經擢第。二十四調判入第四等，授秘書省校書郎。……臣八歲喪父，家貧無業。母兄乞丐，以供資養。衣不布體，食不充腸。幼學之年，不蒙師訓。因感鄰里兒稚有父兄為開學校，涕咽發憤，願知《詩》、《書》。慈母哀臣，親為教授。年十有五，得明經出身，由是苦心為文，夙夜強學。年二十四，登吏部乙科，授校書郎。年二十八，蒙制舉首選，授左拾遺。始自為學，至於升朝，無朋友為臣吹噓，無親戚為臣援庇。莫非苦己，實不因人，獨立性成，遂無交結。〔註 146〕

　　《舊唐書》卷 166〈白居易傳〉載：

　　　及五六歲，便學為詩，九歲諳識聲韵。十五六，始知有進士，苦節讀書。二十已來，晝課賦，夜課書，間又課詩，不遑寢息矣。以至于口舌成瘡，手肘成胝，既壯而膚革不豐盈，未老而齒髮早衰白，瞀然如飛蠅垂珠在眸子中者，動以萬數，蓋以苦學力文之所致。又自悲家貧多故，年二十七，方從鄉賦。既第之後，雖專於科試，亦不廢詩。〔註 147〕

元稹八歲喪父，家境貧寒，無力上學，藉由母親鄭夫人親自教授讀書。在十五歲時考上明經科後，更苦心研習寫作，不分晝夜，到二十四歲，考中吏部乙科，授任校書郎。二十八歲，考制舉第一名，授任左拾遺。從就學到仕官，

〔註 146〕　《舊唐書》卷 166〈元稹傳〉，頁 4327～4334。
〔註 147〕　《舊唐書》卷 166〈白居易傳〉，頁 4347。

皆靠自身努力，沒有親朋為其引薦庇護。自居易「家貧多故」自幼學作詩，記聲韻，刻苦讀書以應舉，勤作詩賦、文章等，以致口舌生瘡，手肘長繭，長大以後體膚不豐滿，未老而齒髮衰白，眼睛昏花，是因早年刻苦學習所導致結果。元稹藉由母教、自學；白居易依靠自修勤學，終於登科及第。而白居易卻因此付出健康的代價。除家教、自學之外，士子習業山林寺院風氣盛行，其目的也大多志在科舉。在唐中葉後，產生很多傑出的人物。在一百數十人，幼年習業山林可考見於載籍已有十七人，有名臣、文章宗伯、詩文名家、才子名士等，可見習業山林寺院之盛。〔註148〕

二、中舉與落第

科舉考試最具有戲劇性的是孟郊的故事，他雖有才華，但科場運氣不佳之人。他首次落第、二次落第、及第後以詩表達他的心境。

〈落第〉：

曉月難為光，愁人難為腸。
誰言春物榮，獨見葉上霜。
雕鶚失勢病，鷦鷯假翼翔。
棄置復棄置，情如刀劍傷。

〈登科後〉：

昔日齷齪不足夸，今朝放蕩思無涯
春風得意馬蹄疾，一日看盡長安花。

〔註149〕

〈再下第〉：

一夕九起嗟，夢短不到家
兩度長安陌，空將淚見花

落第使他痛苦絕望，眼看所見是沒有生機的景象，內心傷刀劍刺傷般。二次落第，使他悲痛而不能入眼，輾轉反側起身，長嗟短歎，夢想返家。四十六歲哪年，孟郊再次赴考，終於及第。他喜歡興奮若狂，春風得意，盡情放蕩。咸通十二年（871）進士及第的許棠也是一個顯例。宣州人許棠，「久困名場」，直到五十歲才進士及第，覺得筋骨輕健，「愈為少年」，視為「孤進之還丹」。〔註150〕顯現科舉備盡辛酸，苦盡甘來的喜悅。

科舉考試可以是種「折磨」的工作，無人可以完全掌控自己的命運與未來。密集練習如口誦記憶撰寫文章，在孤寂的空間（書房）很容易產生強烈

〔註148〕嚴耕望，〈唐代習業山林寺院之風尚〉，頁415。
〔註149〕《唐詩紀事》卷35〈孟郊〉，頁538。
〔註150〕《唐才九傳》卷9〈許棠〉，頁525。

壓迫感與焦慮感。無庸置疑，對於很多的考生而言，這種心理狀態（或疾病），遇到落第的巨大打擊、挫敗，就很容易產生叛亂領袖如黃巢等人，都是著名科舉落第生，成摧毀唐王朝重要關係人。

在唐朝，科舉落第生實例很多，茲幾位著名：

《唐才子傳》卷6〈劉得仁傳〉載：

> （劉）得仁，公主之子也。長慶間以詩名。五言清瑩、獨步文場。自開成後到大中三朝，昆弟以貴戚皆擢顯仕，得仁獨苦工文。嘗立志，必不獲科第，不願儕人之爵之。出入舉場二十年，竟無所成，投迹幽隱，未嘗耿耿。〔註151〕

《唐才子傳》卷9〈高蟾傳〉載：

> （高）蟾，河朔間人。乾符三年（876）孔緘榜及第。……蟾本寒士，遑遑於一名，十年始就。〔註152〕

《唐才子傳》卷9〈李洞傳〉載：

> （李）洞，字才江，雍州人，諸王之孫也。家貧，吟極苦，至廢寢食。酷慕賈長江（賈島），遂銅寫島像，戴之巾中。……昭宗時，凡三上，不第。裴公（裴贄）第二榜簾，前獻詩云：「公道此時如不得，昭陵慟哭一生休。」果失意，流落往來，寓蜀而卒。〔註153〕

《唐才子傳》卷6〈殷堯藩傳〉載：

> （殷）堯藩，秀州人。……元和九年（814）韋貫之放榜，堯藩落第，楊尚書大為稱屈料理，因擢進士。數年，為永樂縣令。〔註154〕

《唐才子傳》卷7〈顧非熊傳〉載：

> （顧）非熊，姑蘇人，況之子也。少俊悟，一覽輒能成誦。工吟，揚譽遠近。……在舉場角藝三十年，屈聲破人耳。會昌五年（845），諫議大夫陳商放榜。初，上洽聞非熊詩價，至是怪其不第，敕有司進所試文章，追榜放令及第。劉得仁賀以詩曰：「愚為童稚時，已解念君詩。及第高科早，須逢聖主知。」〔註155〕

《唐才子傳》卷10〈鄭良士傳〉載：

〔註151〕《唐才子傳》卷6〈劉得仁傳〉，頁393。
〔註152〕《唐才子傳》卷9〈高蟾傳〉，頁531。
〔註153〕《唐才子傳》卷9〈李洞傳〉，頁567。
〔註154〕《唐才子傳》卷6〈殷堯藩傳〉，頁357。
〔註155〕《唐才子傳》卷7〈顧非熊傳〉，頁446。

（鄭）良士，字君夢。咸通中累舉進士不第。昭宗時，自表獻詩五百餘篇，敕授補闕而終。以布衣一旦俯拾青紫，易若反掌，浮俗莫不駭羨，難其比也。……舊言詩，或窮人，或遠人。達者，良士是矣。亦命之所為，詩何能與？過詩則不揣其本也。〔註156〕

上述之實例，科舉落第數年，到三十年不等，雖是貴冑後裔如劉得仁、李洞者，考不上科舉，只能「投迹幽隱」或「昭陵慟哭一生休」。出身貧寒如高蟾者，也歷經「十年始就」。殷堯藩因有楊尚書（楊漢公，時為工部尚書）為其安排照料，因此得以登第進士。更幸運的是顧非熊，由武宗皇帝命令「追榜放及第」。鄭良士「舉進士不第」，藉由「干謁獻詩」於昭宗，得以完成仕宦的美夢。科舉制度，不分貴庶皆可投考，詩賦策論，學識才華固然重要，但是否有機緣，得「貴人」援助，似乎也是很重要的關鍵。社會上對科考及第與否，產生不同的評價。《南部新書》〈丁部〉載：

杜羔妻劉氏，善為詩。羔累舉不第，將至家，妻先寄詩與之曰：「良人的有奇才，何事年年被放回？如今妾面羞君面，君若來時近夜來。」羔見詩，即時回去。尋登第，妻又寄詩云：「長安此去無多地，鬱鬱蔥蔥佳氣浮。良人得意正年少，今夜醉眠何處樓？」〔註157〕

《唐摭言》卷3〈慈恩寺題名遊賞賦詠雜記〉載：

盧肇，袁州宜春人，與同郡黃頗齊名，（黃）頗富於產，（盧）肇幼貧之。與頗赴舉，同日遵路，郡牧於離亭餞頗而已。時樂作酒酣，筆策蹇郵亭側而過；出郭十餘里，駐程俟頗為倡。明年，肇狀元及第而歸，刺史已以接之，大慙恚。會延肇看競渡，於席上賦詩曰：「向道是龍剛不信，果然銜得錦標歸」。〔註158〕

《唐詩紀事》卷35〈彭伉傳〉載：

（彭）伉，宜春人，既登第。伉妻族有湛賁者，猶為邵吏。伉妻即湛姨也。妻族賀伉，坐皆名士。伉居客右，一坐盡傾。而賁飯于後閣，其妻責之曰：男子不能自勵，窘辱如此，復何顏！賁感其言，力學，一舉擢第。（貞元十二年第，796）〔註159〕

〔註156〕《唐才子傳》卷10〈鄭良士傳〉，頁590。
〔註157〕《南部新書》〈丁部〉，頁53。
〔註158〕《唐摭言》卷3〈慈恩寺題名遊賞賦詠雜記〉，頁118。
〔註159〕《唐詩紀事》卷35〈彭伉傳〉，頁551。

杜羔雖有詩才，但卻「累舉不第」，在她妻子的激勵下，考中了進士，她在欣喜之餘，卻又憂慮擔心杜羔是否會在平康里「狎妓吟詩」而流連忘返。從上述例子可以反映一個成男所面臨的「角色緊張」（role stain）。〔註 160〕杜羔、湛賁之例，可以看出其所承受的「社會壓力」。盧肇出身貧窮，地方官員現實而不加理會；只為富有的黃頗餞行。等到盧肇狀元及第返歸，刺史率領衆官盛禮以待，想起去年情景，感到慚愧。地方官員延請盧肇觀看競渡遊戲，盧肇於席上賦詩，竟是一場諷刺，弄得刺史等人羞愧難當。盧肇的際遇，反映及第前後在他人的心目中的地位與社會評會卻是天壤之別。在社會上，對於家族科舉及第，視為無上榮耀。

《大唐傳載》載：

河南馮宿之三子，陶、韜、圖兄弟，連年進士，連年登宏詞科，一時之盛，代無比焉。〔註 161〕

《舊唐書》卷 176〈楊虞卿附楊汝士傳〉載：

（楊）汝士，字慕巢，元和四年（809）及第。……。子知溫、知遠、知權，皆登進士第。……初汝士中第，有時名，遂歷清貴。其後諸子皆至正卿，鬱為昌族。所居靜恭裡，知溫兄弟，並列門戟。咸通中，昆仲子孫，在朝行方鎮者十餘人。〔註 162〕

《南部新書》〈戊部〉載：

博陵崔倕，緦麻親同爨。貞元以來，言家法者，以倕為首。倕生六子，一登相輔，五任大僚。太常卿邠、太府卿鄲、外臺尚書郾、廷尉郇、執金吾鄯、左僕射平章事鄲。邠及郾五知舉，得士百四十八人。邠昆弟自始仕至貴達，亦同居光德里一宅。宣皇聞之，歎曰：「崔鄲家門孝友，可為士族之法矣。」鄲嘗構小齋于別寢，御筆題額號曰「德星堂」。〔註 163〕

上述馮宿楊汝士、崔倕等實例，可以看出士族或官僚家族在科舉上所取得的優勢。他們擁有豐富的文化、社會資本，使得在考試競逐上取得領先地位，不僅科舉及第較容易，未來官宦之途也較為順利。科舉考試帶來少些社會階

〔註 160〕「角色緊張」是指社會期待與規範帶來社會成員所產生的壓力與憂慮。
〔註 161〕《大唐傳》，頁 15。
〔註 162〕《舊唐書》卷 176〈楊虞卿附楊汝士傳〉，頁 4564～4565。
〔註 163〕《南部新書》〈戊部〉，頁 63。

級流動，卻醞成另一種「社會再製」（Social reproduction）。〔註164〕士族藉科舉穩固其既有的地位與權益。〔註165〕科舉制度，作為唐代選才任官的方式，到了唐末五代，混亂腐敗的政局，使得科舉「名存實亡」。「唐末五代權臣執政，公然交賂，科第差除，各有等差。故當時語云：〝及第不必讀書，作官何須事業〞」。〔註166〕

小　結

　　著名學者錢穆云：「中國傳統教育，……往往不重在學校與其所開的課程，而更重要在師資人選。……在中國傳統教育上，更主要者，乃是一種私門、自由教育，其對象則為一種社會教育與成人教育。……中國傳統教育的主要精神，尤重在人與人間之傳道。既沒有如各大宗教之有教會組織，又不憑藉固定的學校場所。只一名師平地拔起，四方雲集，不拘形式的進行其教育事業，此卻是中國傳統教育一特色」。〔註167〕唐代私學的發展與特色，正符應錢穆所論述中國傳統教育的主要特色。

　　唐初私人講學教授大多為當時學者，講學以學術性研究為主，並未依附科舉而傳授。自高宗末年後，科舉制度漸盛行，漸轉為文學辭賦與策論。教育是造就士人的首要環節，科舉本應是教育制度的延續，但卻成為科舉制度來影響唐代教育的發展方向。官學所教以經學為主，社會上所崇尚是進士科。明經科「以帖誦為功，罕窮旨趣」。〔註168〕，要求考生識字、記誦能力；文學尚靈性、資賦，不重師承，可自學而成；策論的難度更高，不僅要有經史基礎，更需要才華、學識與善於寫作，才能及第。因此，政府官學無法滿足考生之需求，而逐漸衰沒。中晚唐後，聚徒講學、書院、自學、家學、山林習業等多元私學教育出現，即在此背景下蓬勃發展，甚至可能出現以「家教」為業的「傭教生」。〔註169〕

〔註164〕「社會再製」是指「社會階級再複製」政經、文化，優勢的組織或團體，藉用教育或其它社會制度的實行，使其既有優勢維持下去，而其後裔仍擁有此優勢條件。

〔註165〕宋德熹，〈唐代後半期門閥與官宦之關係〉，收錄淡江大學中文系主編《晚唐的社會與文化（台北：台灣學生書局，1990年），頁148。

〔註166〕（宋）趙德麟撰，《侯鯖錄》卷4（台北：新興書局，1960年），頁943。

〔註167〕錢穆，〈中國歷史上的傳統教育〉，收錄氏著《國史新論》，頁198～199。

〔註168〕《唐會要》卷75〈貢舉（上）〉，頁1377。

〔註169〕《舊唐書》卷124〈令孤彰附令孤建傳〉載：「（令孤）建妻李氏，……建惡

　　藉著教育、科舉的力量，使文化下移與普及，提高人民的知識水準。由於私學的發達、科舉的舉行，促進圖書編纂，流通、出版事業，不少士人階層從事相關出版活動，甚至產生以傭書（抄寫）為業的文士。〔註170〕書籍的複製與流通漸快，使得知識傳播更為普及。儒家的思想，隨著教材（如蒙書、經學等）傳授漸植人心，廣植於民間社會，甚至在邊遠的地方，架構文化大一統的基本因素。

　　之，將棄之，乃誣與傭教生邢士倫姦通。建召士倫榜殺之，因逐其妻。」（頁3530）

〔註170〕肖占鵬、李廣欣，《唐代編輯出版史》，頁206。

第六章　教育、社會與文化

　　陳寅恪指出「（唐代）前期結束南北朝相承之舊局面，後期開啟趙宋以降之新局面，關於政治社會經濟者如此，關於文化學術者亦莫不如此」。〔註 1〕唐代中晚期的教育發展、文化學術發展情況，開啟宋代之後的新局面。

　　在唐代社會中，教育是非常重要的社會制度，與政治制度，甚至整體社會秩序、學術文化發展，皆有相當密切的關係。每當政治、社會問題嚴重到影響到政權時，有識之士，經常認為教育或科舉制度是問題之根本，欲藉此改革，來解決政治、社會之根本問題。本章擬定教育、社會與文化三節加以論述，輔以教育學、社會學、文化學的知識、概念來分析，論述唐代中晚期到北宋發展的概況。

第一節　「唐代遺產」（The Tang Dynasty of Heritage）的觀點

　　唐代教育、社會、文化發展，所形成的豐富「遺產」，給予宋代發展很大的啟示與影響。近世宋代社會、文化型態的形成，主要是在唐代中晚期逐漸醞釀而成。宋代社會、文化發展，可以說是延續或改革來自於「唐代遺產」。茲先論述教育發展部分。

　　學者論及唐代教育發展時，通常以「制度化」（Institutionalize）（或體制化）或完備來形容，以此作為唐代教育最大特色。〔註2〕但究其實，唐代教育

〔註 1〕　陳寅恪，〈論韓愈〉，文刊《金明館叢稿初編》，收錄《陳寅恪先生文集》（一），頁 296。
〔註 2〕　（1）高明士〈唐代官學的發展與衰落〉，頁 2。（2）任育才，《唐型官學體系

制度並非健全、完善；而是充滿「過渡性」（或轉型期）。有學者指出宋代興學，配合的因素很多，印刷術的進步和傳播，經濟上有都市和商業繁榮的支持，政治上有政府的注意，社會上有士大夫階層在鄉在家族團體中的提倡等。〔註3〕事實上，唐代教育的發展，所累積知識、經驗以構成豐富的「遺產」，給予宋代教育發展很大的啟示與影響。宋代教育的高度發達，實肇於唐代的基礎上進行改革或創新。本文即以文教政策、學校發展與科舉制度等方面加以論述。

一、文教政策

宋代立國以「中央集權」為其國策，其重要措施是「強幹弱枝」、「重文輕武」。在文教政策上，宋代延續唐代，皆以「尊孔崇儒」為其政策的核心。但宋代在文教政策上的實踐，比唐代更為具體與落實。宋代君主比唐代統治者更加重視文教工作的推展，具體表現在北宋三次「興文教」的推展。

第一次是在仁宗慶曆四年（1044），由范仲淹主持，內容有地方州郡學的設立，創建太學、科舉改革等方面。其後，因范仲淹去職而中挫，但對日後教育發展有著重大影響力。第二次在神宗熙寧二年（1069），由王安石主持，具體改革有改良科舉、實施太學三舍法、擴建太學、提高師資、改革太學的課程與教學，提高太學特待遇。高等教育太學是改革的重點，終極目標在於希望用學校取代科舉。王安石的教育改革因下台而暫止，但卻使北宋教育向前邁進，對日後興學運動產生深切的影響。第三次在徽宗崇寧元年（1102），由權相蔡京主持，其基本構想在熙寧改革相同，希望以學校取代科舉，建立一套「縣學──州學──辟雍──太學」的學制。令地方州縣設學，實行三舍法，新設「八行科」品行做為入學的標準之一。擴增太學名額，合計三千八百人，新設辟雍為太學的「外學」（或分校），罷科舉改由學校取士等。這些改革的措施，在宣和三年（1121）後，陸續被取消，科舉也恢復舊制，金人南侵後，宋室遷至南方，改革全面結束。〔註4〕

之研究》，指出唐代官學教育已日臻完備，頁2。(3) 陳學恂主編，《中國教育史研究：隋唐分卷》，頁90。(4) 宋大川，《唐代教育體制研究》，頁2。
〔註3〕 劉子健，〈略論宋代地方官學和私學的消長〉，收錄氏著《兩宋史研究彙編》（台北：聯經出版社，1987年），頁211～212。
〔註4〕 周愚文、徐宗林編著，《教育史》（台北：五南出版社，1997年），頁2962。詳細內容可參考郭齊家、王炳照主編，《中國教育史研究：宋元分卷》（上海：

在三次興學改革運動中，最令人注意是「道德品行」因素加入。在太學三舍法中除了成績之外，重視品行考查，以《太學令》（140 條）作為教學法規。〔註5〕宋徽宗大觀元年（1107）詔以「八行取士」（即指孝、悌、睦、婣、任、恤、忠、和等八種品德），納入三舍法升學取士的方法。〔註6〕這種「道德價值」取向的入學、考核標準，是唐代教育體系所忽視的部分。

三次興學與改革運動的失敗，在於人的因素、制度因素、教育制度的社會功能因素，被其它方式所替代，加上整個改革缺乏其它社會制度的配合與支持，而本身功能被科舉或其他措施所替代，因此很難成功。〔註7〕雖是如此，但北宋統治者皆極積推展教育，未出現像唐代武則天、德宗等對教育荒怠的君主，致使教育事業受到重大挫敗。宋代廣興教育，其資源與機會更為下放，使儒家思想廣植民間，建構一個儒家的禮教社會。同時，也是促進宋代文化繁榮的重要基礎。

二、中央官學

宋代中央官學沿唐舊制的基礎，但仍有變更（參考圖四：宋代學制圖）。基本上，中央官學招生對象（學生資格）有普遍下降或放寬的情形（參考表二十：唐宋代中央官學學生招生對象）。

以太學為例，唐代入學資格為「五品以上官子孫」，宋代則為「八品以下子弟或庶人俊異者」。入學門檻降低，使更多平民有機會進入高等教育系統。在國子學方面，初期尚存貴冑色彩。但在真宗景德年間，採取附學旁聽措施，允許「文武升朝官嫡親附國學取解。……遠親久寓京師，其文藝可稱者，亦聽附學充貢。」〔註8〕至此，國子學雖名貴冑學府，實則徒具虛名，深染平民化色彩。

華東師範大學出版社，2000 年），頁 247～298。

〔註 5〕　（清）徐松纂輯，《宋會要輯稿》（台北：新文豐出版社，1976 年）〈職官二八之九〉，頁 2962。

〔註 6〕　（宋）楊仲良撰，《通鑑長編紀事本末》（北京：北京圖書館出版社，2003 年）卷 126〈八行取士〉，頁 3909。「八行」是指「士有善父母為孝，善兄弟為悌，善內親為睦，善外親為婣，信於朋友為任，仁於仁里於恤，知君臣之義為忠，達義利之分為和」。

〔註 7〕　周愚文、徐宗林編著，《教育史》，頁 88。

〔註 8〕　（元）脫脫撰，《宋史》（北京：中華書局，1997 年）卷 157〈選舉志（三）〉，頁 3658。

圖四：宋代學制圖

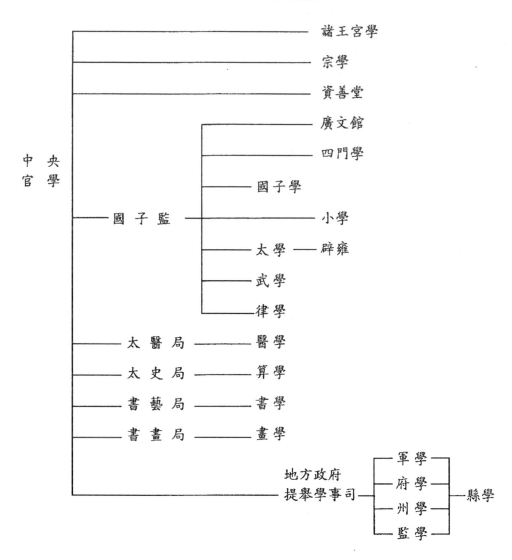

（資料來自孫培青主編，《中國教育史》，頁192。）

註明：1. 京兆（開封）設有小學；有些州縣學也附設小學。

2. 北宋末年設立翰林院管轄書畫局，書學、畫學歸其管理。算學則歸史館管理。

3. 辟雍學於徽宗崇元寧年（1102）設立，屬於太學分校（部）。

4. 地方「提舉學事司」掌「一路州縣學政」，於崇寧2年（1103）設立。

表二十：唐代、宋代中央官學招生對象

學　　校	唐　　　　　代	宋　　　　　代
國子學	三品以上官子孫	京朝七品以上子孫
太學	五品以上官子孫	八品以下子弟或庶人之俊異者
四門學	七品以上官子孫及庶人之子	八品至庶人子弟充學生
書學	八品以下官子孫及庶人之子	庶民
律學	同上	命官、舉人皆得入學
算學	同上	命官及庶人
廣文館	準備科舉的考生（預備學校）	以待四方游士試京師者
備註		辟雍：太學分校，各地州學每三年選送
資料來源	《唐六典》卷 21〈國子監〉	《宋史》卷 157〈選舉志（三）〉

　　若以學校組織規模來看，唐代組織系統多元、龐雜，雖有專業化趨勢，但卻失之合理。以職能而言，國子學與弘文館、崇文館某些性質功能是重疊，兩館設立，並不盡合宜。宋代將其系統化，如資善堂定位為皇太子就學之所；宗學為趙宋宗室子弟；諸王宮學，為王室子孫之學，有大、小學混合設置；小學則專收宗子入學就讀。〔註 9〕根據身分而有不同學校就讀，明確而系統化。另一方面，崇文、弘文館在五代時，更易職司校刊圖書，宋代沿之，其原因即在避免功能重複。違反教育規準，如太卜署（卜筮學）屬於咒術迷信，宋代則將其廢除。屬於宮廷服務性質，而非正式性質的學校如內教坊學、習藝館學、小給使學等皆取消。〔註 10〕基本上，宋代設學是取向學術、專業二方向來規劃。不再似唐代保留「內廷服務」而設學。根據廣大士子需求而所設立「廣文館」「四門學」「辟雍」等，呈現宋代教育務實的一面。

　　宋代在唐代基礎上有所變易，因而顯現其差異。一、在國子監的編制及

〔註 9〕孫培青主編，《中國教育史》（上海：華東師範大學出版社，2003 年），頁 195。

〔註 10〕參考伍振鷟主編，《教育哲學》（台北：五南出版社，1999 年），頁 77～80。「教育規準有三。（一）合價值性（Worthwhileness）（二）合認知性（Congniliveness）（三）合自願性（Voluntariness）」教授卜筮迷信咒術之學，違反認知活動中旨在求真，辨認事實的精神與態度。宮廷服務性質的內教坊學、習藝館學、小給使學等，嚴格來說是種「非自願性」的技能訓練、強制學習，並非屬於「教育」。在違反教育規準「自願性」原則下，給予廢除。呈現宋代教育專業認知優勝於唐代。

功能上大致類同、差異不大。但宋代國子監具有刻印出版圖書的巨大功能，「監版」（官方版本），它是國家圖書壟斷政策。自景德五年（1009）起，國子監所印經書，發行各路出售，所獲得利潤，成為朝廷財政收入的一項來源；〔註11〕而書籍大量刻印出版，促進知識教育的流通與普及。第二，宋代太學地位比國子學低，但因設立的時間較長，辦理較成功，再上歷次改革，成為政府官學育才中心。首設於仁宗慶曆四年（1044），初期二百人，以後陸續增加，到宋徽宗崇寧元年（1102），高達三千八百人。顯見高等教育有迅速擴增的趨向。此外，宋代太學與唐代太學、國子學、四門學等也不同，它是深孚眾望的高級學術活動中心；太學生具有強烈的政治意識，許多人直接參與政治活動，創設「三舍制」。〔註12〕第三，在律學與武學方面：在律學上，唐代招收「八品以下官子孫與庶人」。在宋代則招收「凡命官、舉人皆得入學，各處一齋。舉人須得命官二人保任，先入學聽讀而後試補」。〔註13〕律學設斷案和律令兩種專業，宋代律學的兩項專業是仕宦所備的知識與素養，顯現宋代教育重視實務，優勝於唐代的文學修養。在宋代，律學出身較有機會在正式政府部門當官，政治前途也較佳，有別於其它技術學校出身。〔註14〕在武學方面：唐代在地方已有武學（請參考第 74 頁）。在中央官學首設武學，則創始於宋代。宋仁宗鑑於國勢積弱，屢為遼夏侵凌，大力推行武舉，創辦武學。慶曆三年（1043）5 月設立「武學」。但因朝臣強烈批評，不到三月，將其廢除。神宗熙寧五年（1072）六月，恢復武學。對於（一）學員來源（二）教學計劃（三）考核規定（四）畢業出路等皆有規定。七月，再次頒布詔令，參照太學三舍法辦理，使之趨向規範化。宋代武學改變以往軍事教育只重技能、陣法訓練；加入軍事理論的研究與教育，對日後兵學發展，有積極推動作用。〔註15〕第四，唐代「四門學」招收低官、平民是種「普通學校」；在宋代「四門學」是所為士子準備參加科舉考試而設立的預備學校，與「廣文館」性質類同。

就整體而言，宋代中央官學規模、組織是邁進「務實」、「專業」、「開放」

〔註11〕 陳郭齊家、王炳照主編，《中國教育史研究：宋元分卷》，頁 239。

〔註12〕 李弘祺著，《宋代官學教育與科舉》（台北：聯經出版社，1993），頁 72～74。

〔註13〕 （元）脫脫撰，《宋史》卷 157〈選舉志（三）〉，頁 3673。

〔註14〕 李弘祺著，《宋代官學教育與科舉》，頁 103（引注釋 137）。

〔註15〕 趙國華，〈武舉與武學：唐宋兵學復興的文化環境〉，收錄劉海峰主編《科舉制的終結與科舉學的興》（武漢：華中師範大學，2006 年），頁 395～402。

等方向。尤其是「開放」，即指官學入學資格下降，顯見教育資源與機會下放。在唐代中央官學，具有強烈社會階級性質的「貴族色彩」，到宋代則是濃郁的「平民氣氛」。

三、地方官學

　　唐代地方官學，肇建於高祖，約在唐玄宗時，建立較完整的教育體制。但地方官學發展，呈現最顯著在於各地「差異性」或「不均衡性」，因各地條件不同，地方首長辦學態度不同，產生明顯差異性，「差異性」成為地方官學的首要特徵。第二，教育行政體制的未健全，欠缺專責管理行政機構。一般而言，僅有長史、司功參軍負責其事。學校教師也只有博士、助教的編制，進行教學工作；加上擔任地方教育工作者，多「寒門鄙儒」，很難有優異的績效，學校容易成為取得「生徒」資格以試科舉的機構而已。到了中晚期，時局動盪不安、內憂外患頻仍、經費短缺、地方官學逐漸凋零。維繫教育事業興衰，唯賴地方長官的態度與認知。

　　宋代沿承唐制，但卻有很大的不同。依地方行政，分為路、府州軍監、縣等三級，路不設學，置學官（提舉學事司）管轄所屬各學。因此，地方官學分為州（府、軍、監）學與縣學，州縣學大多附有小學。由於州縣設學最為普遍，所以，宋代地方官學以州學、縣學為主體。

　　宋代州縣學雖繼承唐制，但已發展自己的特色，並為後代所沿承。宋代最早設立地方始於太祖、太宗時期。在仁宗、真宗時，經常以賜書、賜田方式協助州縣興學，對於地方官學發展扮演積極推動的角色。地方官學大力發展則在曆慶變法時「詔令州縣皆立學」。熙寧變法時，在師資進行慎選，經費上給予支援，使得州縣學發展極為迅速，到了北宋末年，地方官學生總數達二十萬人，可謂州縣學極盛時代。〔註16〕宋代州縣學是個多功能機構，除教育活動之外，尚有刻印圖書、管理圖書、主持禮儀、管理孔廟及祭典、主持鄉飲酒禮、宣講中央律令、文告，舉行「射禮」等。〔註17〕功能優勝於唐代。茲將宋代州縣學歸納整理如下：（表廿一：宋代州縣學概況）

〔註16〕　（宋）宋綬、宋敏求編，《宋大詔令》（台北：鼎文書局，1972年）卷157〈政和六年（1116）十一月十五日詔令〉，頁593。
〔註17〕　李弘祺，《宋代官學教育與科舉》，頁121。

表廿一：宋代州縣學概況

項 目	重 要 內 容
設立原因	1.帝王興學：主要目的在培養救國淑世的人才，追求「外王」的境界。 2.地方官員興學：主要目的在明人倫以善風俗，追求「內聖」的事業。
設立時間 、發展	1.宋太祖開寶年間（968～975），太宗太平興國八年（983）陸續興建地方官學，在仁宗慶曆年間「詔令州縣皆立學」達於高峰。 2.在北宋時，州縣共有 224 所，佔全國 83%；縣學有 347 所，佔全國約有 61%。州縣學絕大部分設置於長江以南諸路。
招收對象	1.主要是平民子弟，原則上州縣學應以招收本籍子弟為主。 2.出身原則上是身家清白，也間許工商子弟就讀。
入學方式	徽宗之前，並無規定，其後則採取考試入學（稱為「補試」）。
學生總數	北宋末年總人數在十六～二十一萬之間。
入學目的	理想是「成聖成賢」，實際上是科舉及第而仕宦。
修業年 限課程	概括而言，並無確定而一致皀規定。 1.學習經書為主（九經：周易、尚書、詩、禮記、儀禮、周禮、春秋、論語、孝經等）。 2.學生只須研習一、二經外，學校加授科場程文（經義、策、論）。
教學	講書為主，也有問答討論。
課試	1.「私試」由州縣學官自行辦理。 2.「公試」由政府差官主試，州縣學官不得參與。 3.考試方式比照科舉，要鎖院、彌封、謄錄。
行學禮	1.釋菜：入學之祀　2.釋奠：祭祀孔子　3.鄉飲酒禮：地方鄉飲酒禮，學生要參與
行政體制	1.由一般行政長官兼頒轉向司專人主政。路由提舉學事司，州學由知州、通判；縣由縣令、縣佐、主學等。 2.州學尚有學正、學錄、直學、司計、齋長、齋諭等職事人員。 3.縣學尚有學諭、教諭、直學、講學、司計、齋長、齋諭、學正、學錄、掌諭等職事人員。
經費來由	政府撥給學校學田，以學田的收入充作學校經費（政府也經常賜書地方）。
師資來源	1.州學：北宋初期由地方遴荐，再由朝廷任命，神宗後改由朝廷主動選派（朝臣荐舉或朝廷辦學官考試所任用）。 2.縣學：任用權完全由州（府）長史負責，朝廷既不主動差派，也不須呈核任命。
環境設施	1.具實質性功能：（1）堂：講堂（學生肄業場所）（2）齋：宿舍（學生寢居之處）（3）舍：直舍（或教授廳，州縣學官的官署）（4）閣：藏書閣（5）庫：儲存錢、糧、祭器之場所（6）庖：廚房（7）湢：浴室。 2.具象徵性功能：（1）廟：孔廟（2）祠：祠堂（鄉賢名宦祠堂）（3）圃：財圃（取法三代以射造士）。

（資料整理來自周愚文，《宋代的州縣》，頁 10～72。）

　　宋代地方官學在唐代基礎上進行改革呈現差異，其一，宋代官學內部管理體制日漸成熟，形成禮部，國子監和諸路提舉學事司配套的中央地方教育行政體制。官學內部的學規、考試的內容及形成、學校的經費來源、圖書的管理和印刷，以及學官的選拔、錄用的標準等，均已定型，並為以後歷朝大體沿用。〔註 18〕第二，宋代地方州縣學，在行政體制上分工角色、地位明確而專業，這是唐代所未能比擬。有負責教學有教授、助教、學正、直講、學錄等，其它人員是各有職掌的辦事人員。這些辦事人員中許多人自己即是地方學校中的學生。〔註 19〕第三，在課程與教學上，宋代州縣學除傳統經學研習，也配合科舉考試的需求而規劃有其「合理」的安排；教學上有問答、討論式的教學，對學生啟發義理發揮其強大助益，學習效果也會有所提升。第四，政府撥給地方學校學田，以學田的收入充作學校經費，使得州縣學的發展較為健全。學田制的實施，改善唐代地方官學長久以來經費欠缺的問題。學田制實行後，很大程度保障中下階層成員接受教育的權利，加強了科舉與教育平民化的傾向，也使得近世以來教育經費來源，獲得長期的保障，以利教育的發展。〔註 20〕第五，由於州縣學授課內容，與科舉考試相同，因此皆以經義為主，兼習論策。但因教學與科舉的結合，促進學子的學習意願與動機此點與唐代不同，可以是種改革或進步。士子入學目的為科舉及第而仕宦，形成「科舉支配（或引導）學校」的現象，此與唐代相同，日後元、明、清代依然存在，深切影響學校的正常教育功能。第六，宋代州縣學教育的發展，反映出一般平民接受正式官學教育機會大增，加上太學的擴充，可以看出一般平民接受正式官學機會；已遠較唐代的平民大幅增加；再加上唐末五代舊有門第的消融，無形中大大增加平民在傳統社會中向上競爭與流動的能力與機會，而使教育不再是少數品官或權貴子弟的專利。〔註 21〕以州縣學為例，北宋學生總數幾乎高達唐代三倍矣。（參考表廿二：盛唐、北宋末年州縣學總數比較）。第八，宋代地方官學制定學規：唐代地方學規，因史料闕乏，難以了解，可能是延用中央規定。在宋代，州縣學十分重視學規的制定，各地有其不同形式，內容也各有側重。司馬光所述《并州學規》，其他如《扶風縣學

〔註 18〕喬衛平，《中國宋遼金夏教育史》（北京：人民出版社，1994 年），頁 7～8。

〔註 19〕李弘祺，《宋代官學教育與科舉》，頁 127。

〔註 20〕喬衛平，《中國教育制度通史（第三卷）：宋遼金元（公元 980～1368 年）（濟南：山東教育出版社，2000 年），頁 128～129。

〔註 21〕周愚文，《宋代的州縣學》，頁 263。

規》、《京兆府小學規》是最著名的實例，學規的制度，標誌地方官學體制的日臻完善。〔註 22〕宋代州縣學的高度發展，所帶來的影響不限於教育、社會層面，在文化上，隨著教育資源與機會的開放、下移，儒家思想深耕民間社會，形成近世「禮教社會」；而教育資源機會的下放，提升人民文化、知識的水準，也促進宋代文化的高度繁榮。

表廿二：盛唐（天寶年間）、北宋末年州縣學總數比較

朝代	人 口 數	學校總數	學生總數	資料來源
盛唐	約 5291 萬人	1091 所	63700 人	1.盛唐、北宋末年人口數來自葛劍雄主編，《中國人口史》卷二、卷三（上海：復旦大學出版社，2002 年），頁 133、349。
北宋末年	約 11275 萬人	842 所	約 200000 人	2.學校總數、學生總數來自周愚文著，《宋代州縣學》，頁 250～251。
說明	唐代學校總數是根據《舊唐書》卷 28〈地理志〉所載行政區推算，但因「邊州素無學校」，加上地方長官未必興學設校，所以此數字似乎偏高。			

四、私學發展

　　唐代私學以家庭教育、聚徒講學為主體，而宋代則以書院、村（鄉）塾為重心。書院初肇於唐末五代，已經出現具有教學功能的性質。到了宋代則是成熟階段。書院的原始理想是來自唐代習業山林風俗與佛教叢林制度。〔註 23〕唐末五代社會動盪、文教衰沒，士儒寓居草野潛心講學、延續文化。到北宋初期，社會安定、政府獎勵文教、書院逐漸興起。范仲淹、胡瑗、孫復、石介等人主持書院，推展私家講學事業。〔註 24〕書院的興起，滿足廣大士子讀書求學的願望，也彌補朝廷文教建設的不足，因此，產生一些著名的書院如白鹿洞、岳麓、睢陽、嵩陽等。北宋中葉後，由於中央官學、地方州縣學的興起與科舉的盛行，書院調整其發展方向。在新儒學的推展下，書院以研究、傳播學術和培養人才為其轉型方向。〔註 25〕

〔註 22〕 喬衛平著，《中國教育制度通史（第三卷）：宋遼金元（公元 980～1368 年）》，頁 205～208。

〔註 23〕 李弘祺，〈絳帳遺風：私人講學的傳統〉，收錄《中國文化新論‧學術篇‧浩翰的學海》，頁 379～380。

〔註 24〕 錢穆，〈中國教育制度與教育思想〉，收錄氏著《國史新論》，頁 223～224。

〔註 25〕 李兵，《書院教育與科舉關係研究》（台北：台大出版中心，2005 年），頁 86

　　宋代書院具有以下特徵。一、一種新的教育組織形成，是民間創辦與向下層社會開放，二是具有制度化的教育體制，形成教學、藏書、祭祀三部分所構成的完備規制，三是有一套完整的管理體制，書院的學生也可參與管理，制定頗具特色的教條、學規、學訓等。〔註 26〕書院教育值得注意的是，一在於教育的理想是啟發和培養個人的道德感與社會良心。〔註 27〕二是教學方法中師生「對話」，它使教育成為生動的陶冶過程，直接的傳遞而滲透到心靈，對心智與道德習慣的養成，都起了重要作用；師生間相互切磋，質疑問難，交流討論，探究的風氣得以樹立。〔註 28〕三、書院附設祭祀孔子以及孔門諸先賢，然後增祀對該書院有功的大儒、先賢，乃至於地方良吏等，透過禮儀而接近廟堂的聖賢，企求聖賢的理想目標。〔註 29〕

　　鄉塾村校是屬於私人講學的一種形式，〔註 30〕其規模通常其書院為小，內部管理較為寬鬆，但因收費低廉，可以就近入學，頗受貧寒子弟的歡迎。從唐代中晚期，這種私塾漸立於鄉村，除了進行啟蒙教育、文化知識授授之外，最終的目的仍是因應科舉考試而設立。北宋時，鄉塾村校已遍及全國，北宋名臣如王禹偁、呂蒙正、張齊賢、王隨、錢若水、杜衍、范仲淹、歐陽修等人，未及第時都受益「鄉先生」的教學。〔註 31〕

　　鄉塾村校主是進行啟蒙的兒童教育、學習項目有識字、誦書、寫字及作詩文，教材有《千字文》、《太公家教》、《百家姓》、《三字經》、《兔園冊府》、《蒙求》等書，如未來欲參加科舉考試或有志學問者，主要研習《孝經》、《論語》、《孟子》、《五經》等。〔註 32〕

　　～87。
〔註 26〕 陳谷嘉，〈書院是私學與官學相結合的產物〉，收錄朱漢民、李弘祺主編，《中國書院》（長沙：湖南教育出版社，1997 年），頁 27～46。
〔註 27〕 朱榮貴，〈學規與書院教育：以宋代書院為例〉，收錄朱漢民、李弘祺主編，《中國書院》，頁 129。
〔註 28〕 賴功歐，〈書院教育「對話」精神及其對人格形成的影響〉，收錄朱漢民、李弘祺主編，《中國書院》，頁 199～202。
〔註 29〕 高明士，〈書院祭祀空間的教育作用〉，收錄朱漢民、李弘祺主編，《中國書院》，頁 76～77。
〔註 30〕 鄉村教師設立私塾招收學生教學，其名稱不一，有稱私塾、鄉村校、冬學、書館等，鄉塾村校是通稱。
〔註 31〕 何忠禮著，《科舉制度與宋代文化》（北京：商務印書館，2006 年），頁 92～93；劉子健，〈略論宋代地方官學和私學的消長〉，頁 212。
〔註 32〕 周愚文，《宋代兒童的生活與教育》（台北：師大書苑，1996 年），頁 319。

由於私學對學生身分無任何規定，不需要高昂學費，無論貧富貴賤皆可入學，可以說是「有教無類」。私學的設立，提供庶民、貧寒之子弟一個接受教育的機會，使教育下移，教育更為大眾化，加速唐宋社會平民化的過程。士人（或理學家）藉由興辦私學的方式可以解決自身生計的問題，也可傳播自身的學術及理念。透過私學，將儒家倫理道德深植民間；也培育科舉人才的來源。

五、科舉制度

五代（907～960）基本上是唐末藩鎮的延長，五代雖然政局動盪不安，但科舉持續舉行，只是常舉科目興廢不一，各朝並不一致，整體來看，除幾年停辦之外（五年），皆有辦理。進士科是常設不變的科目之外，其它諸科或置或廢，情況比較複雜。〔註33〕宋初立國，採「中央集權」政策，「重文輕武」，獎掖文臣，壓制軍人；廣開科舉，提拔出身貧寒才智之士，使得宋代科舉十分盛行。科舉制度由於統治者鼓勵而日益重要；加上印刷術普及，使書籍成本減低流傳日廣，教育的發達考生（舉子）資格的放寬等，使得參考科舉的人數隨之大增，使得科舉成為國家選拔人才的主要制度。

宋代科舉有些部分沿承唐代而來，但與唐代有些顯著的差別。第一，公平性問題：唐代科舉有「公薦」（名士公卿大臣、權臣推薦）、舉子有干投「行卷」等不公平弊端。到宋代採行「封彌」、「糊名」、「搜身」、「謄錄」等措施以維持「公正性」。唐代「知貢舉」（大多禮部侍郎擔任），大多承受政治、心情上壓力，未能公正、客觀取才；宋代採用「差遣」性質，臨時委任，數人負責，相互牽制；進入「鎖院」隔離，放榜後才得出闈場（鎖院）等，其目的即在維持考試的公平性。〔註34〕第二，考生人數大增，唐代舉子有資格限制，工商業者、賤民、犯法定刑者皆不可投考；宋代放寬資格，庶民（農工商），稍具文墨優秀人士等皆可投考，使得考生大增。唐代參加禮部省試最高峰，可能是唐德宗貞元十九年（803），五、七千人。〔註35〕但在太宗雍熙二

〔註33〕 杜文玉，《五代十國制度研究》（北京：人民出版社，2006 年），頁 2～3；程舜英編，《隋唐五代教育制度史資料》，頁 372～373。

〔註34〕 宋代政府極力改革唐代科舉制度的弊端，以維持公平、客觀，雖然如此，但考科弊端仍然很多，劉子健將其歸納有八項。參見氏著，〈宋代考場弊端──兼論士風問題〉收錄氏著《兩宋史研究彙編》，頁 232～233。

〔註35〕 《韓昌黎集》卷 8〈論今年權停與選狀〉，頁 338。

年（985）就有一萬多人。最高峰達到二萬人左右。〔註 36〕第三，科舉科目：唐代科舉有「常科」（以明經、進士科為主）、「特科」（制舉）。宋初開始科目繁多，初期分為「進士」與「諸科」，最後演變進士科成為唯一的科目。〔註 37〕唐代頗重視「制舉」，到了宋代幾乎淪亡。〔註 38〕第四，設立「特奏名制」，賜給屢試不第或年紀大的考生。改善唐代科舉長舉不第或年紀老邁考生的遭遇；也是作為籠絡士人舉子以防止落第生如黃巢作亂之事再度爆發的措施。宋初即有實施，條件也放寬。宋仁宗景祐元年（1034）正月，正式規定：「進士五舉年五十，諸科六舉年六十；進士之三舉，諸科五舉及嘗預先朝御試，雖試文不合格，毋輒黜，皆以名聞。自此率以為常」。〔註 39〕第五，設立殿試：首先成立於太祖開寶八年（975）由皇帝親試；其後逐成定制。宋代科舉形成地方州縣的解試，禮部和殿試的三個階段。第六，考試程序：唐代為「禮部」筆試與「吏部」考試，通過取得任官資格。在宋代進士科及第即釋褐授官。最後，科舉制度對唐宋社會影響也不相同。科舉制打破門閥士族壟斷政治資源，使得寒素之士可以憑藉才藝而步入仕途，官僚體系與社會階層因此開放，具有流通的孔道。科舉固然打破門閥制度銓選人才的僵化政策，但是具備較好文化、教育、經濟基礎，學習資源與機會豐富的士族，仍可以在取得比寒素更有利的及第的條件與優勢。毛漢光通過大量的數據統計總結：在唐代以科舉出身者其中 69% 是士族，13% 是小姓，18% 是寒素。唐代十八家士族子孫為相的實例，說明士族子弟大幅度帶有進士第，表明保持政治地方的良方，利用科舉制度延續了其政治生命。〔註 40〕

〔註 36〕　李弘祺〈科舉：隋唐至明清的考試制度〉，收錄《中國文化新論·制度篇·立國的宏規》（台北：聯經出版社，1989 年），頁 272。

〔註 37〕　李弘祺〈科舉：隋唐至明清的考試制度〉，收錄《中國文化新論·制度篇·立國的宏規》，頁 272。可以參考氏著《宋代官學教育與科舉》，頁 168～169。

〔註 38〕　（宋）王應麟撰，《困學紀聞》卷 14 載「唐制舉之名，多至八十有六，凡七十六科，至宰相者七十二人。本朝制科四十人，至宰相者富弼一人而已，中興復制科，止得李垕一人。」（台北：商務印書館，1966 年），頁 5。根據研究，宋代制科衰沒的原因有一、出題以記誦為主，而非識見，喪失求「非常之才」的本意。二、過多地捲入黨。三、科目過少，取人太窄。四、待遇太低，士人欠缺應舉意願。參見祝尚書著，《宋代科舉與文學考論》（鄭州：大象出版社，2006 年），頁 152～157。

〔註 39〕　李燾撰，《續資治通鑑長編》（北京：中華書局，2004 年）卷 114，〈景祐元年正月條〉，頁 2661。

〔註 40〕　毛漢光，〈唐代大士族的進士第〉，收入氏著，《中國中古社會史論》（台北：

　　進入宋代有轉變，根據研究，唐宋兩代之名族貴冑、中等家庭、寒族三者，由貢舉（科舉）出身來統計，晚唐名族公卿由貢舉者佔 76.4%，到宋代跌到 13%；寒族則晚唐僅佔 9.3%，北宋時增至 58.4%。顯示科舉制度對社會轉變，扮演唐宋間舊門新進的代謝作用的導管角色。〔註 41〕陳義彥根據宋史列傳官吏資料，藉由分類、量化統計獲得「布衣以科舉類入仕者，在 845 人中，有 536 人，占 63.43%，幾達三分之二。可見科舉制度，對布衣寒士進入統治階層實有莫大的關係」。〔註 42〕（參考表廿三：唐代、北宋科舉錄取人數比較表）唐代一科次平均錄取人數約為 113 人，而宋代則約有 676 人，高於唐代近 6 倍人數。對於社會階層的流動，有其推波助瀾之功。

表廿三：唐代、北宋科舉錄取人數比較表

朝代	科場數	錄取人數	平均每場錄取人數	資　料　來　源
唐代	266	約 30000 人	112.8 人	孟二冬補正，《登科記考補正》（上）〈自序〉，頁 5
北宋	70	47336 人	676.2 人	李弘祺，《宋代官學教育與科舉》，頁 316～320

第二節　教育與社會

　　現代社會學家，對教育所具有助能存有不同的看法。功能論的看法大致有三：（一）傳遞文化、促進社會統合的功能，（二）分配職位，促進社會流動，（三）創造新知、協助社會變遷的功能；衝突論的看法：（一）維護社會現狀的功能，（二）對抗支配的功能。〔註 43〕茲先就「教育與社會」為主題，加以論述兩者間關聯。

　　　聯經出版社，1998 年），頁 362。
〔註 41〕 孫國棟〈唐宋之際社會門第之消融〉，收錄氏著《唐宋史論叢》（上海：上海古籍出版社，2010 年），頁 300。
〔註 42〕 陳義彥，〈從布衣入仕情形分析北宋布衣階層的社會流動〉，文刊《思與言》第 9 卷 4 期（1972 年 11 月），頁 57。
〔註 43〕 黃鴻文，〈教育的功能，〉收錄陳奎熹主編《現代教育社會學》（台北：師大書苑，1999 年），頁 69～52。

一、選拔人才，為國所用

前述所論，唐初立國為了鞏固政權，採取開放性措施，將山東、江南士族集團，不斷吸納，以強化其社會基礎；其次，藉用教育制度推廣「崇儒尊聖」政策，將儒家意識深及社會，以利統治所需之文化基礎。教育與科舉，成為政治上最有效的工具。

唐代選拔人才（入仕）的方式有學校、制舉（薦舉）、蔭任（補）、科舉、軍功、吏道、納貲等方式。科舉制度是網羅與籠絡人士，為國所用、服務政權的最好方式之一。唐太宗私往端看，見新科進士綴行而出，不禁喜悅而言：「天下英雄，入吾彀中」。〔註44〕以入仕管道而言，科舉官僚統治集團人數並非很高。《通典》載洋州刺史趙匡云：「舉人大率二十人中方收一人，故沒齒而不登科者甚眾，其事難，其路險也如此。而雜色之流，廣通其路也，此一彼十，此百彼千，揆其秩序，無所差降，故受官多底下之人，修業后抱時之嘆！待不才者何原，處有能者何薄！崇末抑本，啟昏窒明，故士子舍學業而趨末伎」。〔註45〕趙匡所言可以反映唐代官僚集團的真況；科舉入仕仍是少數，雜色之流才是多數。現今學者研究也指出：唐代的社會架構乃是以士族為主的階層社會，士族階級在整個統治階層中，自始至終保持絕對多數，而布衣寒素由科舉入仕者仍遠不如士族。〔註46〕孫國棟研究科舉出身在官僚總數約 6%。〔註47〕齊陳駿研究也發現：科舉出身在整個官僚集團佔約 16%，其它皆非科舉出身。〔註48〕學者吳宗國研究也指出：「玄宗以前科舉出身在高級官員中大增，但在中下及官員中仍佔較小的比重。流外入流仍是各級官員中的主要來源」。〔註49〕徐松《登科記考》云：「生徒不及鄉貢，進士不及明經，明經與進士又不及雜色入流」。〔註50〕是比較符合歷史現況。

自高宗、武則天之後，科舉出身，尤其是進士科，他們的仕途是有前途，

〔註44〕《唐摭言》卷 15〈雜記〉，頁 472。
〔註45〕《通典》卷 17〈選舉五〉，頁 218。
〔註46〕毛漢光，〈唐代統治階層社會變動〉（台北：政治大學政治研究所博士論文，1968 年），頁 40。
〔註47〕孫國棟，〈唐宋之際社會門第之消融〉，收錄氏著《唐宋史論叢》，頁 301。
〔註48〕齊陳駿，〈唐代的科舉與官僚入仕〉，頁 148。
〔註49〕吳宗國，《唐代科舉制度》，頁 172。
〔註50〕徐松，《登科記考》卷 28〈別錄二〉，頁 132。

並且在政府高層中佔有優勢。〔註51〕科舉制度，真正能夠選拔人才為國所用？徐松《登科記考》卷二十八〈別錄上〉載：

> 唐制謂眾科之目，進士尤貴，其得人亦盛。然嘗論之，以唐貢舉之員數較之他流則狹矣，以唐貢舉之條式較之今日則疏矣。然而足以得人，何哉？曰儒科之重自唐始，其狹且陳疏尤焉。而其流品之別，公望之屬，抑有自來，故雖狹且疏，而猶足以得人，是儒科之所以重也。韋貫之嘗言，禮部侍郎重於宰相。憲宗問其故，對曰：「為陛下揀宰相者，得無重乎？權德輿為禮部侍郎，擢進士第者七十二，而登宰相者十人。其他征鎮、岳牧、文昌、掖垣之選，不可悉數。」則知其時待之之異，選之之重，有在於是。而其奮然於事業，為國名臣者，多出於其間，前世所無也。杜牧言：「國朝自房、梁已降，有大功、立大節者，率多科第人也。」因歷數其人，謂郝處俊、來濟、上官儀、李玄義、婁師德、張柬之、郭元振、魏知古、姚元崇、宋璟、劉幽求、蘇頲父子、張說、張九齡、張巡、裴度，凡十九人，皆文武全才，傑然不世出者。然牧所言，及其時而止，閒有遺者。以此見唐史得人之盛，非虛語也。〔註52〕

唐代科舉制度中，尤其是進士科選拔，儲備國家優秀人才，服務於政權，為其國祚的延續，有著重要貢獻。根據研究，在唐前期，進士科出身的總官員比率只有 11.73%；在後期則有 36.62%，超越前期有三倍多。〔註53〕唐初世家舊族以其家族權勢取得官職，科舉盛行後，舊族借用科舉以取得官位，維持政治地位。唐初，舊族進士出身在其官吏總數，只占 10.62%，到了中晚唐則高居 46.56%。〔註54〕進士科狀元出身，共有 38 名，擔任高級、一般官員共有 23 名，其中一人任居宰相；到了中晚期，共有 122 名，擔任高級、一般官員有 77 名，

〔註51〕 卓遵宏，《唐代進士與政治》（台北：國立編譯館，1987 年），頁 155。根據吳宗國研究，唐高宗時作到宰相有 11 人，明經科出身 2 人，進士科出身有 9 人；武則天稱帝（690～709），進士科出身有 20 人，占宰相總數一半左右；玄宗開元年間（713～734）科舉出身的宰相共有 18 人，占宰相總數 27 人的三分之二。氏著《唐代科舉制度研究》頁 165～167。

〔註52〕 徐松，《登科記考》卷 28〈別錄上〉，頁 1392。

〔註53〕 毛漢光，〈唐代統治階級的變動〉（台北：政大政研所博士論文，1968 年），頁 254。

〔註54〕 毛漢光，〈唐代統治階級的變動〉，頁 133～135。

擔任宰相共有十人。〔註55〕進士科出身的官僚，其政治、社會地位的重要性，也隨著時代發展而愈見其重要性。唐代中晚期，內憂外患頻仍，國家多事之秋，政權危機迭出，除賴江淮漕運，輸貢財賦以維繫；掌控軍隊以應外敵內患之外，優秀人才能夠「安邦定國」的貢獻，實不可沒。這些科舉出身官僚，除具有文學成就、修養之外，更有儒家「經世致用」、「尊君效忠」的精神，穩固政權。「蔚然於事業，為國名臣」、「唐史得人之盛，非虛語」，所言甚是。「科舉考試是中國帝制時期在古代政治、社會、經濟與思想生活之間互動最為頻繁的交匯點之一……。作為一種才學能力測試，科舉考試有利於王朝統治與士人文化的緊密結合，為官僚制度服務。科舉考試反映了更為廣泛的士人文化，因為這種文化已經通過基於經學的官僚選拔滲透在國家體制之中」。〔註56〕藉用科考，將各地優秀人才輸往政府機構，為統治者所用，保障國家長治久安的需要。

　　科舉制度，對於人才的選拔，也有其客觀性的一面，著名學者錢穆云：

　　唐代考試重詩賦，其事亦未可厚非。考試本是一種智力測驗，短短一首詩，其中有學問，有抱負，有寄託，有感想，不僅智力高下，即其學問人品，亦可於此窺見。若作策問或經義，題材內容，先已有了限制，未易出奇制勝。而且陳陳相因，易於揣摩抄襲。不如詩題，層出不窮，無可準備。而應考者卻得借題發揮，各盡其趣，於拘束中見才思。〔註57〕

　　科舉重詩賦文學可以反映其抱負、寄託感想；呈現其學問人品，雖然並不是十分客觀，但才華卻可藉此發現、窺見。學者李樹桐指出：唐代科舉制度在選才任官上比起漢代鄉舉里選，魏晉南北朝的九品中正制，反而較客觀些。第一，有應試人的成績作憑證。第二，有先輩的輿論作參考。究竟是比較客觀的多了。科舉在國家選才上有其正面功效，但仕途官位有限，而士人舉子太多的情況下，為了及第，權貴要人和學術先輩，成為奔走拜託的對象。士人們便「伺候於公卿之門，奔走於形勢之途。」而以不為恥。遂成晚唐競名利寡廉恥的士風。〔註58〕唐代官員、學者批判科舉進士科，並非制度本身，

〔註55〕許友根，《唐代狀元研究》，頁334。可以參考吳宗國，《唐代科舉制度研究》，頁163～167。有詳細論述。
〔註56〕Benjamin Elman 著，復旦大學文史研究院譯，《經學、科舉、文化史》（北京：中華書局，2010年），頁139。
〔註57〕錢穆，《國史新論》（台北：三民書局，1998年），頁222。
〔註58〕李樹桐，〈唐代的科舉制度與士風〉，文刊《華岡學報》第六期（1970年6月），收錄氏著《唐史新論》（台北：台灣中華書局，1985年），頁65～68。

而是過度重視詞藻華麗與帶來的士風浮華。「憑詩賦聲律崛起從政，第一是政事不諳練；第二是品德無根柢」。〔註59〕點出科舉制度最顯著的問題。

二、社會流動與尚文社會

　　如上前述，唐代科舉並未帶來大規模的社會流動。士族應科舉選才方式，積極培育自家子弟應試，以優越文化資本、社會資本，使其子弟較能登科及第，步入仕途。〔註60〕雖然社會流動的規模、數量並不太大，而有機會流動者的社會背景，多是士農之家之弟，並非所有人。〔註61〕對於一個應舉的個人而言，雖不一定要家財萬貫，但至少要能在求學期間衣食無憂、書籍與師資充裕；進京考試與游學求師之費用也很大，非中上之家不足以提供長期開支。這也是考場上士族出身的舉子較多，而小姓、寒門較少的原因。

　　唐代實行科舉選才，士族與寒族間在未來發展有很大差別。

　　《唐語林》卷4〈企羨〉載：

　　　　范陽盧自興元元年（784）癸亥德宗東幸汴梁，二年甲子，鮑防侍郎知貢舉。至乾符二年（875）己未崔沆侍郎知舉。計九十二年，而二年停舉。九十年中，登進士第者一百一十六人，諸科在外。〔註62〕

　　《舊唐書》卷87〈魏玄同傳〉傳：

　　　　今貴戚子弟，例早求官。或齠齔七之年，已腰銀印。或草丱之歲，已襲朱紫。……課試既淺，藝能亦薄，而門閥有素，資望自高。〔註63〕

　　《唐會要》卷74〈選部（上）・論選事〉載：

〔註59〕　錢穆，《國史新論》，頁249。

〔註60〕　（1）文化資本（cultural capital）：是指個人經由家庭的社會階級所獲得的語言及文化的能力，包括意義、風格、思考模式、氣質等。此為法國教育家，社會家布迪厄（Bourdieu）所提之理論，他認為文化資本優越（或豐厚）者在學業成就、文化學術發展、教育資源及機會取得優勢地位。透過文化資本的中介，學校教育、科舉制度成為社會階級再製的機製。

　　　　（2）社會資本（Social Capital）：指存在人際間的社會關係，即「社會網絡」中，能動員起來以實現目標者。就科舉制度而言，這指的是父母與兒子間有關科舉的密切互動，它有助於實現科舉及第的成就目標。

〔註61〕　周愚文〈中國歷代停廢科舉制度的探討〉收錄李弘祺編，《中國與東亞的教育傳統（一）：中國的教育與科舉》（台北：財團法人喜瑪拉雅研究發展基金會出版，2006年），頁149。

〔註62〕　《唐語林》卷4〈企羨〉，頁140。

〔註63〕　《舊唐書》卷87〈魏玄同傳〉，頁2851。

寶曆二年（826）吏部奏：……近者入仕歲增，申闕日少。……貧弱者凍餒滋甚，留滯者喧訴益繁。至有待選十餘年，裹糧千餘里。累駁之後，方敢望官。注擬之時，別遇勅授。〔註64〕

從上述，范陽盧氏是屬於山東舊族、家族在政治、社會聲望高，其子弟「例早求官」，年紀輕，既已位居高官；而以其文化資本雄富，在九十年中，產生一百多個進士，可謂「士族貴冑」。貧寒之人，既使有機會入仕（科舉及第），但「待選十餘年」，可見寒士得官之艱苦。

　　科舉制度，以文學取士，加上吏部口試（身、言、書、判）的主觀性的判斷，無法做到真正公正、客觀，但它卻有其它選才方式所欠缺的。一、在流動方式上，科舉提供的流動方式是由所謂的「保薦性流動」轉向準「競爭性流動」，這與之前的察舉或九品官人法不同；二、在數量上，科舉提供的管道，與隋以前歷朝相比，或之後學校或制舉等其他管道相比，相對而言都較寬暢；三、在選拔方法與過程上，科舉提供了相對於其他管道而言更公開、公平的機會，因此部分滿足了平民向上流動的需求。〔註65〕唐代學（生）額（指中央、地方官學編制）約在 60710 人之間，生徒入仕既已艱難，加入鄉貢人數，難以統計，〔註66〕士子眾能在考場上勝出（登科及第），真是艱辛萬苦。唐代科舉並沒有造成社會階層間大規模的流動，名門舊族依舊存在。這是因為：（一）士族（關隴、山東、江南）是隋唐政權的基礎，李唐皇室雖有意遏制，但並沒有成功，而士族子弟優越的學習環境與社會人際關係，上榜機會相當大。（二）科舉考試錄取名額有限制性，不足動搖隋唐官僚結構的根本。（三）考試規定並不嚴格，「干投行卷」盛行、權貴運作等影響公平；而吏部考試「身言書判」也常使寒士遭裁汰。因之舊族勢力仍得延續，寒門子弟仕途甚狹。

　　科舉制度錄取名額有限，未能造成大規模的社會階級流動。但對大多數寒族、平民而言，它是由「天賦地位」（ascribed statuses）到「獲致地位」（achieved statuses）最重要方式之一，〔註67〕並且是最有政治前途的憑藉。仕途雖狹隘、

〔註64〕　《唐會要》卷74〈選部（上）‧論選事〉，頁 1342。
〔註65〕　周愚文〈中國歷代停廢科舉制度的探討〉，頁 144。
〔註66〕　李弘祺：《中國與東亞的教育傳統（一）：中國的教育與科舉》，頁 10（導言）。
〔註67〕　「天賦地位」是指社會成員由於出生或家庭背景的直接結果，而賦予的社會地位，個人是無法改變，例如出身社會背景、族群、性別等，「獲致地位」是藉由個人努力或公開競爭獲得的任何社會地位，例如科舉考試、軍功、婚姻等。

艱苦。但仍然值得奮力進取。科舉制度漸盛行，也逐步改變唐代的社會風貌。

　　唐代士人或舉子面臨科舉考試，他所經歷是個「社會化」（Socialization）的過程。〔註68〕到地方、中央政府報名、考試，參加各種社會交際、文化活動等，他必須從自己生活環境中走出來，到社會上進行學習、歷練。在考試過程中，自己要去努力積極尋找資源與機會，為自己科舉及第增加最大的可能性。因此，唐代的士人或舉子們，其心胸、視野較為寬闊；個性、氣質也較為開放。在科考過程中，讓舉子們歷練社會人情冷暖、人性良劣，學習到人生最寶貴的課程。此種「社會化」的歷練，也可以說是拜科舉制度之賜。

　　武則天執政期間，廣開科舉，從進士科擢用人才，於是社會紛紛競爭「縉紳雖位極人臣，不由進士者終不為美」。〔註69〕武后崇文，偏重於文學詩賦的重視而非經術，此種重文輕武的趨勢，延至玄宗時代，及至天寶以來「承平日久，議者多謂中國兵銷，于是民間挾兵器者有禁；子弟為武官，父兄擯不齒。猛將精兵，皆聚于西北，中國無武備矣」。〔註70〕重進士而輕明經也導致經學的式微和文學的興盛，這是重文辭而輕經術的趨勢。「經學派與詩詞派之爭，影響所及，不僅表面上人物升降，亦且意味著士族性質的改變。在舊士族中本有一些人喜詞藻，故有一些舊族跟隨時代的變遷，加以對詩詞歌賦的喜好，賢能觀念亦有所轉變。隋唐新興士族以及許多魏晉舊族已轉變成詩詞派者，其內在性質已與魏晉以來所謂舊族家風家學者，已有重大不同」。〔註71〕不僅士族喜愛詩詞歌賦，民間社會也漸染此種風尚。文學作品往下浸潤成為社會上一般都可以品賞享用的東西。民間才把文人的作品當成是他們自己的民歌，來傳咏抄錄。在民間普遍參與、享用文學之際，整個社會逐漸轉變成一種文學化或文人化的社會。在這個社會中，文學已不只是種藝術品，更是社會生活的必須品。〔註72〕

　　科舉作為重要仕進之途之一，對社會造成深刻的影響。對於家庭的個別成員而言，登科中舉，不僅社會地位改變，家經濟狀況也由此而改變；對於

〔註68〕 「社會化」（Socialization）是指社成員，學習有關自己角色，以適應社會生存、發展的過程。

〔註69〕 《唐摭言》卷1〈散序進士〉，頁13。

〔註70〕 （宋）司馬光等撰，《資治通鑑》（台北：洪氏出版社，1980年）卷216〈玄宗天寶八年（749）四月條〉，頁6895。

〔註71〕 毛漢光，〈中古士族性質之演變〉，收錄氏著，《中國中古社會史論》，頁101。

〔註72〕 龔鵬程，〈論唐代的文學崇拜與文學社會〉，收錄淡江大學中文系主編，《晚唐的社會與文化》（台北：台灣學生書局，1990年），頁56～57。

家族發展而言，意味著家族在當地社會的提升，顯赫之族成為很大的可能。社會逐漸形成一種明確、普遍認同的人生觀與價值觀：科舉是一種榮譽的事業，功名是人生最大的理想。士人勤奮讀書，獲取功名，是整個社會（包括家庭、家族）所期待與要求。基於這樣價值取向，社會高度重視子弟讀書應舉之事，尤其是中、上階級，更加注重。以撰《史通》聞名的學者劉知幾，史傳記載：

> 劉子玄名知幾，以玄宗諱嫌，故以字行。年十二，父藏器為授古文
> 尚書，業不進，父怒，楚督之。及聞為諸兄講春秋左氏，冒往聽，
> 遲輒辨析所疑，歎曰：「書如是，兒何怠！」父奇其意，許授左氏。
> 踰年，遂通覽群史。與兄知柔俱以善文詞知名。擢進士第，調獲嘉
> 主簿。……子玄領國史且三十年，官雖徙，職常如舊。禮部尚書鄭
> 惟忠嘗問：「自古文士多，史才少，何耶？」對曰：「史有三長：才、
> 學、識，世罕兼之，故史者少。夫有學無才，猶愚賈操金，不能殖
> 貨；有才無學，猶巧匠無楩柟斧斤，弗能成室。善惡必書，使驕君
> 賊臣知懼，此為無可加者。」時以為篤論。子玄善持論，辯據明銳，
> 視諸儒皆出其下，朝有論著輒豫。歿後，帝詔河南就家寫史通，讀
> 之稱善。〔註73〕

劉知幾與其兄長（劉知柔）皆以「善文詞知名」而進士及第，劉知幾日後能成為著名的史學家，與其父親（劉藏器）早期嚴格家教密切相關。家教的培育是將個人、家庭與試應科與密切結合，有些家族更加嚴格要求子弟修業以求利祿仕途。

　　安史之亂後，新的政治、社會形勢發展，使得士族子弟在仕宦上優勢逐漸喪失，驅使他們更依賴科舉入仕一途。由於政治、社會的動盪不安，官方定制被打破，正常官吏選拔（有利於士族出身）轉進趨向使職差遣和府辟的變化（投身幕府可以較容易獲得軍功政績），有較快晉升的機會。冒籍士族（假蔭）現象嚴重，影響士族子弟的機會與仕宦。肅宗、代宗時出於吏政需要，開始限制士族子弟起家官，又規定要（高）官子弟外放，年少者只能任副職閑散，不任縣令。出任閑散之職，晉升較慢，對於士族子弟而言，無疑是個限制。〔註74〕中

〔註73〕　《新唐書》卷 132〈劉子玄傳〉，頁 4519～4522。
〔註74〕　郭鋒著，《唐代士族個案研究：以吳郡、清河、范陽、敦煌張氏為中心》（夏
　　　　　門：夏門大學出版社，1999 年），頁 174～175。

央官學投考科舉及第率低，學校教育不受視，士族子弟多以鄉貢之名投考科舉及第任官。總而言之，安史之亂後，士族子弟在仕宦上的優勢逐漸喪失，為了維持優勢，投入科考，取得仕宦機會，成為他們努力的方向之一。

　　為了獲得較有利的科舉、仕宦的機會，士族也出現了「中央化」、「官僚化」的現象。（參見第5、6頁），十姓十三家如博陵崔氏、趙郡崔氏、趙郡李氏、隴西李氏、太原王氏、瑯琊王氏、范陽盧氏、渤海高氏、河東裴氏、彭城劉氏、河東柳氏、蘭陵蕭氏、河東薛氏等，聚集在兩京附近，士族子弟成為純官僚，失去地方性格而依附中央。〔註75〕唐末五代政局混亂，戰火頻仍，聚居兩京士族，經常成為時局動亂的受害者，遭到摧毀，士族衰沒而一蹶不振，與此密切相關。此為中古時代的一項巨大的社會變遷。士族的衰落，社會再次重新建構，終有近世宋代大夫、庶民社會的形成。

　　士族階級（包括儒生）是唐政權政治、社會、文化之重要基礎。唐末王仙芝、黃巢之亂（874～884），近十年戰禍，摧毀唐代財賦重心江淮地區，大量士族、官僚也亡於戰火。其後政局是藩鎮割據與交戰。唐室也無力控制政局。昭宗時，宰相崔胤聯合朱全忠帶兵入長安，誅盡宦官。至此，朱全忠操控政權。天祐二年（905）朱全忠殺唐室李裕等人，屠殺重要朝臣，殺盡長安士族，唐政權根基已經瓦解。天祐四年（907），朱全忠篡唐即皇帝位，國號大梁，李唐王朝至此滅亡。

　　唐代教育科舉化，在「社會流動」、「社會風尚」產生重大的影響不僅在當時，也影響日後中國的社會。「雖然隋唐時代世襲貴族的影響還是根深蒂固，但是由進士科出身十分困難，因此選拔了不少非常優秀的人才，他們的表現顯然十分出色，不只能在文化上（例如寫作詩賦）勝過貴冑的子弟，連在政治上的影響力上也漸漸勝過後者。科舉的地位就這麼奠定。中唐（第八、九世紀）以後，傳統世族崩落殆盡，漸漸多的人選擇參加考試，進士出身變成了社會的中堅，他們在政府任官，產生極大的影響力。我們可以說，中國的考試制度就這樣變成了一個最基本的維繫健全社會的樞紐了」。〔註76〕「考試具有促進社會流動的功能……科舉制度在下層官員中引進了比較多貧寒人

〔註75〕毛漢光，〈從士族籍貫遷徙看唐代士族之中央化〉，收錄氏著《中國中古社會史論》，頁336～337。

〔註76〕劉海峰〈科舉教育與「科舉學」〉收錄李弘祺編《中國與東亞的教育傳統（一）：中國科舉與教育》，頁52～53。

士，儘管通過科舉進入仕途的競爭十分激烈，但科舉制度至少給了一般寒士做夢的權力和實現夢想的機會。由於家庭經濟基礎和受教育的條件存在差異，不同背景的舉子往往站在不同的起跑線上。……現代中國人具有較強的進取心，與科舉制度下形成勇於進取、及第爭先的傳統不無關係」。〔註77〕

三、女性的地位與角色

　　唐初利用官學教育配合科舉作為主要工具以鞏固政權，武則天則以廣開科舉選拔新秀，來「翻轉」關隴集團長期的優越地位，廣納不同地域士族（或寒門），強化其政治、社會基礎。官辦學校有限，教學與考試脫勾，人們大多數接受私學教育，研習經學、文學以通過地方考試，取得「鄉貢」資格以應舉，此為中晚唐普遍趨勢。

　　為了應試，各種類型私立教育及組織（或方式）出現，其中以家庭教育扮演最重要的角色，現今教育家也指出家庭教育的重要性有（一）促進個體社會化的最佳方式（二）促進兒童身心的充分發展（三）可以培養優秀人才（四）與家庭幸福相輔自相成（五）可以預防青少年的偏差的行為。〔註78〕質言之，家庭教育是個人成長，社會發展重要基礎與成敗榮辱的關係。

　　家庭是個人出生後首先接受教育的場所，父母是幼兒時第一位教師；家庭教育是個人「非正式教育」最早的場所，〔註79〕因為一個人生活成長到成人，家庭的影響力最大，對於幼兒日後的人格、智慧、生活技能、情緒、價值觀等皆有深遠影響。在唐代家庭教育中，婦女「賢妻良母」的角色，變得十分重要。她不僅要鼓勵大夫追求科舉功名，榮華富貴，如杜羔、湛賁之妻（參考149頁）；更要培育自己兒女，讀書學字，教授啟蒙讀物、背誦文學以作未來科舉準備，此種現象，普遍存在於士大夫（或士族）之家，婦女這種的角色與地位，在現存唐代墓誌銘中不勝枚舉。〔註80〕也由於這樣的關係，士子追求「名門（族）女」，不是僅有政治、社會的意涵而言，它還具有更深文化、學術的意義所在。

〔註77〕劉海峰〈科舉教育與科舉學〉，頁53--54。
〔註78〕周新富，《家庭教育學：社會學取向》（台北：五南出版社，2006年），頁8～11。
〔註79〕「非正式教育」是指並非制度性（學校教育），家教、私塾、民間社學、山寺修業等皆屬之。
〔註80〕周愚文〈唐代婦女與家庭教育初探〉收錄氏著《中國傳統婦女與家庭教育》（台北：師大書苑出版社，2005年），頁9～36。

追娶名族出身的女性，不限於社會背景，尚有教育、文化上的目的。〔註81〕這些出身名門的女性家教禮法嚴格，更具有相當學術、文化素養，「相夫教子」兩相宜。科舉制度盛行，也直接或間接影響到女性的地位與角色。

唐代女性幼年接受詩文、禮儀教育，出閣（嫁）後母親兼任教職的情形，常見於史傳，茲舉例說明：

《舊唐書》卷166〈元積傳〉載：

> （元）積八歲喪父。其母鄭夫人，賢明婦人也，家貧，為積自授書，教之書學。積九歲能屬文。十五兩經擢第。二十四調判入第四等，授秘書省校書郎。二十八應制舉才識兼茂、明於體用科，登第者十八人，積為第一，阮和元年四月也。制下，除右拾遺。〔註82〕

《舊唐書》卷160〈楊憑傳〉載：

> 楊憑字虛受，一字嗣仁，虢州弘農人。少孤，其母訓道有方。長善文辭，與弟凝、凌皆有名，大曆中，踵擢進士第，時號「三楊」。憑重交游，尚氣節然諾，與穆質、許孟容、李廓相友善，一時歆慕，號「楊、穆、許、李」。〔註83〕

《舊唐書》卷181〈李紳傳〉載：

> 李紳字公垂，中書令敬玄曾孫。世宦南方，客潤州。紳六歲而孤，哀等成人。母盧，躬授之學。為人短小精悍，於詩最有名，時號「短李」。蘇州刺史韋夏卿數稱之。葬母，有烏銜芝墜輀車。元和初，擢進士第。〔註84〕

以唐代中期著名詩人元積為例，幼兒基礎教育來自於鄭夫人；曾任憲宗元和年間的宰相李紳，幼兒教育也是來自母親盧氏。而楊憑三兄弟在大曆中相繼及進士第，也來自「其母訓導有方」。

根據研究，士庶出身的婦女婚後住夫家，生活重心全在夫家，此觀念是視為天經地義。〔註85〕婦女嫁入夫家之後，「相夫教子」、經營家族等，成為

〔註81〕唐高宗時宰相薛元超曾云：「吾不才，富貴過人，平生有三恨：不以進士擢第、不娶五姓女，不得修國史。」（《唐語林》〈企羨〉文中「五姓」是指當時世族高門：清河崔氏、范陽盧氏，滎陽鄭氏、太原王氏、趙郡李氏五家。這五大士族，家世顯赫詩書傳家禮教甚嚴而聞名於世。

〔註82〕《舊唐書》卷166〈元積傳〉，頁4327。

〔註83〕《新唐書》卷160〈楊憑傳〉，頁4970。

〔註84〕《新唐書》卷181〈李紳傳〉，頁5347。

〔註85〕陳弱水，《唐代的婦女文化與家庭生活》（台北：允晨文化，2007年），頁42、

婦女生活的重心。不少士大夫將他們學習經典和獲得初級、基本知識、學問的體驗歸功於母親的引介，已經是相當普遍之事。如果男人沒有推崇或參與科舉功名的追求，女人的生命（生涯）和活動應可能不會有多大轉變。在唐代社會婦女擔任幼小子女的教育工作者，她們也維持家庭的經營，建立一個健全的家庭與社會。在唐代科舉競爭激烈的情形下，由於經由科舉入仕能使家族興旺發達，可能導致對婦女「相夫教子」提出更高的要求，因此她們具有一定的文化水準。此條件成為士人家庭選擇有才女性為妻的標準。在中晚唐進士的聯姻的對象，尤其是進士科背景重視娶家庭的文化背景，而不是純粹的權勢和經濟實力。〔註86〕社會上挑選女性，也特別著重家風。「夫人姓盧氏，范陽人。……盧某舊門，承守不失其初，其子女聞教訓，有幽閒之德，為公子擇婦，宜莫如盧氏」。〔註87〕范陽盧氏為山東舊族，優質家風，成為士人擇婦的優先考量。

　　另一方面，無論是宗室、士庶家庭等，都企圖藉由教育對女性進行禮法、道德上控制。安史之亂後，不見皇室公主再嫁的紀錄；《女孝經》、《女論語》流傳社會，可以說是加強禮法控制的結果與企圖。〔註88〕

四、社會資源的耗損

　　由於教育發展深受科舉制度的主導，使得士子致力於舉業，謀取個人與家族的成就與榮耀，但科舉錄取率極低，大多數應舉者慘遭黜落的命運。著名史家錢穆云：「漢代的選舉，是由封建貴族中開放政權的一條路。唐代的公開競選，是由門第特殊階級中開放政權的一條路。唐代開放的範圍，較諸漢代更廣大，更自由。所以就此點論，我們可以說唐代的政治又進步了。當時一般非門第中人，貧窮子弟，為要應考，往往借佛寺道院讀書。如王播即是借讀於和尚寺而以後做到宰相之一人，飯後鐘的故事，至今傳為嘉話。但唐代的科舉制度，實在亦有毛病。姑舉一端言之，當時科舉錄取雖有名額，而報名投考則確無限制。於是因報考人之無限增加，而錄取名額，亦不得不逐

75。
〔註86〕劉琴麗，《唐代舉子科考生活》（北京：科會科學出版社，2010年），頁232、238。
〔註87〕《韓昌黎集》卷6〈扶風郡夫人墓誌銘〉，頁252。
〔註88〕孫順華，〈唐朝婦女觀之嬗變與社會政治〉，文刊《文史哲》2000年第2期，頁100～105。

步放寬。而全國知識份子，終於求官者多，得官者少，政府無法安插，祇有擴大政府的組織範圍。唐代前後三百年，因政權之開放，參加考試者愈來愈多，於是政府中遂設有員外官，有候補官，所謂士十於官，求官者十於士，士無官，官乏祿，而吏擾人，這是政權開放中的大流弊。」〔註89〕

科舉制度「錄取雖有名額，而報名投考則無明確限制」，產生「求官者多，得官者少」，科舉制度提供舉子一個「高貴」的夢想，期待士子將幸福、成敗托於考試上，即使深悉及第之困難，也要奮力一博。成功登第者，萬般殊榮加諸於身；落第者品嘗人世間的悲涼。韓愈〈太學生何蕃傳〉論述「太學生何蕃，入太學者廿餘年矣。歲舉進士，學成行尊，自太學諸生推頌不敢與蕃齒，相與言於助教、博士，助教、博士以狀申於司業、祭酒，司業、祭酒撰次蕃之群行焯，焯者數十餘事，以之升於禮部，而以聞於天子。京師諸生以薦蕃名文說者。不可選紀。公卿大夫知蕃者比肩立，莫為禮部；為禮部者，率蕃所不合者，以是無成功」。〔註90〕雖然何蕃品行優良，但因知道何蕃的公卿大夫很多，但沒有人在禮部為官；而在禮部為官者，卻都與何蕃不合，所以投考進士「以是無成功」。缺乏禮部官員的奧援與權貴的推薦使何蕃成為科考上的「常敗軍」。

科舉制度像之社會之網，迫使很多年青才俊，在親友的社會壓力之下，走向應舉之路。

劉禹錫〈送裴處士昌禹應制舉〉：

裴生久在風塵裏，氣勁言高少知己。
注書曾學鄭司農，歷國多於孔夫子。
往年訪我到連州，無窮絕境終日遊。
登山雨中試蠟屐，入洞夏裏披貂裘。
白帝城邊又相遇，斂翼三年不飛去。
忽然結束如秋蓬，自稱對策明光宮。
人言策中說何事，掉頭不答看飛鴻。
彤庭翠松迎曉日，鳳銜金榜雲間出。
中貴腰鞭立傾酒，宰臣委佩觀搖筆。
古稱射策如彎弧，一發偶中何時無？
由來草澤無忌諱，努力滿挽當雲衢。

〔註89〕 錢穆，《中國歷代政治得失》，頁56～57。
〔註90〕 《韓昌黎集》卷2〈太學生何蕃傳〉，頁74。

憶得童年識君處，嘉禾驛後聯牆住。

垂釣鬭得王餘魚，躡芳共登蘇小墓。

此事今同夢想間，相看一笑且開顏。

老大希逢舊隣里，為君扶病到方山。

《唐才子傳》卷 7〈李群玉傳〉載：

> （李）群玉，字文山，灃州人也。清才曠逸，不樂仕進，專以吟詠
> 自適，詩筆遒麗，文體豐妍。好吹笙，美翰墨，如王謝子弟，別有
> 一種風流。……親友強之赴舉，一上即止。裴相公休觀察湖南，厚
> 禮延致之郡中，嘗勉之曰：「處士被褐懷玉，浮雲富貴，名高而身不
> 知，神寶寧乞棄荒途？子其行矣。」大中八年（854），以草澤臣來
> 京，詣闕上表，自進詩三百篇。（裴）休適入相，復論薦。上（宣宗）
> 悅之，敕授弘文館校書郎。〔註91〕

裴撰〈唐故處士崔府君墓誌銘並述〉：

> 「君諱黃左，字黃左，清河東武鄉人。……君自貫成童，則好屬詞，
> 尤善篇什。既冠而名顯於諸生間，本以文學自娛，不求聞達，至強
> 仕之年，方舉進士，迫親朋之意也。嗚呼！本非其忘，終無成，與
> 命與才，一何相遠？以貞元十二年（796）九月十六日遘疾，終於京
> 兆府同官縣之旅之，春秋五十五」。〔註92〕

劉禹錫心中的裴處士本是氣勁言高，飽學多聞之士，個性孤高，似閒雲野鶴，
不受羈束之人，但為何改變心志，投向科考，他只有「掉頭不答看飛鴻」來
回應、看來並非心甘情願。劉禹錫只有回憶當年情景，並祝福金榜題名，科
舉及第。李群玉，才華出眾，多才多藝，在「親友強之赴舉，一上即止。」
由於裴休引薦，以干謁獻詩方式，獲得官職。崔黃左，「本以文學自娛，不求
聞達。」結果至五十五歲逝亡而未獲取功名，真是悲命矣。滅唐的朱溫，其
父朱誠，是位平生讀書，虛耗青春，不登一第，在家鄉教授五經，號稱「朱
五經」的鄉塾教師。〔註93〕熱衷科舉，甚至年老而未改其志。「天復元年（901），
杜德祥榜，放曹松、王希羽、劉象、柯崇、鄭希顏等及等。……皆以詩卷及

〔註91〕《唐才子傳》卷 7〈李群玉傳〉，頁 459。
〔註92〕裴撰，〈唐故處士崔府君墓誌銘並述〉，收錄周紹良編《唐代墓誌彙編（下）》
〈元和○九一條〉，頁 2013。
〔註93〕（宋）羅大經撰，《鶴林玉露》（東京：古典研究會）卷 12〈朱溫母兄〉，頁
135。

第,，亦皆年逾耳順矣。時謂『五老榜』」。〔註 94〕而文獻所載年齡最大的狀元及第的尹樞，其年已逾七十歲。〔註 95〕

　　科舉制度，讓無數年青人花費很多生命與精力在應試；將自己最寶貴的年華歲月用在詩賦、文學的研習，而不能用在其它方面，如高深的經史研究、獨創性文學創作、實用的技藝創造、經世濟民的社會事業等。科舉落第者，可能面臨親友的諷刺、責難；有人沈緬於酒醉情色；以求去卻和消沈；也有另謀他路，尋找人生另外發展。甚至貧病交迫，坎坷一生，鬱鬱以終。〔註 96〕為了謀取功名，很多重考直到及第登科。韓愈在長安應試六年，才登進士第，又應博學宏詞（制舉）數年一直未考上，只好離開長安，就任幕府。他在〈上宰相書〉云：「四舉于禮部乃一得，三選于吏部卒無成」。〔註 97〕著名學者、文人李翱、李商隱、沈亞之等人也是考了五、六次才進士及第，而有更多是考了一、二十年，甚至終身未及第者。科舉制度「誘惑」數萬舉子汲汲於仕途利祿，但也損耗個人家庭與社會資源，形如人生另類「傷慟」。

第三節　教育與文化

　　以社會學衝突的觀點來看，教育具有維護社會現狀的功能，即指教育制度傳遞的文化並非毫無偏見的真理，也不是「整體社會的共同文化」，而是對支配團體有利的知識、信仰與價值觀。另一方面，教育也具有對抗支配團體的功能，當教育系統無法完全有效將支配（統治）團體合理化，終致產生對抗支配團體的功能，教育無法完全而徹底地維持與複製不公平的社會結構。〔註 98〕質言之，教育對社會文化上的功能與影響正負面皆是並存。在唐代，文學、經典、教育、考試是種將文化、社會、政治與教育有機結合的有效機制，它既能適應官僚政治的需要，也能維持王朝的社會結構。科舉制度可以篩選符合統治者所需要的知識、才能與價值觀，也是儒家文化價值的體現。

〔註 94〕《唐摭言》卷 8〈放老〉，頁 266。
〔註 95〕《唐摭言》卷 8〈自放狀頭〉，頁 252。
〔註 96〕《雲谿友議》卷下〈名義士〉載：廖有方故事，安葬落第生胡秀才的故事（頁 60）；《唐語林》卷 1〈德行〉載李勉為赴舉考生，疾作身亡，為其葬禮埋金，俟其兄弟前來開封還金的故（頁 3）。
〔註 97〕《韓昌黎集》卷 3〈上宰相書〉，頁 89。
〔註 98〕黃鴻文，〈教育的功能〉，頁 73～75。

一、儒家思想深植社會

傑洛姆‧布魯納（Jerome S. Bruner, 1915～）對於「文化、心靈與教育」有段深切論述：

心靈要是不通過文化，就根本不可能生存下來。因為人類的心靈乃是和一種生活方式的發展緊緊相連，在其中，「現實」經由一種符號構成（symbolism）而再現（represented），而這種符號構成又是由一個文化社群的成員所共同分享的，他們必須透過這種符號構成來組織和構想他們的技術/社會生活。文化乃是超有機體的（superorganic），但它也一樣會塑造各個個體的心靈。雖然意義是「在心靈裡」，但意義的根源和重要性卻來自於文化，因為它確實是在文化裡創制出來的。……因為，不論一個人多麼能夠在其自身中運思，但卻沒有一個人能不在文化符號系統的輔助之下來執行意義的追求。文化提供了工具，使我們得以可溝通的方式來組織與瞭解我們的世界。所以，雖然文化本身是人造的，但它卻也形成了確然的人類心靈工作方式。以此而觀之，學習與思考永遠都是置身在文化情境裡，並且永遠都需依賴文化資源的使用。〔註99〕

從上述而言，基本觀念在於「心靈源於文化，通過文化而存在」、「學習與思考（教育）永遠都是置身在文化情境，並且永遠都依賴文化資源的使用」。因此，形塑一個心靈（或思想）來自文化；教育是傳遞文化的重要途徑。〔註100〕對於一個統治王朝而言，如何藉著教育、文化的力量來鞏固政權，成為一個重要的課題。

〔註99〕 Jerome Bruner 著，宋文里譯，《教育的文化：文化心理的觀點》（台北：遠流出版社，2001 年），頁 29～30。

〔註100〕 有關「教育與文化」論述最精闢是現代「文化教育學派」，其中以斯普朗格（E. Spranger 1882 ～1963）最具代表，他的主要思想與觀點「從文化教育學的觀點去看教育，教育的作用在於：一為保存文化；二為創造文化；三為傳遞文化。人創造了文化，而「文化財」（Kulturgüter）是具有陶冶的價值的，因為它是人類知慧經驗的累積，應該予以保存或延續，使文化能綿延不斷。同時，教育也是藉客觀精神以完成主觀精神，也是藉客觀的文化財來充實個人的生活，喚起其價值意識，進而有所創造，增加新的成分。前一段是「文化繁殖」（Kulturfortpflanzung）的作用；後一階段便是「文化創造」（Kultursehaffung）。人有創造文化的能力，所以新的文化不斷地出現，同時帶動了文化不斷地進步。延續文化，就應該傳遞文化，傳遞文化就是上一代的人將文化傳給下一代，而下一代的人應該接受，其施受方式，以教育為之。詹棟樑〈精神科學的教育思想〉收錄中國教育學會主編，《現代教育思想》（台北：師大書苑出版社，1998 年），頁 178～179。

　　唐代雖是儒、釋（佛）、道教並存的文化、社會；但在政府「崇聖尊儒」的文化、教育政策下，儒家仍有較大的優勢地位。〔註 101〕鑑於魏晉南北朝以來儒家經籍版本、注疏、論述的複雜、零亂、錯誤等問題，唐太宗於貞觀初年，下令孔穎達、顏師古等學者整理經籍，以利明經科考試（版本標準化）。「儒家文化的觀念體系，藉由標準解釋（孔穎達《五經正義》）是傳達統治階層意志，最有效的途徑。在某種程度上說科舉制度是有效控制儒家文化發展走向，將某個個人對儒家的政治和道德的解釋確定為科舉考試的標準答案，則更完整地體現了集權專制時代政治和儒家文化之間的相互依存關係。儒術因為適應考試的標準化而失去學術的生命力與創造力，儒家的傳統文化得以全面繼承，也得益於消除異端，確立一尊的努力。

　　唐初政府企圖以行政力量建立一個全國範圍的學校（教育）網路，基本上它循兩個方向來進行，一則教育資源，向平民階層開放，使受教者更眾多，〔註 102〕二是向邊地推廣教育，教育資源下放，以利政府推行儒家思想的教化工作。〔註 103〕基本上，唐初的官方教育取得部分成功（或績效），儒家文化上的優勢，逐漸顯著。到了中晚期，官學教育被科舉考試同化（或覆蓋）而變得衰沒，甚至有名無實。但唐代統治並未放棄教育，培養人才，傳遞文化的重要工作，只要情況許可，乃然以振興教育作為施政的重要項目。

　　官學教育重視儒家經典課程，私學則側重文學詩賦與策論的學習。唐代官學並未達到大眾教育的目標，政府支持教育和科舉，是基於科舉能在全國各地成功地輸送各地菁英，參與統治階層；並藉此獲得效忠政府的優秀人才。以統治者立場而言，教育制度最重要的功能是教導人民教化社會以維持當朝政權。「儒家文化的內化，藉由科舉與教育來進行，士大夫在經典價值觀（Classical values）和思維模式的再生產（或複製，reproduction）皆源於自身研習，接受教育的賦予，很多人不會對此產生巨大的質疑，因為王朝政權與士人間共構統治階級，彼此間相互依賴，共存共榮」。〔註 104〕從唐代中期到五代，隨著儒家經典與童蒙讀物的廣泛流傳，儒家意識型態與價值觀，藉由不

〔註 101〕宋大川，《唐代教育體制研究》（太原：山西教育出版社，1998 年），頁 1～48。
〔註 102〕寧欣，〈中央官學的演變與社會流動〉，收錄氏著《唐史識見錄》（北京：商務印書館，2009 年），頁 125～126。
〔註 103〕萬昌華、趙興彬著，《秦漢以來基層行政研究》（濟南：齊魯書社，2008 年），頁 130。
〔註 104〕Benjamin Elman 著，復旦大學文史研究院譯，《經學、科舉、文化史》，頁 195。

同的教育組織、類型，深根於民間社會，延續到北宋，發展為儒學為主體的社會與文化，絕非偶然，此種暗潛轉變的力量即是教育。

在教育與科舉制度下，國家進行統一文化的導向功能，驅使士人學子努力學習與接受儒家的政治思想與倫理原則，無論是教育或考試，都將士人的思想納入「吾彀中」，欲其一心忠君也。此種有效之社會控制，比較於以往的察舉與門選，優勝太多矣。在儒家文化的長期薰陶下，大凡為士人或儒生者，他們熟讀儒家經典，修身養性，抱持經世致用的理想，在道德上也有一定的水準，出為仕宦，不少人有傑出的表現，成為忠臣或良吏。

安史之亂時期，張巡、許遠死守睢陽。「守一城捍天下，以千百就盡之卒，戰百萬日滋之師，蔽遮江淮，沮遏其勢，天下之不亡，其誰之功也」。〔註105〕張巡、許遠能夠堅苦死守，「忠君」最其關鍵所在。〔註106〕安史之亂後，河朔藩鎮的節度使的擁立，仍要得到監軍使的認可，並由他們奏報中央批准，「須借朝廷官爵威命以安軍情」，顯示驕藩在政治上奉事朝廷的象徵。〔註107〕此種「象徵」即「忠君」的表現，取得「正式」職位的「合法性」。

唐代中晚期，出現以啖助、趙匡、陸質為主的《新春秋學》。他們一改唐初經學章句之學，重視學術探討與義理發揮。安史之亂後，出現的政治、社會危機，是新春秋學產生的外在刺激因素。這些學者闡發《春秋》之學是為救時之亂，革禮之薄，尊王室、正陵僭；力主中央權威，維持大一統政權。在此學術風潮下，興起革新氣氛，因而出現「永貞革新」運動與唐文宗「甘露之變」。〔註108〕新春秋學的理念，藉由教育傳播，社會網路的流傳，成為一股勢力，「內化」為士人階層的重要政治價值。〔註109〕此精神價值，可以說是維繫唐政權的文化根基。

安史之亂後，宦官之禍成為唐朝最大的內憂。唐君、朝臣所嫉惡，欲加以剷除。唐大宗大和二年（828）「劉蕡事件」（參考第39頁）後，唐文宗企

〔註105〕《韓昌黎集》卷2〈張中丞（巡）傳後序〉，頁44。

〔註106〕曹仕邦，〈張巡、許遠死守睢陽的決心來源一個新探討〉，文刊嚴耕望先生紀念集編委會，《嚴耕望先生紀念集》（台北：稻鄉出版社，1987年），頁183。

〔註107〕張國剛著，《唐代藩鎮研究》（北京：中國人民出版社，2010年），頁49。

〔註108〕吳海蘭，〈唐代新春秋學與政治〉，文刊《人文雜誌》2003年第4期（2003年7月），頁136～141。

〔註109〕「內化」（internalization）是指個人將別人或外在社會的觀念、態度、價值標準等慢慢轉化成自己的觀念、態度、價值標準，而終於變成自己內在的心理特質或人格的特質的一部分。文刊《教育大辭書》（一），頁926～927。

圖與宰相宋申錫等籌劃，最後以失敗而終。宋申錫遭受貶死（大和五年，831），成為一種政治悲劇。宋申錫為人清廉正直，效忠君主，真誠動人。在他被罪時向其妻言：「吾自書生被厚恩，擢相位，不能鋤去奸亂，反為所羅織，夫人察申錫反者乎？」〔註110〕宋申錫可以說是忠臣的一種典範。另一場反宦官的激烈政治鬥爭則是「甘露之變」（大和九年，835）。此次鬥爭，由唐文宗、鄭注、李訓等計劃，結果以悲劇收場。鄭注、李訓、王涯等人遭殺害。在此事變中被殺害也以「宿儒大臣」居多。〔註111〕從「劉蕡事件」、「宋申錫事件」、「甘露之變」等呈現儒家意識根深於士人與儒生思想中，化為具體的行動。

自安史之亂後，在士人中就存著「維新」的想法，希望「革正風」、「歸正道」，與李吉甫、裴度、李德裕，在政治上外禦異族，內平藩鎮，維持皇權，以重建國家秩序的思路相呼應，韓愈和李翱及一批士人也有一種要在思想上重新確立儒家學說的權威。到了九世紀初，接續古代中國「尊王攘夷」的口號、精神，成為士人對國家政權和思想的願望。〔註112〕具體來說，士人思想及社會風尚的這股力量是維繫唐帝國於亂世而延續百餘年之久的關鍵所在，而凝聚此精神力量，則為教育長久培育以致成。

二、由雅入俗

唐初文化是以士族文化為主體，進入中晚唐，通俗文化漸成建構「雅俗並存」的社會。中晚唐文壇盛事是「新樂府運動」與「古文運動」，兩者興起，推動文化上的新風貌。

「新樂府運動」主要核心人物是白居易與元稹，他們兩人交情篤深，常有唱和，詩歌作風類似，皆以「淺切易懂」為其特色，通稱「元白」。他們了解社會實情，用文學表達庶民生活實況。「非求宮律高，不務文學奇；惟歌生民病，願得天子知」。〔註113〕當時社會上文人、學子競相仿傚「元和體」，成

〔註110〕《舊唐書》卷 167〈宋申錫傳〉，頁 4371。

〔註111〕《新唐書》卷 207〈宦者（上）・仇士良傳〉載：「王涯等八人皆宿儒大臣，顧保富貴，何苦而反。」（頁 5873）。

〔註112〕葛兆光著，《中國思想史第二卷：七世紀到十九世紀中國的知識、思想與信仰》（上海：復旦大學出版社，2004 年），頁 134～139。

〔註113〕白居易，《白居易集（一）》卷 1〈寄唐生〉（台北：漢京文化，1984 年），頁 15。

為文壇風潮。〔註 114〕元稹論白居易詩歌流傳情形：「然二十年間，禁省、觀寺、郵候墻壁之上無不書。王公、妾婦、牛童馬走之口無不道。至於繕寫與模勒，衒賣於市井，或持之以交酒茗者，處處皆是。……予於平水市中，見村校童競習詩，召而問之，皆對曰：「先生教我樂天，微之詩。」……自篇章己來，未有如是流傳之廣者」。〔註 115〕由於「元和體」詩尚俗淺，推動庶民學習的興起，鄉村私校也傳授教學，提升社會的文化水準。「元和體」的影響不僅限於唐代，也開啟宋詩，甚至清末民初的詩壇上，都有其影響力。〔註 116〕

「古文運動」不僅是儒學復興運動，也是文學革新運動。陳寅恪在〈論韓愈〉一文指出：「退之（韓愈）之古文及用先秦、兩漢之文體，改作唐代當時民間流行之小說，欲藉之一掃腐化僵化不適用於人生之駢體文，作此嘗試而能成功者，故名雖復古，實則通今，在當時為最便宣傳，甚合實際之文體也」。〔註 117〕韓愈進行文體上改革。「用先秦、兩漢之文體，改作唐代當時民間流行之小說」，即是採用「通俗化」路線「最便宣傳」。與「元白體」相同，兩者皆強調文學的社會性與功能性，改變以往以頌美為雅正的傳統文學觀。

唐代通俗文學以傳奇、變文為代表。傳奇是短篇小說。它源自魏晉南北朝志怪小說而有所創新。其成長背景與科舉制度、古文運動、道家思想盛行，男女共享社會，雕刻印書術發達等密切相關。〔註 118〕傳奇取材，大多數以才子、佳人、英雄、俠客、神仙故事為主。作品大多成於唐代中期肅、代、德、順、憲宗朝（約 750～850）之間，作者大多是進士出身，傳奇的主角，也多是此輩人士。〔註 119〕傳奇有以下特色：（一）傳奇並非文人筆錄傳聞，而是作家精心刻意創作，（二）在篇章結構、敘事策略、行文語詞、人物刻劃、對話安排、細節描寫等都有很好的佈局，（三）語言真切細膩，相當口語化，表現通俗化的傾向。〔註 120〕唐代傳奇較著名的有《枕中記》、《柳氏傳》、《霍小玉傳》、《李娃傳》、《崔鶯鶯傳》、《虯髯客傳》、《東城父老傳》、《秦夢記》等。傳奇經由民間藝人「說書」加以推廣，用唱詞、戲劇、淺顯白話方式表達，

〔註 114〕元稹，〈卜令狐相公詩啟〉，文刊《全唐文》卷 653，頁 2942。
〔註 115〕元稹，〈元稹集〉卷 51〈白氏長慶集序〉，頁 555。
〔註 116〕宋立英著，《元和詩壇研究》（上海：上海古籍出版社，2010 年），頁 1。
〔註 117〕陳寅恪，〈論韓愈〉，收錄氏著《陳寅恪先生文集（一）》，頁 285。
〔註 118〕劉瑛著，《唐代傳奇研究》（台北：聯經出版社，1994 年），頁 57～58。
〔註 119〕劉瑛著，《唐代傳奇研究》，頁 78。
〔註 120〕李斌城主編，《唐代文化》（I 上），頁 227。

深受廣大社會民眾喜愛。其流傳之速，傳布之廣，對日後宋元話本、戲劇影響很大。〔註121〕「說書」人成為社會教育的傳播者；而宋元通俗文學之發達，實惠於「唐代遺產」。

唐代變文，大致可分講經與講故事，前者以講解佛教義理；後者有佛教、歷史、對話體故事等。變文在唐代社會相當流行，它是種佛教的通俗宣講（或稱俗講），由佛僧或民間藝人來擔任宣講人士。它有說（講）唱，也有圖畫配合說明，此種表達、傳播形式，深受社會下階層歡迎，成為民眾通俗文藝的一部分，現今敦煌出土中有著名變文有《維摩詰經講文》、《阿彌陀經講經文》、《太子（佛祖）成道經變文》、《大目乾蓮冥間變文（或《目蓮變文》）》、《伍子胥變文》、《王昭君變文》、《孔子項託相問書》、《薰子賦》、《茶酒論》等。變文語言通俗生動，故事曲折波瀾，善於鋪陳等，影響到宋元以降的諸宮調、寶卷、鼓詞、戲劇藝術發展。〔註122〕

由於教育與科舉的關係，庶民接受教育資源與機會增加。中晚唐通俗文學作品有講經、變文、話本、俗講（或講唱）、寓言、小品文等相當流行。藉著私教形式如家庭、社會、私塾教育等方式，使知識、道德等傳播於庶民社會，發展出層次較高的「通俗文化」。〔註123〕根據研究，唐代庶民階層在歷史地理、天文曆法、音樂舞蹈、醫學、數學、農學、文學、倫理道德、社會常識等，皆有相當高的知識水平。這可以歸功於唐朝政府對文化教育的重視與庶民階層的勤奮努力。〔註124〕通俗文化深植於民間社會，是長久教育學習累積的結果。擔任宣講的僧侶或民間藝人擔任宣傳者的作用，以直接宣講或文藝性說唱的方式，用通俗易懂又鮮明的形式表達出來，進行社會教育。〔註125〕

另一方面，由於教育漸發達，庶民有機會學習禮學。政府頒布《貞觀禮》、《顯慶禮》、《開元禮》、《元和新定書儀》等，還有《珠玉抄》、《兔園策府》、《勵忠節抄》、《辨才家教》、《婚儀》、《朋友書儀》、《太公家教》等民間通俗

〔註121〕劉瑛著，《唐代傳奇研究》，頁154～157。

〔註122〕孫昌武，《隋唐五代文化史》，頁220。

〔註123〕「通俗文化（folk culture）」也譯作「庶民文化」、「俗民文化」等，通常由庶民社會所創造的文化或生活方式，最大特徵是親屬關係在社會運作中占重要性，土生土長，用傳統習俗、社會習慣等作為社會規範。

〔註124〕吳楓、鄭顯文，〈唐代庶民階層的文化素質初探〉，收錄中國唐史學會編，《中國唐史學會論文集（1993）》，頁193。

〔註125〕謝思煒著，《隋唐氣象》（台北：雲龍出版社，1995年），頁94～95。

著作，適合庶民閱讀學習。藉由社會、家庭教育的推展，「禮被應用於家庭內部；廣泛應用於制度裏；應用於社會交往之中」。禮學成為唐代社會生活，行為規範的指引，庶民禮學成為唐代社會的重心之一。〔註 126〕最末，唐代「俗講」說書、小說、講史等通俗文化已出現，也為宋代所繼承並發揚，成為宋代通俗文化最顯著的代表。〔註 127〕在文學上，唐末以溫庭筠為首所謂「花間派」，結束唐詩的殘局，往下開啟（宋）詞學的端緒。唐末五代為詞學的萌動發越時期，創意之詞較多，「花間派」影響力長久而且偉大，形成「詞」體的特色。〔註 128〕

三、文學社會的形成

科舉盛行後，社會上觀念就以「進士為士林華選；四方觀聽，希其風采」，〔註 129〕在貞觀永徽年間「縉紳雖位極人臣」若不是進士科出身「終不為美」，參加進士科的士子，在應考之前，就被推為「白衣公卿」、「一品白衫」。〔註 130〕在盛唐以後，以進士科最為社會上所重視，進士科是文學詩賦取士，比起明經科重視記憶性的考試，更能給予較大自由發揮的空間與表現自己才華的機會，加上進士科及第升遷容易，位至公卿將相的機會較多，因此被視為「士林華選」。進士登科，不僅受到社會尊崇，連唐宣宗也十分羨慕，以至於在宮廷自題「鄉貢進士李顯龍」。〔註 131〕

唐代科舉考試並不糊名，考生姓名書寫於考卷上，這使主考官評定考試成績，有對「人」不對「文」的可能性。主考官在決定及第名單時，並不完全依據試卷，他們會參酌士子的社會聲譽、出身背景、文學造詣等，作為錄

〔註 126〕 鄭顯文，〈唐代禮學的社會變革〉，文刊《人文雜誌》1995 年第 2 期（1995年 3 月），頁 77～81。

〔註 127〕 游國恩等主編，《中國文學史》（下）（台北：五南出版社，1990 年），頁 676。

〔註 128〕 陳慶煌，〈花間十八家詞研析〉，收錄淡江大學中文系主編，《晚唐的社會與文化》（台北：台灣學生書局，1990 年），頁 441～470。「花間派」是來自《花間集》收錄十八作家的作品，起自晚唐，下到五代。共有溫庭筠、皇甫松、韋莊、薛昭蘊、牛嶠、張泌、毛文錫、牛希濟、歐陽炯、和凝、顧夐、孫光憲、魏承班、鹿虔扆、閻選、尹鶚、毛熙震、李珣等十八等，從他們作品中可以看出唐詩到宋詞的轉變。

〔註 129〕 《通典》卷 15〈選舉（三）歷代制（下）〉，頁 358。

〔註 130〕 《唐摭言》卷 1〈散序進士〉，頁 13。

〔註 131〕 （宋）王讜撰，周勛初校證《唐語林校證》（北京：中華書局，1997 年）卷 4〈企羨〉，頁 370。

取的重要依據，稱之「榜貼」，在確定「榜貼」時，參考社會達官顯赫權貴之士的意見，決定錄取名單，稱為「通榜」。另有一特殊現象，稱之「行卷」。應試的考生可以將自己的文學創作加以編輯，寫成卷軸（或成書冊），在考試前將自己的作品呈送給當時在政治、文化上有崇高地位聲望的人，請求他們向主考官推薦，增加自己知名度，提升及第的機會。在中唐歷史上最著名的是白居易（772～846）。史載「（白居易）年十五六時，袖文一篇，投著作郎顧況。況能文，而性浮薄，後進文章無可意者。覽居易文，不覺迎門禮遇曰：吾謂斯文逐絕，復得吾子矣」。〔註132〕顧況在當時文壇上應頗有地位，看見白居易詩文贊嘆其美，為之延譽，使白居易聲名大振。

　　唐代中期以後，進士及第是否，「行卷」變得很重要，因此舉子們大多極為用心編撰，體現高度的文學水準。「行卷」中有詩賦、古文、小說等。根據研究，考證牛僧孺的《幽（玄）怪錄》、《傳奇》、李復言《續玄怪錄》、裴鉶的《傳奇》都可能是行卷之作，這些傳奇小說作品集，成為唐代文學的精品，流傳到現今的《唐百家詩選》根據程千帆的研究，應是唐人行卷詩的總集。〔註133〕

　　科舉及其重文學所帶來的影響，「父教其子，兄教其弟，無所易業」其目的是登進士仕途，追求官位；家族教育的內容則以文學辭章為主，習誦當代之詩；諸家之集為教材。科舉帶來社風的影響，具體呈現出來，晚唐詩人杜牧給晚輩的詩適足反映社會的風向與趨勢。杜牧〈冬至日寄小姪阿宜詩〉載：

　　　小姪名阿宜，未得三尺長。頭圓筋骨緊，兩臉明且光。去年學官人，竹馬遶四廊。指揮群兒輩，意氣何堅剛。今年始讀書，下口三五行。隨兄旦夕去，斂手整衣裳。去歲冬至日，拜我立我旁。祝爾願爾貴，仍且壽命長。今年我江外，今日生一陽。憶爾不可見，祝爾傾一觴。陽德比君子，初生甚微茫。排陰出九地，萬物隨開張。一似小兒學，日就復月將。勤勤不自己，二十能文章。仕宦至公相。致君作堯、湯。我家公相家，劍珮嘗丁當。舊第開朱門，長安城中央。第中無一物，萬卷書滿堂。家集二百編，上下馳皇王。多是撫州寫，今來五紀強。尚可與爾讀，助爾為賢良。經書括根本，史書閱興亡。高摘屈、宋艷，濃薰班、馬香。李、杜泛浩浩，韓、柳摩蒼蒼。近者四君子，與古爭強梁。願爾一祝後，讀書日日忙。一日讀十紙，一

〔註132〕《舊唐書》卷 166〈白居易傳〉，頁 4340。
〔註133〕程千帆，《唐代進士行卷與文學》（上海：上海古籍出版社，1980 年），頁 13。

月讀一箱。朝庭用文治，大開官職場。願爾出門去，取官如驅羊。
吾兄苦好古，學問不可量。畫居府中治，夜歸書滿牀。後貴有金玉，
必不為汝藏。崔昭生崔芸，李兼生窟郎。堆錢一百屋，破散何披猖。
今雖未即死，餓凍幾欲僵。參軍與縣尉，塵土驚劻勷。一語不中治，
笞箠身滿瘡。官罷得絲髮，好買百樹桑。稅錢未輸足，得米不敢嘗。
願爾聞我語，懽喜必心腸。大明帝宮闕，杜曲我池塘。我若自潦倒，
看汝爭翱翔。總語諸小道，此詩不可忘。〔註134〕

此詩的主旨在於鼓勵姪子發憤攻讀，勤勉苦學，二十歲就能寫出好文章，登
科仕進，將來能「仕宦至公相，致君作堯、湯」。在此詩中教姪兒讀書，論述
家學，提及經史的重要性（「經書括根本，史書閱興亡」）更強調的是文學。
古代屈原、宋玉、班固、司馬相如等華美辭章；近代李白、杜甫的詩作，韓
愈、柳宗元的文著等皆是很好的範例，要他能夠認真研習，用心揣摩，體會
詩文的奧妙。並以生動實例告誡姪子，不可依賴先輩功名富貴，要憑著自身
努力，勤奮讀書，科舉及第，光宗耀祖。

這可以說是唐代中晚期社會一種典範，寫給晚輩幼童，通俗易懂，具體
實例（故事），並教導學習方法、研習教材，也叮嚀教育目的在於科舉及第，
位至公相的目的性、希望他不要遺忘這份教誨與提示。在唐代文治社會中，
詩賦文學不僅是種修養和藝術才能，更是仕宦顯達的工具和途徑。此類家訓
之詩文，充斥於唐代文人之手，著名的有杜甫〈又示宗武（杜甫兒子）〉、韓
愈〈符（韓符，韓愈之子）讀書城南〉、元稹〈誨姪等書〉、李德裕〈平泉山
居誡子孫記〉、柳玭〈柳氏家訓〉、〈誡子孫〉等。〔註135〕

唐代以詩賦文學取士的方式，促進士子行卷的風氣盛行，吸引舉子潛子
鑽研文學創作，在平日的社會交際中，也以詩歌酬唱、品茗暢飲為樂。賀贈、
送別、酒宴、聚會等，也都作詩文以誌念，此種社風盛行成為唐代文學繁盛
的時代背景，甚至在唐中晚期「牛李黨爭」之際，雙方也以文學（散文、詩
歌、小說等）隱寓、影射、攻擊敵。〔註136〕雖是如此,無意間，也為唐代文學
增添部分內涵。

〔註134〕杜牧，《樊川文集》（台北：漢京文化出版社，1983 年）卷 1〈冬至日寄小姪
阿宜詩〉，頁 9～10。
〔註135〕翟博主編，《中國家訓經典》（海口：海南出版社，2002 年），頁 307～340。
〔註136〕傅錫壬，《牛李黨爭與唐代文學》（台北：東大圖書公司，1984 年），頁 121
～249。

四、唐代後期儒學發展

科舉使宦門大開，知識分子醉心於舉業，欠缺從事學術研究與思考的興趣。科舉仕途大開，士人奔波於道途，沒有大多精力於高深的學術研究。明經科罕言義理，淺薄直露；進士科崇尚浮華不務德行。讀書只為科舉做官，很少願意致力於文化學術研究。另一方面，由於不少士人投考科舉前，曾經在寺觀修業研習，以僧道為師或結交為朋友，除修舉業之外，兼習佛、道家，豐富了自身的思想體系。既使仕宦或致仕，也與佛道人士交游，成為士大夫普遍的現象，儒釋道三家思想逐漸融匯，儼然成士人階層，共同的特色，對於日後宋代「理學」發展奠定了基礎。

安史之亂後，王權不振，藩鎮割據，外愚侵犯等，唐朝朝野人士都在尋找挽救國勢與中興之路，在恢復國家權威與社會秩序的思考過程，尋求傳統文化與儒家思想的重振，成為士人共同的關注。在重新思考儒家的使命下，對傳統經學重新闡釋成為時代的需要。在代宗大曆年間，以啖助、趙匡、陸質等為中心而發展的《春秋學》帶來思想界的新思想，新思想形成務實變革的新學風，影響和培養一批有經世致用、務實革新的士人精英如權德輿、呂溫、劉禹錫、柳完元、韓愈等，〔註137〕也是中唐政治改革活動「永貞革新」的理論依據。〔註138〕

在中唐為儒家正統地位而努力則是韓愈、李翺。韓愈在文學上提倡「文化載道」，在學術上則提出「道統論」，企圖建立儒家學統以抗衡佛、道教。他特別推崇子思、孟子，因為兩者注重心性問題的探討。藉由教育、社會網路將他們理念傳播，廣泛為士人階層接受。在韓李文章屢次引用《中庸》、《大學》中修身、齊家、治國、平天下，正心誠意，致誠返本之說，推尊孟子。這種統合儒佛（釋）的新的心性觀，成為日後宋代「新儒學」的導夫先路者。〔註139〕

藉由私教，社會網路關係，中唐發展出來《新春秋》學的理念，延續到唐末，而為皮日休、陸龜蒙等人所繼承。兩人對啖助、趙匡等《新春秋》學都有所闡述，並撰有相關著作。〔註140〕此種《新春秋》學理念，延續到北宋，其中以胡瑗、孫復、歐陽修等人為代表。他們以治經為要，側重講大義，發

〔註137〕嚴國榮，《權德輿研究》（北京：中國社會科學出版社，2006年），頁28。

〔註138〕孫昌武，《隋唐五代文化史》，頁86。

〔註139〕孫昌武，《隋唐五代文化史》，頁87。

〔註140〕肖瑞峰、方堅銘、彭萬隆著，《晚唐政治與文學》（北京：中國社會科學院出版社，2011年），頁132。

揮新見解。特別重視《春秋》。此種治學精神、態度可以說是與唐代中晚期一脈相承而來。〔註141〕除此之外，皮日休、陸龜蒙等人以韓愈傳人自任，對韓愈「道統論」不遺餘力地進行宣傳。懿宗咸通年間，皮日休曾建議將韓愈列位入太學供奉聖賢之列。〔註142〕

　　關於中唐儒學復興運動的歷史意義，學者陳弱水有著重要的論述與評價，他指出：「中唐儒學復興運動在中國歷史上的重要性在於：通過聚集於探求儒家思想基本原理的思想任務，結束道家和佛教思想在上層文化的統治地位，創造了一種新的思想氛圍。只有在這種新思想的氛圍中，儒家思想傳統的真正革新才有可能。」「從知識分子的活力和創造性層面來看，中唐儒學復興運動似乎在柳宗元和韓愈的時代達到了高峰。不過，在他們之後，強調探尋儒家思想的根本精神和儒家教義在現實社會中應用的新思想趨勢並沒有停止。此外，接受了韓愈式儒家思想的知識分子開始出現。晚唐時期，杜牧、皮日休、林慎思、羅隱等人都是繼承了中唐儒學復興遺產的著名人物。中唐儒學復興運動和北宋儒學運動之間的歷史聯繫，一部分是通過他們建立起來的。」〔註143〕

　　韓愈提出「道統論」，以儒家為本位，強烈批判佛、道教。但柳宗元並不認同，他主張吸收各家長處，並予以融會貫通，實現以儒為主的三教合流，其後劉禹錫、陸希聲等人的主張也如此。這些主張，反映當時人們對於三教關係的新見解，也預示了此後儒家打破思想界三教鼎立格局的途徑。〔註144〕

　　唐中晚期儒學發展另一特色是孟子地位的重要性增加（或提升）。〔註145〕韓愈在思想上深受孟子影響很大。他在〈原道〉云：「博愛之謂仁，行而宜之之謂義；由是而之焉之謂道；足手己，無待於外之謂德。仁與義，為定名；道與，為虛位。」〔註146〕仁義是孔、孟以來儒家道德學說的核心。韓愈「知言養氣」的理念與創作理論也來自孟子的影響。李翱《復性書》其核心是對

〔註141〕劉子健，《歐陽修的治學與從政》（台北：新文豐出版社，1984年），頁20～30。
〔註142〕皮日休，〈請韓文公配饗太學書〉，文刊《全唐文》卷796，頁3701。
〔註143〕陳弱水著，郭英劍、徐承向譯，《柳宗元與唐代思想變遷》（南京：江蘇教育出版社，2010年）頁195～196、198。
〔註144〕張躍，《唐代後期儒學的新趨向》（台北：文津出版社，1993年），頁115～123。
〔註145〕有關中唐以降，孟子地位提升，可以參考江政寬，〈皮日休的生平與思想——兼論其在唐宋之際思想變遷中的角色〉，收錄林慶彰主編，《中國學術思想研究輯刊》（第六編第十七冊）（台北縣：花木蘭出版社，2009年），頁103～110。
〔註146〕《韓昌黎集》卷1〈原道〉，頁7。

儒家思子、孟子心性傳統的詮解、發揚與闡揚，並在此基礎上，結合釋、道之心性觀，重建儒家的心性論，奠定宋代理學心性論的基礎。〔註 147〕皮日休在咸通四年（863）建議科舉中增列《孟子》科目，選視明經。〔註 148〕陸龜蒙在〈大儒評〉中批判荀子，認為孟子才是真正大儒，孔子之道的傳人。〔註 149〕唐懿宗時代，儒者林慎思撰著《續孟子》和《伸蒙子》二書，「益以孟子久行教化」，重申義利之辨，提高儒學道統地位探究人性問題，效法孔孟「因材施教」的教學方法，加強儒家知識分子自身的修養等。〔註 150〕由於孟子地位逐漸提升，唐代廟學制以顏回配享孔子，發展到北宋神宗元豐七年（1084）孟子正式得以配享孔廟，〔註 151〕可以說是中唐以降發展的自然趨勢。

小　結

　　唐代中晚期，官學衰沒，而私學盛行是其基本趨勢。到了北宋，無論是官學、私學等皆十分發達。唐宋教育的發達，主要與科舉制度實行密切相關。從唐代到北宋，教育的發展，呈現幾項明顯方向，其一，是教育資源與機會的開放、下移，無論是官學、私學皆是如此，使一般庶民漸有機會接受教育，進而提升知識、文化水準，而儒家意識型態也隨之深植社會。其二，宋代在唐代的基礎上，進行改革。官學方面的州縣學，私學中的書院制度，則為最具體的成就，影響後世相當深遠。其三，是教育發展隨之帶來的政治、社會、文化衝擊。士大夫政治的興起，社會階級的加速流動，庶民文化的漸成等皆為教育所帶來的巨大社會變遷，此為宋代繼承唐代遺產而發展出來的結果。

　　中國的儒家思想「到了漢代以後，儒學成為一統皇朝的政治意識形態，這種國家學說就成了擁有絕對權力的真理，一直控制和壟斷著古代中國人對於家庭、家庭和國家的理解與解釋」。〔註 152〕唐朝政府實施崇聖尊儒的教育政策，使儒家思想深入民間社會，鞏固其政權統治。但無論公、私教育機構，

〔註 147〕李峻岫著，《漢唐孟子學論述》（濟南：齊魯書社，2010 年），頁 265～291。
〔註 148〕皮日休，〈請孟子為學科書〉，文刊《全唐文》卷 796，頁 3701。
〔註 149〕陸龜蒙，〈大儒評〉，文刊《全唐文》卷 801，頁 3729。
〔註 150〕程方平，〈論林慎思對儒學的改造〉，收錄於淡江大學中文系主編，《晚唐的社會與文化》（台北：台灣學生書局，1990 年），頁 381～399。
〔註 151〕李燾，《續資治通鑑長編》卷 345，〈神宗元豐七年五月二十四詔〉：「自今春秋釋奠，以鄒國公孟軻配食文宣王，設位於兗國公之。」，頁 8291。
〔註 152〕葛兆光，《中國古代社會與文化十講》（香港：商務印書館，2003 年），頁 59。

教育的訓練與學習，並不從學習者身心發展的合理需求出發，而是大部分出自於追求功名（科舉）需要所設計的課程。

在中晚唐，伴隨科舉資格放寬，教育機會資源的開放，政權的統治基礎更廣泛，科舉制度對社會、文化的影響力，也與日俱增，科舉制可以說是一個較公正、合理選拔人才之途。它吸引不同階層的士人，尤其在科舉出身後，官途迅速升任，成為士人的誘惑，進士及第成為高官顯宦的晉階後，社會上出現「士無賢不肖，恥不以文章達」、「以進士科為士林華選」。依照法制，進入仕途，雖有門蔭，薦舉徵召等管道，但大多數士人，仍以科舉從政視為良途。很多士族如長江中游地區士族，憑藉世襲家學門風，培養文才上的優勢，科舉入仕，成功進入中央統治階級，甚至成為核心圈的宰相人物。中唐以後，大多數的士族，成為依附帝國官僚人物之際，也漸漸喪失他的地方代表性，士族性質的改變，正是中國中古時期門第社會變遷的重要因素。〔註 153〕

科舉制度連帶產生一些負面影響，唐末不少士人（包括舊族、庶族、寒士等）因科舉失利或及第末入仕，流落地方藩鎮。出任幕府，為新主效命，進而對唐室採取報復性的行為。例如李振、敬翔、張策、李山甫、杜荀鶴等人，他們是科舉制度下的失意者，心中怨恨積聚。傷害士族、朝臣、協助強藩朱全忠，參與新王朝的建立。〔註 154〕

進入中晚唐，國勢漸衰，唐政權面臨內外新形勢，重振儒家思想與地位成為朝野人士共同努力的方向，《春秋學》的出現，提倡「古文運動」，主張「道統論」等，帶來新思想與新思潮，不同於唐初文化風貌，並影響日後宋代的發展。北宋的儒學，是唐代中期後新說解經疑古風氣的延長，王安石著《三經新義》與傳統注疏不同，歐陽修、蘇軾對某些經典的部分內容，抱持懷疑態度，也是受到這種風氣的影響。〔註 155〕北宋學者如孫復好談春秋，也可以說是唐代中晚期以降的延續。北宋初年，柳開、尹洙、穆修、張景等人倡導古文運動，基本上也是延續唐中期以降「古文運動的理想」。〔註 156〕整體而言，宋代社會、文化型態，實形塑於「唐代遺產」。

〔註 153〕江宜樺，《唐代長江中游地區士族之研究》，頁 191～192。
〔註 154〕肖瑞峰、方堅銘、彭萬隆著，《晚唐政治與文學》（北京：中國社會科學出版社，2011 年），頁 307～318。
〔註 155〕傅樂成，〈唐型文化與宋型文化〉，頁 376。
〔註 156〕游國恩等編，《中國文學史》（下），頁 680～681。

第七章 結 論

　　社會結構本身是由各種社會制度所形成，教育本身即是一種社會制度，它與其他制度如政治制度密切相關。以政治制度而來，政治制度的維護、穩定，有賴教育的力量，而每社會中的教育制度，也深受政治制度（或統治者）所決定。在社會制度的運作中，教育扮演個人社會化與政治化、傳遞與創造文化，造成社會流動與促進社會整合的重要角色。

　　南北朝時代，儒教、佛教、道教三者激烈競爭，因統治者政策不一，到了隋唐時代，形成三者鼎立的局面，雖有在個別統治者或個別時期有偏重，但總體而言，三者並存，以儒為正宗的基本趨勢，並沒有多大的變化。在唐高祖、太宗時，歷經慎重的抉擇，選擇以儒學為正宗，三者並用的政策。唐太宗明示「朕今所好者，惟在堯舜之道，周孔之教」，確立儒學作為基本國策。但他也認同佛、道教對於安定社會的教化功能。唐代統治者大體秉持三者（儒家、佛教、道教）並存，兼而用之的文化、宗教政策，促進三家間相互吸收和融合，逐漸形塑一個嶄新的風貌。宋代理學的產生，可以說是唐代文化、教育、宗教政策下發展出來的產物。

　　唐初高祖、太宗時期，確立崇聖尊儒，儒家、佛教、道教並用的文教政策，在以儒家為基礎的國策，推行官學教育。在太宗時期，達於高峰；唐初採行科舉制度，廣納各地社會，不同階層的菁英加入統治集團，以鞏固統治。教育、科舉制度扮演南北長期分裂的文化，地域（方）整合的工具，欲以儒家思想共同建構一統的文化意識（如《五經正義》）建立較公平合理的競爭機制，分享政治資源，凝聚對政權的向心力。

　　正如傳統教育制度與發展般，唐代教育發展深受政治力強烈的干預與主

導，統治者因個人喜好或政治形勢發展所需等因素，調整或改變原因教育政策（或制度）。唐初立國，官學與科舉是密切結合，「育士」與「取士」相互連結，儒家經學教育是課程的主軸，也是考試取才的重要憑藉。但自高宗調露二年（680）進士科加試「雜文」（詩賦文學）；加上統治者，重用進士科出身人士，進士科逐漸為社會所崇尚，成為一枝獨秀的考科。在武則天執政，刻意打壓濃厚士族色彩的官學教育，並亟力拔擢進士科出身人士，改變唐初以來的政治生態，在玄宗時代官學再次達於高峰，但科舉取士已成國家選拔人才的重要方式之一，加上進士科出身聲望與仕途高漲。唐初科考生徒佔優勢的局面，至此改觀。開元二十五年（737）頒定科考規定，是官學衰落的重大關鍵之一，國子監國學的儒學教育與科舉「脫勾」，官學教育對謀取功名的學子而言，失去學習修業的驅力（或學習動機），官學教育衰沒是難以避免的趨勢。

到了中晚唐，官學教育（中央、地方）在中央、地方政府亟力企圖重振，仍然為國家培育人才，文化延續上扮演著重要功能。私學教育伴隨科舉而舉行，扮演在教育、政治、社會、文化上的功能。從整體趨勢來看，政府教育資源與機會是向庶民化發展，也即教育下移，此種現象在唐代晚期後更為顯著；另一方面，隨著科舉盛行，尤其是進士科，提供廣大庶眾參與政權機會，使得教育更為蓬勃發展，從城市到鄉村，僻遠之地，都有莘莘學子（或學童）置身其間，謀取功名利祿而汲汲於學。此種文化、教育的現象。優勝於前代，也為後世發展奠定深切的影響。

唐代教育的發達與下移到民間社會，促進唐代文化全面繁榮，教育要求士子要有較佳的文化修養、詩賦、文學、書法、經學等要各項精通，才有可能中舉及第。唐詩的盛行、書法的成就、經學的轉型、傳奇的創作等，皆得益於教育的發展與科舉的推動，累積可觀的成就，締造唐代文明的燦爛輝煌的史頁。

在國家尊儒崇聖的文教政策下，雖在中晚唐官學整體趨向衰沒之際，政府仍然努力企圖振興。在科舉驅力之下，教育的重心，逐漸由官學轉向私學；藉著教育力量（濡化與涵化），儒家意識型態逐漸普及民間社會，社會風氣形成崇文重才（學）的社會價值觀。「五尺童子，恥不言文墨焉。是以進士為士林華選」。唐代中晚期社會的轉型，為後宋重文輕武，儒家禮教的社會奠定了深厚的社會基礎。

安史之亂後，內憂外患頻仍，對政治、社會文化急劇變遷而感受強烈士大夫，產生經世致用意識，深刻反思國家統治危機，在文化領域中掀起啖助、趙匡、陸質等新春秋學（或新經學）的學風；韓愈、柳宗元提倡「古文運動」元稹、白居易的「新樂府」運動等，他們傳承儒學經世致用思想，恢復儒家文化的精華，這股復興儒學之風瀰漫整個中晚唐時代。而這股風氣正是藉著私教，社會網絡傳播出來，建構士人階層意識型態的主流價值，成為維繫政權的文化基礎。

誠如學者余英時所云：「科舉不是一個單純的考試制度，它一直在發揮著無形的統合功能，將文化、社會、經濟諸領域與政治權力的結構緊密地連繫了起來，形成一多面互動的整體」。〔註1〕在政治上藉用科舉取士、選拔人才，成為官僚結構成員，輔治國家統治，誠如中晚唐杜牧云：「國朝自房梁公以降，有大功、立大節，率多科第人」。〔註2〕

在唐玄宗時，名相姚崇云：「比見諸達官身亡之後，子孫既失覆萌，多至貧寒。斗尺之間，參商是競」。〔註3〕要維持既有政治、社會地位，父祖餘蔭已經不是最佳途徑，在現實環境中，士族子弟紛紛加入投考進士科，成為一個新出路。藉由教育、科舉，確實促進社會階層流動，但士族閥閱乃居有優勢，憑藉「文化資本」、「社會資本」的雄厚，在科考上取得「利基」。「文化貧乏」的庶族、平民，要與士族競爭，有其「不利」之處。科考的不公平、不完美的，也提供權貴、士族操控的空間。但科舉制選官範圍比起九品中正制廣泛得多，一般地主及其子弟，低官子弟等具備應試的資格，使得政權較開放，促進社會流動。唐代時人評議云：「草澤望之起家，簪紱望之繼世，孤寒失之，其族餒矣；世祿失之，其族絕矣」。〔註4〕藉著教育，培育人才，投考科舉，不僅個人榮富富也可耀門楣。在文化上，教育是最具有計劃性、價值性與系統性的一種文化活動，對於文化的充實與延續，提供最重要的助力。藉著教育的推廣與實施，人民文化、知識水準提升。唐代民間（或庶民）文化逐漸產生，文學詩賦、古文、小說、講唱、說書等活動，漸深入基層社會，為日後宋代通俗文化奠定了發展基礎。

〔註1〕 余英時，〈試說科舉在中國史上的功能與意義〉收錄氏著《中國文化史通釋》
　　　　（香港：牛津大學出版社，2010年），頁181。
〔註2〕 《樊川文集》卷12〈宣州上高大夫書〉，頁179。
〔註3〕 《舊唐書》卷96〈姚崇傳〉，頁3206。
〔註4〕 《唐摭言》卷9〈好及第惡登科〉，頁286。

　　在唐代藉由教育，科舉的力量逐漸轉型一個新的文化型態。唐初沿承南北長期分裂的文化，不同的地方社會，國家以崇聖尊儒的文教政策下，以教育「涵化」、「濡化」的力量，加上科舉制度的推行進行文化，社會上的整合，以利政權的鞏固。安史之亂後，唐代政權尚能維持百餘年國祚而不墜，實得力於強大的文化基礎：儒家意識與社會的建立。教育是種「潛轉暗變」的巨大力量，長期修業研習涵化心靈，儒家意識深入人心，成為社會價值的標準；儒家倫理道德，也成社會規範的核心價值。唐初，儒家、佛教、道教三者並峙局勢，翻轉為儒家優勢，擅場的主流地位。中國社會，文化發展為之轉型，終有近世宋代社會、文化型態的出現。

　　對於唐代中晚期教育發展與社會、文化的關聯性，本文歸納如下：

　　一、以宏觀的角度來看，唐代官學教育體制是沿承前代而有所創新，也比以前代教育發展更為「制度化」，但仍不夠完備與成熟，尤其是地方官學是相當「脆弱」（或不穩定性）。在教學與課程規劃，過於保守與傳統，加上未能配合科舉制度，底定官學衰沒的基本因素。宋代有鑑於此，在「唐代遺產」下進行改革，終於有較完善教育體制出現，最顯著的成效是在中央太學與地方州縣學。

　　二、本文對於唐代中晚期官學、私學的發展，已經有較完整的論述，並對官學（中央、地方）衰沒原因有較詳盡的分析。對於私學發展類型、特色也都有論述，可以作為唐史研究中教育部分的補充。本文揭示安史之亂後，唐帝國能延續百餘年的國運，除政治、經濟、社會因素外，文化是為關鍵因素之一。藉由教育，形塑一個儒家，禮教的社會、文化體系，凝聚士民對政權的效忠或尊君，使得唐政權有了強固的文化根基，因而延續政權。教育成為國家興衰的重要關鍵所在。

　　三、唐代中晚期教育的發展，以私學教育為重心，主要是受到科舉制度盛行的關係。藉著教育、科舉力量，使儒家思想漸為社會菁英的主流思想，並且深植民間，成為擁有強大力量支持的思想體系，進而改變唐初三教並立的形勢、到了北宋，終成建構儒家為主體的社會。中晚唐時期，出現儒家重振運動，發展「三教融合」的趨勢，也為北宋「理學」（或新儒學）的產生，奠定了重要基礎。私學深及基層社會，替代政府在教育上的部分功能，它可以促進社會成員的社會化，學習知識技能，陶冶人格，對於整體人民素質提供，具有貢獻。庶民文化、水準的提升，也提供「通俗文化」發展的契機。

唐代中晚期的「書院」的經營形式，也為宋代加以延續創新，成為宋代教育上最顯著的特色。

四、唐代科舉並非公平，所造成社會階級流動有限，但從唐代中晚期持續到北宋，因教育逐漸普及、科舉盛行，社會階級流動性大增，形成宋代「士大夫」政治，有別於中古時代貴族門閥政治。鑑於唐代科舉的諸多弊端，宋代進行改革，終於有較成熟、完備的科舉制度，也為日後歷代所沿用。

五、自唐代中晚期到北宋，整體教育發展趨勢是「平民化」，即教育資源與機會的下放。加上印刷術所的高度發展，使一般民眾文化知識大幅提升，發展出宋代「通俗文化」，不同唐初以前的社會與文化。此通俗文化的產生，實淵源（或肇建）於唐代中晚期。豐富的「唐代遺產」，成為宋代文化高度發展的重要基礎。

本文運用教育、社會、文化上相關知識與概念來分析，突破以往教育史研究的方法，以此闡明教育與社會、文化的關聯性，使教育發展與歷史發展脈絡密切連結。教育具有維持現有政治、社會體系的功能，但它也是促進社會、文化變遷的關鍵力量。

參考書目

一、基本史料

（一）正史（依著作時序排列）

1. （漢）班固，《漢書》，北京，中華書局，1972 年。
2. （北齊）魏收，《魏書》，北京，中華書局，1981 年。
3. （後晉）劉昫等撰，《舊唐書》，北京，中華書局，1991 年。
4. （唐）魏徵等撰，《隋唐》，北京，中華書局，1985 年。
5. （宋）歐陽修等撰，《新唐書》，北京，中華書局，1991 年。
6. （元），脫脫撰，《宋史》，北京，中華書局，1997 年。

（二）史料、史籍（以姓氏筆劃為序）

1. （宋）王溥撰，《唐會要》，北京，中華書局，1998 年。
2. （宋）王讜撰、周勛初校證，《唐語林校證》（上、下），北京，中華書局，1997 年。
3. （五代）王定保撰、姜漢椿校注，《唐摭言校注》，台北，三民書局，2005 年。
4. （清）王夫之撰，《讀通鑑論》，台北，漢京文化事業公司，1984 年。
5. （宋）王欽若、楊億等編，《冊府元龜》，南京，鳳凰出版社，2006 年。
6. （宋）王應麟撰，《困學紀聞》，台北，商務印書館，1966 年。
7. （唐）元稹撰，《元稹集》，台北，漢京文化出版公司，1983 年。
8. （唐）白居易，《白居易集》（一）（二），台北，漢京文化，1984 年。

9. （唐）白居易，朱金城箋校，《白居易集箋校》（一）～（六），上海，上海古籍出版社，1988。

10. （宋）司馬光撰、胡三省（元）注，《資治通鑑》，台北，洪氏出版社，1980年。

11. （宋）宋綬、宋敏求編，《唐大詔令集》，台北，鼎文書局，1978年。

12. （宋）宋綬、宋敏求編，《宋大詔令集》，台北，鼎文書局，1972年。

13. （唐）杜佑撰、顏品忠等校點，《通典》（上）（中）（下），長沙，岳麓書社出版社，1995年。

14. （唐）杜牧撰、裴延翰編，《樊川文集》附《外集》、《別集》，台北，漢京文化出版公司，1983年。

15. （宋）李昉、宋白等輯，《文苑英華》，台北，新文豐書局，1979年。

16. （宋）李昉等編，《太平廣記》，台北，文史哲出版社，1987年。

17. （唐）李肇撰，《唐國史補》收入楊家駱主編《唐國史補等八種》，台北，世界書局，1991年。

18. （唐）李吉甫撰、賀次君點校，《元和郡縣圖志》附繆荃孫校輯《元和郡縣圖志闕卷逸文》，北京，中華書局，1995年。

19. （宋）李燾撰，《續資治通鑑長編》，北京，中華書局，2004年。

20. 李希泌主編，《唐大詔令集》（補編），上海，上海古籍出版社，2003年。

21. （唐）李林甫等撰，朱永嘉、蕭木注釋，《唐六典》，台北 三民書局，2005年。

22. （元）辛文房撰、戴揚本譯注，《唐才子傳》，台北，三民書局，2005年。

23. 周紹良、趙超等編，《唐代墓誌匯編》（二冊），上海，上海古籍出版社，1992年。

24. 周紹良、趙超等編，《唐代墓誌匯編續集》，上海，上海古籍出版社，2001年。

25. 周勛初主編，《唐人軼事匯編》（上、下），上海，上海古籍出版社，1995年。

26. （唐）封演撰，《封氏聞見錄》，台北，新文豐出版社，1984年。

27. （唐）柳宗元撰，《柳宗元集》，台北，河洛圖書公司，1974年。

28. （宋）計有功撰，《唐詩紀事》，台北，中華書局，1981年。

29. （宋）計有功撰、王仲鏞校箋，《唐詩紀事校箋》，成都，巴蜀書社，1989年。

30. （唐）段成式撰，《酉陽雜俎》，北京，中華書局，1985年。

31. （唐）范攄撰，《雲溪友議》，北京，中華書局，1985年。

32. （清）徐松撰、趙守儼點校，《登科記考》（附訂補），北京，中華書局，1984 年。

33. （清）徐松撰、孟二冬補正，《登科記考補正》（上）（中）（下），北京，燕山出社，2003 年。

34. （清）徐松輯，《宋會要輯稿》，台北，新文豐出版社，1976 年。

35. （五代）孫光憲撰，《北夢瑣言》收入《唐五代筆記小說大觀》，上海，上海古籍出版社，2000 年。

36. （元）馬端臨撰，《文獻通考》，台北，台灣商務印書館，1987 年。

37. （宋）楊仲良撰，《通鑑長編紀事本末》，北京，北京圖書館出版社，2003 年。

38. （清）董誥等編，《全唐文》，上海，上海古籍出版社，1993 年。

39. （宋）趙德麟撰，《侯鯖錄》收錄《筆記小說大觀》（第四冊），台北，新興書局，1960 年。

40. （唐）趙璘撰，《因話錄》，北京，中華書局，1985 年。

41. （宋）趙彥衛撰，《雲麓漫鈔》，台北，世界書局，1968 年。

42. （唐）劉肅撰、許德楠等點校，《大唐新語》，北京，中華書局，1997 年。

43. （唐）劉禹錫撰，瞿蛻園箋證，《劉禹錫集箋證》，上海，上海古籍出版社，1989 年。

44. 劉禹錫撰、高志忠校注，《劉禹錫詩編年校注》，哈爾濱，黑龍江人民出版社，2005 年。

45. （唐）劉肅撰、何正平、王德明等編，《大唐新語譯注》，桂林，廣西師範大學出版社，1998 年。

46. （宋）錢易撰，黃壽成點校，《南部新書》，北京，中華書局，2002 年。

47. （宋）鄭樵撰，《通志》，北京，中華書局，1987 年。

48. （唐）韓愈撰、馬通伯校注，《韓昌黎文集校注》，台北，漢京文化出版社，1983 年。

49. （唐）韓愈撰、周啟成、周維德譯注，《新譯（韓）昌黎先生文集》，台北，三民出版社，1999 年。

50. （唐）韓愈撰，《韓昌黎集》，台北，河洛圖書出版社，1975 年。

51. （唐）韓愈撰、閻琦校注，《韓昌黎文集注釋》，西安，三秦出版社，2004 年。

52. （宋）羅大經撰，《鶴林玉露》，東京，古典研究會，1973 年（昭和 48 年）。

53. （唐）蘇鶚撰，《杜陽雜編》，北京，中華書局，1985 年。

二、今人論著（以姓氏筆劃為序）

1. 乜小紅，《俄藏敦煌契約文書研究》，上海，上海古籍出版社，2009 年。
2. 丁綱著，《中國佛教教育：儒佛道教育比較研究》，成都，四川教育出版社，1988 年。
3. 于春松，《制度儒家》，上海，上海人民出版社，2006 年。
4. 卞孝萱、卞敏，《劉禹錫評傳》，南京，南京大學出版社，1996 年。
5. 卞孝萱、徐雁平編，《書院與文化傳承》，北京，中華書局，2009 年。
6. 毛漢光，《中國中古社會史論》，台北，聯經出版社，1988 年。
7. 毛漢光，《中國中古政治史論》，台北，聯經出版社，1991 年。
8. 毛禮銳等，《中國教育史》，台北，五南圖書公司，1989 年。
9. 王小甫，《隋唐五代史：世界帝國、開明開放》，台北，三民書局，2008 年。
10. 王佺著，《唐代干謁與文學》，北京，中華書局，2011 年。
11. 王炳照、郭齊家主編，《中國教育史研究：宋元分卷》，上海，華東師範大學出版社，2000 年。
12. 王永平主編，《中國文化通史，隋唐五代卷》，北京，中共中央黨校出版社，2000 年。
13. 王洪軍著，《中古時期儒釋道整合研究》，天津，天津人民出版社，2009 年。
14. 王洪軍，《登科記考再補正》，桂林，廣西師範大學出版社，2010 年。
15. 王素，《陸贄評傳》，南京，南京大學出版社，2001 年。
16. 王家通主編，《教育導論》，高雄，麗文文化出版，1995 年。
17. 王炳照，《中國古代私學與近代私立學校研究》，濟南，山東教育出版社，1997 年。
18. 王炳照、徐勇主編，《中國科舉制度研究》，石家莊，河北人民出版社，2002 年。
19. 中國教育學會主編，《現代教育思潮》，台北，師大書苑出版社，1998 年。
20. 中國唐史學會編，《中國唐史學會論文集》，西安，三秦出版社，1993 年。
21. 王道成，《科舉史話》，台北，國文天地雜誌，1990 年。
22. 王振國主編，《中國古代醫學教育與考試制度研究》，濟南，齊魯書社，2006 年。
23. 王勛成，《唐代銓選與文學》，北京，中華書局，2001 年。
24. 白新良，《中國古代書院發展史》，天津，天津大學出版社，1995 年。
25. 皮錫瑞，《經學歷史》，台北，漢京文化公司，1983 年。

26. 任爽，《唐代禮制研究》，長春，東北師範大學，1999 年。

27. 石源華、胡禮忠主編，《東亞漢文化圈與中國關係》，北京，中國社會科學院出版社，2005 年。

28. 田培林著、賈馥茗編，《教育與文化（上）（下）》，台北，五南圖書出版社，1985 年。

29. 田建榮，《中國考試思想史》，北京，商務印書館，2004 年。

30. 台北市政府民政局、台北市孔廟編，《世界的孔子，孔廟與祀典》，（國際學術研討會論文集），台北，台北市政府民政局出版，2010 年。

31. 甘懷真，《皇權、禮儀與經典詮釋：中國古代政治史研究》，（台北：財團法人喜瑪拉雅研究基金會，2003 年。

32. 伍振鷟，《中國大學教育發展史》，台北，三民書局，1992 年。

33. 伍振鷟主編，《教育哲學》，台北，五南出版社，1999 年。

34. 池小芳，《中國古代小學教育研究》，上海，上海教育出版社，1998 年。

35. 江右瑜，《唐代《春秋》義疏之學研究──以詮釋方法與態度為中心》，收錄林慶彰主編，《中國學術思想研究輯刊》（第四編第十六冊），台北縣，花木蘭出版社，2009 年。

36. 江政寬，《皮日休的生平與思想──兼論其在唐宋之際思想變遷的角色》，收錄林慶彰主編，《中國學術思想研究輯刊》（第六編第十七冊），台北縣，花木蘭出版社，2009 年。

37. 曲士培，《中國教育大學發展史》，太原，山西教育出版社，1996 年。

38. 任育才，《唐型官學體系之研究》，台北，五南出版社，2007 年。

39. 余英時，《中國文化史通譯》，香港，牛津大學出版社，2010 年。

40. 朱雷主編，《唐代的歷史與社會，國際唐史學會研討會論文選集》，武漢，武漢大學出版社，1997 年。

41. 朱漢民、李弘祺主編，《中國書院》，長沙，湖南教育出版社，1997 年。

42. 牟發松，《唐代長江中游的經濟與社會》，武漢，武漢大學出版社，1989 年。

43. 宋大川、王建軍著，《中國教育制度通史（二）：魏晉南北朝、隋唐（公元 220～960 年）》，濟南，山東教育出版社，2000 年。

44. 宋大川，《唐代教育體制研究》，太原，山西教育出版社，1998 年。

45. 宋德熹，《唐史識小：社會與文化的探索》，台北，稻鄉出版社，2009 年。

46. 宋立英，《元和文壇研究》，上海，上海古籍出版社，2010 年。

47. 谷更有，《唐宋國家與鄉村社會》，北京，中國社會科學院出版，2006 年。

48. 汪小洋、孔慶茂，《科舉文學研究》，天津，天津古籍出版社，2005 年。

49. 沈兼士，《中國考試制度史》，台北，台灣商務印書館，1995 年。

50. 沈重等編著：《唐代名人科舉考卷譯評》，南昌，江西高校出版社，1994年。

51. 吳玉貴，《中國風俗通史：隋唐五代卷》，上海，上海文藝出版社，2001年。

52. 吳洪成主編，《中國小學教育史》，太原，山西教育出版社，2006 年。

53. 吳宗國，《唐代科舉制度研究》，瀋陽，遼寧大學出版社，1997 年。

54. 吳宗國主編，《盛唐政治制度研究》，上海，上海辭書出版社，2003 年。

55. 吳雁南、秦學頎、李禹階，《中國經學史》，福州，福建人民出版社，2001年。

56. 吳霓，《中國古代私學發展諸問題研究》，北京，中國社會科學出版社，1996 年。

57. 李才棟，《江西古代書院研究》，南昌，江西教育出版社，1993 年。

58. 李才棟主編，《中國教育管理制度史》，南昌，江西教育出版社，1996 年。

59. 李才棟、譚佛佑、張如珍、李淑華主編，《中國教育管理制度史》，南昌，江西教育出版社，1996 年。

60. 李文潤，《湖北通史：隋唐五代卷》，武漢，華中師範大學出版，1999 年。

61. 李正宇，《古本敦煌鄉土志八種箋證》，蘭州，甘肅人民出版社，2008 年。

62. 李世愉，《中國歷史科舉生活掠影》，瀋陽，瀋陽出版社，2005 年。

63. 李弘祺編，《中國與東亞教育傳統（一）》，台北，財團法人喜瑪拉雅研究發展基金會，2006 年。

64. 李弘祺編，《中國教育史：英文著作評介》，台北，台灣大學出版社，2005年。

65. 李弘祺，《宋代教育散論》，台北，東昇出版社，1980 年。

66. 李弘祺，《宋代官學教育與科舉》，台北，聯經出版社，1993 年。

67. 李峻岫，《漢唐孟子學述論》，濟南，魯書社，2010 年。

68. 李兵，《書院教育與科舉關係研究》，台北，台灣大學出版社，2005 年。

69. 李志鵬，《唐代文苑風尚》，台北，文津出版社，1988 年。

70. 李純蛟，《科舉時代的應試教育》，成都，巴蜀書社，2004 年。

71. 李浩，《唐代關中士族與文學》，台北，文津出版社，1999 年。

72. 李樹桐，《唐史研究》，台北，中華書局，1979 年。

73. 李樹桐，《唐史新論》，台北，中華書局，1985 年。

74. 李斌城主編，《唐代文化（上）（中）（下）》，北京，中國社會科學研究院，2002 年。

75. 李新達,《中國科舉制度史》,台北,文津出版社,1995 年。

76. 李國鈞等主編,《中國書院史》,長沙,湖南教育出版社,1994 年。

77. 李福長,《唐代學士與文人政治》,濟南,齊魯書社,2005 年。

78. 李潤強,《中國傳統家庭形態與家庭教育:以隋唐五代家庭為中心》,北京,人民出版社,2008 年。

79. 李錦綉,《敦煌吐魯番文書與唐史研究》,福州,福建人民出版社,2006 年。

80. 李錦綉,《唐代制度史略論稿》,北京,中國政法大學出版社,1998 年。

81. 肖瑞峰、方堅銘、彭萬隆著,《晚唐政治與文學》,北京,中國社會科學院出版社,2011 年。

82. 肖占鵬、李廣欣,《唐代編輯出版史》,天津,南開大學出版社,2009 年。

83. 杜瑜,《中國經濟重心南移,唐宋間經濟發展的地區差異》 台北 五南出版社,2005 年。

84. 杜文玉主編,《唐史論叢》第十輯,西安,三秦出版社,2008 年。

85. 杜文玉主編,《唐史論叢》第十一輯,西安,三秦出版社,2009 年。

86. 杜文玉,《五代十國制度研究》,北京,人民出版社,2006 年。

87. 何忠禮,《科舉制度與宋代文化》,北京,商務印書館,2006 年。

88. 周愚文,《中國教育史綱》,台北,正中書局,2001 年。

89. 周愚文、洪仁進主編,《中國傳統婦女與家庭教育》,台北,師大書苑,2005 年。

90. 周愚文、徐宗林編著,《教育史》,台北,五南出版社,1997 年。

91. 周愚文,《宋代的州縣學》,台北,國立編譯館,1996 年。

92. 周愚文,《宋代兒童的生活與教育》,台北,師大書苑,1996 年。

93. 周鳳五,《敦煌寫本太公家教研究》,台北,明文書局,1986 年。

94. 周新富,《家庭教育學:社會學取向》,台北,五南出版社,2006 年。

95. 周臘生,《唐代狀元奇談‧唐代狀元譜》,北京,紫禁城出版社,2002 年。

96. 金生鈜,《規訓與教化》,北京,教育科學出版社,2004 年。

97. 金瀅坤,《中晚唐五代科舉與社會變遷》,北京,人民出版社,2009 年。

98. 卓遵宏,《唐代進士與政治》,台北,國立編譯館,1987 年。

99. 林天蔚,《隋唐史新論》,台北,東華書局,1980 年。

100. 林文寶,《歷代啟蒙教材初探》,台北,萬卷樓,1977 年。

101. 邱添生,《唐宋變革期的政經與社會》,台北,文津出版社,1999 年。

102. 孟憲實,《敦煌民間結社研究》,北京,北京大學出版社,2009 年。

103. （日）屈直敏，《敦煌寫本類學〈勵忠節鈔〉研究》，北京，民族出版社，2007 年。

104. 郝春文，《郝春文敦煌學論文集》，上海，上海古籍出版社，2010 年。

105. 查屏球，《從游士到儒士──漢唐士風與文風論稿》，上海，復旦大學出版社，2005 年。

106. 胡可先，《中唐政治與文學：以永貞革新為研究中心》，合肥，安徽大學出版社，2000。

107. 胡昭曦，《四川書院史》，成都，巴蜀書社，2000 年。

108. 袁徵撰，《中華文化通志・教化與禮儀・學校志》，上海，上海人民出版社，1998 年。

109. 姜清波，《入唐三韓人研究》，廣州，暨南大學出版社，2010 年。

110. 姜國鈞，《中國教育周期論》，北京，北京大學出版社，2005 年。

111. 高明士，《唐代東亞教育圈的形成》，台北，國立編譯館，1984 年。

112. 高明士，《中國教育制度史論》，台北，聯經出版社，1999 年。

113. 高明士，《中國傳統政治與教育》，台北，文津出版社，2003 年。

114. 高明士，《東亞古代政治與教育》，台北，財團法人喜瑪拉雅研究發展基金會，2003 年。

115. 高明士，《中國教育史》，台北，台灣大學出版社，2006 年。

116. 高明士，《中國中古的教育與學禮》，台北，台灣大學出版社，2005 年。

117. 高明士，《隋唐貢舉制度》，台北，文津出版社，1999 年。

118. 高明士主編，《東亞文化圈的形成與發展，儒家思想篇》，台北，台灣大學歷史學系發行，2003 年。

119. 高明士主編，《東亞傳統教育與法制研究（一），教育與政治社會》，台北，台灣大學出版社，2005 年。

120. 高明士主編，《東亞傳統教育與法制研究（二），唐律諸問題》，台北，台灣大學出版社，2005 年。

121. 高明士主編，《東亞傳統教育與學禮學規》，台北，台灣大學出版社，2005 年。

122. 高明士、邱添生、何永成、甘懷真等著，《隋唐史》，台北，空中大學出版社，2003 年。

123. 高奇，《中國高等教育思想史》，北京，人民出版社，2002 年。

124. 夏炎，《中古世家大族清河崔氏研究》，天津，天津古籍出版社，2004 年。

125. 夏炎，《唐代州級官府與地域社會》，天津，天津古籍出版社，2010 年。

126. 祝尚書，《宋代科舉與文學考論》，鄭州，大象出版社，2006 年。

127. 孫昌武，《隋唐五代文化史》，上海，東方出版中心，2007 年。

128. 孫培青主編，《隋唐五代教育論著》，北京，人民教育出版社，1993 年。

129. 孫培青主編，《中國教育管理史》，北京，人民教育出版社，2001 年律。

130. 孫培青主編，《中國教育史》，上海，華東師範大學出版社，2003 年。

131. 孫培青主編，《中國教育史研究：隋唐分卷》，上海，華東師大出版社，2009 年。

132. 孫國棟，《唐宋史論集》，上海，上海古籍出版社，2010 年。

133. 徐宗林、周愚文，《教育史》，台北，五南圖書公司，1997 年。

134. 徐梓，《蒙學讀物的歷史透視》，武漢，湖北教育出版社，1996 年。

135. 徐少錦、李延斌著，《中國家訓史》，西安，陝西人民出版社，2003 年。

136. 徐連達，《唐朝文化史》，上海，復旦大學出版社，2003 年。

137. 馬鏞，《中國家庭教育史》，長沙，湖南教育出版社，1997 年。

138. 游國恩主編，《中國文學史》（上）（下），台北，五南出版社，1990 年。

139. 凍國棟，《唐代人口問題研究》，武漢，武漢大學出版社，1993 年。

140. 淡江中文系主編，《晚唐的社會與文化》，台北，台灣學生書局，1990 年。

141. 陶易編著，《唐代進士錄》，合肥，安徽大學出版社，2010 年。

142. 郭鋒，《唐代士族個案研究：以吳郡、清河、范陽、敦煌張氏為中心》，廈門，廈門大學出版社，1999 年。

143. 陳志堅，《唐代州郡制度研究》，上海，上海古籍出版社，2005 年。

144. 陳長征，《唐宋地方政治體制轉型研究》，濟南，山東大學出版社，2010 年。

145. 陳茂同，《中國歷代選官制度》，上海，華東師大出版社，1997 年。

146. 陳弱水，《唐代的婦女文化與家庭生活》，台北，允晨文化，2007 年。

147. 陳弱水，《隱蔽的光景：唐代的婦女文化與家庭生活》，桂林，廣西師範大學出版社，2009 年。

148. 陳弱水，《唐代文士與中國思想的轉型》，桂林，廣西師範大學出版社，2009 年。

149. 陳弱水著、郭英劍、徐承向譯，《柳宗元與唐代思想變遷》，南京，江蘇教育出版社，2010 年。

150. 陳寅恪，《陳寅恪先生集》（一）（二）（三），台北，里仁書局，1982 年。

151. 陳奎熹主編，《現代教育社會學》，台北，師大書苑，1999 年。

152. 陳雯怡，《由官學到書院：從制度與理念的互動看宋代教育的演變》，台北，聯經出版社，2004 年。

153. 陳篤彬、蘇黎明，《泉州古代教育》，濟南，齊魯書社，2005 年。

154. 許嘉猷，《社會階層化與社會流動》，台北，三民書局，1992 年。

155. 許道勛、趙克堯，《唐玄宗傳》，台北，台灣商務印書館，1992 年。

156. 張弓主編，《敦煌典籍與唐五代歷史文化（上、下卷）》，北京，中國社會科學院出版社，2006 年。

157. 張立文主編、張懷承著，《中國學術通史・隋唐卷》，北京，人民出版社，2004 年。

158. 張立文主編，《聖境：儒學與中國文化》，北京，人民出版社，2005 年。

159. 張玉興，《唐代縣官與地方社會研究》，天津，天津古籍出版社，2009 年。

160. 張國剛主編，《中國中古史論集》，天津，天津古籍出版社，2003 年。

161. 張國剛，《唐代藩鎮研究》，北京，中國人民出版社，2010 年。

162. 張國剛，《中國家庭史：第二卷隋唐五代時期》，廣州，廣東人民出版社，2007 年。

163. 張國剛，《佛學與隋唐社會》，石家莊，河北人民出版社，2002 年。

164. 張邦煒，《宋代政治文化史論》，北京，人民出版社，2005 年。

165. 張躍，《唐代後期儒學的新趨向》，台北，文津出版社，1993 年。

166. 喬衛平，《中國教育制度通史（第三卷）：宋遼金元（公元 960 至 1368 年）》，濟南，山東教育出版社，2000 年。

167. 傅錫壬，《牛李黨爭與唐代文學》，台北，東大圖書公司，1984 年。

168. 傅樂成，《漢唐史論集》，台北，聯經出版社，1987 年。

169. 傅璇琮，《唐代科舉與文學》，西安，陝西人民出版社，1995 年。

170. 黃玫茵，《唐代江西地區開發研究》，台北，台灣大學文史叢刊之九十九，1996 年。

171. 黃新亞，《消逝的太陽：唐代城市生活長卷》，長沙，湖南出版社，1996 年。

172. 黃進興，《聖賢與聖徒》，台北，允晨文化，2001 年。

173. 黃光雄主編，《教學原理》，台北，師大書苑，1995 年。

174. 黃正健主編，《中晚唐社會與政治研究》，北京，中國社會科學研究院，2006 年。

175. 黃書光主編，《中國社會教化的變革與傳統》，濟南，山東教育出版社，2005 年。

176. 程千帆，《唐代進士行卷與文學》，上海，上海古籍出版社，1980 年。

177. 程舜英，《隋唐五代教育制度史資料》，北京，北京師大出版社，1998 年。

178. 程方平，《隋唐五代的儒學》，昆明，雲南教育出版社，1991 年。

179. 程方平、畢誠，《中國教育史》，台北，文津出版社，1996 年。

180. 喻本伐、熊賢君等，《中國教育發展史》，台北，師大書苑，1995 年。

181. 雷家驥，《中古史學觀念史》，台北，台灣學生書局，1980 年。

182. 雷家驥，《隋唐中央權力結構及其演進》，台北，東大圖書公司，1995 年。

183. 雷家驥，《武則天傳》，北京，人民出版社，2001 年。

184. 雷聞，《郊廟之外：隋唐國家祭祀與宗教》，北京，生活、讀書、新知三聯書，2009 年。

185. 雷僑雲，《敦煌兒童文學》，台北，台灣學生書局，1985 年。

186. 曹大為，《中國古代女子教育》，北京，北京師大出版社，1996 年。

187. 楊布生、彭定國，《中國書院與傳統文化》，長沙，湖南教育出版社，1992 年。

188. 楊布生、彭定國，《中國書院文化》，台北，雲龍出版社，1997 年。

189. 楊成鑒、金濤聲著，《中國考試學》，北京，書目文獻出版社，1995 年。

190. 楊波，《長安的春天：唐代科舉與進士生活》，北京，中華書局，2007 年。

191. 楊際平、郭峰、張和平等著，《五～十世紀敦煌的家庭與家族關係》，長沙，岳麓書社，1997 年。

192. 楊渭生，《兩宋文化史研究》，杭州，杭州大學出版社，1998 年。

193. 賈志揚，《宋代科舉》，台北，東大圖書出版社，1995 年。

194. 葛荃，《權力宰制理性：士人、傳統政治文化與中國社會》，天津，南開大學出版社，2004 年。

195. 葛兆光，《中國思想史第二卷：七世紀到十九世紀中國的知識、思想和信仰》，上海，復旦大學出版社，2004 年。

196. 葛劍雄主編，《中國人口史》（第二卷、三卷），上海，復旦大學出版社，2002 年。

197. 萬昌華、趙興彬，《秦漢以來基層行政研究》，濟南，齊魯書社，2008 年。

198. 畢誠，《中國古代家庭教育》，台北，商務印書館，1997 年。

199. 翟博主編，《中國家訓經典》，海口，海南出版社，2002 年。

200. 寧欣，《唐代選官研究》，台北，文津出版社，1995 年。

201. 寧欣，《唐史識見錄》，北京，商務印書館，2009 年。

202. 鄒逸麟主編，《中國歷史人文地理》，北京，科學出版社，2001 年。

203. 盧向前主編，《唐宋變革論》，合肥，黃山書社，2006 年。

204. 熊承滌編，《中國古代學校教材研究》，北京，人民教育出版社，1996 年。

205. 熊承滌編，《中國教育行政制度史》，武漢，華中理工大學出版社，1996 年。

206. 劉瑛著，《唐代傳奇研究》，台北，聯經出版社，1994 年。

207. 劉琴麗，《唐代舉子科考生活》，北京，社會科學文獻出版社，2010 年。

208. 劉玉峰，《唐德宗評傳》，濟南，齊魯出版社，2003 年。

209. 劉光華主編、尹偉先、楊富學、魏明孔著《甘肅通史：隋唐五代卷》，蘭州，甘肅人民出版社，2009 年。

210. 劉虹，《中國選士制度史》，長沙，湖南教育出版社，1992 年。

211. 劉海峰，《唐代教育與選舉制度綜論》，台北，文津出版社，1991 年。

212. 劉海峰主編，《科舉制度的終結與科舉學的興起》，武漢，華中師範大學，2006 年。

213. 劉海峰、李兵，《中國科舉史》，上海，東方出版中心，2004 年。

214. 劉海峰，《科舉學導論》，武漢，華中師範大學出版社，2005 年。

215. 劉海峰、莊明水，《福建教育史》，福州，福建教育出版社，1996 年。

216. 劉海峰，《科舉考試的教育視角》，武漢，湖北教育出版社，1996 年。

217. 劉海峰，《科舉學的形成與發展》，武漢，華中師範大學出版社，2009 年。

218. 劉海峰主編，《科舉制度的終結與科舉學的興起》，武漢，華中師範大學出版社，2006 年。

219. 劉澤華主編，《中國傳統政治哲學與社會整合》，北京，中國社會科學出版社，2001 年。

220. 劉子健，《兩宋史研究彙編》，台北，聯經出版社，1987 年。

221. 劉子健，《歐陽修的治學與從政》，台北，新文豐出版公司，1984 年。

222. 錢穆，《國史新論》，台北，東大圖書，1998 年。

223. 錢穆，《中國學術思想史論叢》（四）（五），台北，三民書局，1983 年。

224. 謝保成、趙俊，《中國全史：中國隋唐五代思想史》，北京，人民出版社，1994 年。

225. 謝海平，《唐代留華外國人生活考述》，台北，台灣商務印書館，1987 年。

226. 謝思煒，《隋唐氣象》，台北縣，雲龍出版社，1995 年。

227. 韓昇主編，《古代中國社會轉型與多元文化》，上海，上海人民出版社，2007 年。

228. 韓昇，《遣唐使和學問僧》，北京，中華書局，2010 年。

229. 羅聯添著，《唐代文學論集》，台北，台灣學生書局，1989 年。

230. 黨明德、何成，《中國家族教育》，濟南，山東教育出版社，2005 年。

231. 嚴耕望，《唐史研究叢稿》，香港，新亞研究所，1969 年。

232. 嚴國榮，《權德輿研究》，北京，中國社會科學出版社，2006 年。

233. 嚴耀中主編，《唐代國家與地域社會研究，中國唐史學會第十屆年會論文集》，上海，上海古籍出版社，2008 年。

三、期刊論文（以姓氏筆劃為序）

1. 于賡哲，〈由武成王廟制變遷看唐代文武分途〉收錄於《魏晉南北朝隋唐史資料》，第十九輯，武漢，武漢大學文科學報編輯部出版，2002 年。

2. 于賡哲，〈唐代的醫學教育及醫人地位〉收錄於《魏晉南北朝隋唐史資料》，第二十輯，武漢，武漢大學文科學報編輯部出版，2003 年。

3. 于賡哲，〈試論唐代官方醫療機構的局限制〉收錄於林文玉主編《唐史論叢》，第九輯，（西安，三秦出版社，2007 年）。

4. 毛漢光，〈中古士族性質之演變〉收錄於氏著《中國中古社會史論》，台北，聯經出版社，1988 年。

5. 毛漢光，〈從士族籍貫遷移看唐代士族之中央化〉收錄氏著《中國中古社會史論》，台北，聯經出版社，1988 年。

6. 王壽南，〈唐代公主之婚姻〉收錄於《第一屆歷史與中國社會變遷研討會》，台北，中央研究院三民主義研究所，1982 年。

7. 王壽南，〈從藩鎮之選任看安史之亂後唐中央政府對地方之控制〉，《國立政治大學歷史學報》，第六期，（1988 年 9 月）。

8. 王壽南，〈論唐代的縣令〉，《政大學報》，第 25 期，（1972 年 5 月）。

9. 王永曾，〈試論唐代敦煌的鄉里〉，《敦煌學輯刊》，（總第 25 期），1994 年 1 期，（1994 年 3 月）。

10. 王建堯，〈唐代啟蒙教材之研究〉，《中國文化月刊》，237 期，（1996 年 12 月）。

11. 王厚香、汲廣運，〈論唐代家庭教育〉，《臨沂師範學院學報》，21 卷 3 期，（2001 年 6 月）。

12. 王勇，〈井真成墓志與唐國子監〉，《世界史》，（2006 年 5 月）。

13. 介永強，〈隋唐長安佛教義林與義學風尚〉，《陝西師範大學學報》（哲學社會科學版），36 卷 2 期，（2007 年 3 月）。

14. 任育才，〈唐代科舉制度述論〉，《興大文史學報》，7 期，（1977 年 6 月）。

15. 任育才，〈科舉甄才：唐代秀才舉人與進士〉，《食貨月刊》（復刊），7 卷 4 期，（1977 年 7 月）。

16. 任育才，〈唐代醫學的分類與人才培養〉，《（中興大學）文史學報》，17 期，（1987 年 6 月）。

17. 任育才，〈唐代官學教育的變革〉，《興大歷史學報》，8 期，（1988 年 6 月）。

18. 任育才，〈唐代官學體系的形成〉，《文史學報》，27 期，（1997 年 6 月）。

19. 任育才，〈析論唐代中央官學教育的特性〉，收錄於杜文玉主編《唐史論叢》，第十一輯，西安，三秦出版社，2009 年。

20. 任爽，〈科舉制度與唐代教育危機〉《中國史研究》，1994 年 3 期，（1994

年 6 月）。

21. 朱利民、王尚林，〈唐代私學考〉《人文雜誌》，1993 年 3 期，（1993 年 6 月）。

22. 朱溢，〈唐到北宋時期的大祀、中祀和小祀〉，《清華學報》，39 卷 2 期，（2009 年 6 月）。

23. 朱鳳玉，〈敦煌蒙書中的婦女教育〉收錄於周愚文、洪仁進主編，《中國傳統婦女與家庭教育》，台北，師大書苑，2005 年。

24. 朱鳳玉，〈敦煌寫本蒙書《上大夫》研究〉，收錄於中國唐代學會、中正大學中文系，歷史系主編，《第五屆唐代文化學術研討會論文集》，高雄，麗文文化出版社，2001 年。

25. 余英時，〈綜述中國思想史上的四次突破〉收錄氏著《中國文化史通釋》，香港，牛津大學出版社，2010 年。

26. 余英時，〈試說科舉在中國史上的功能與意義〉收錄氏著《中國文化史通釋》，香港，牛津大學出版社，2010 年。

27. 李弘祺，〈絳帳遺風──私人講學的傳統〉收錄於《浩瀚的學海──中國文化新論‧學術篇》，台北，聯經出版公司，1981 年。

28. 李弘祺，〈科舉──隋唐至明清的考試制度〉收錄於《立國的宏規──中國文化新論‧學術篇》，台北，聯經出版公司，1982 年。

29. 李樹桐，〈唐代婦女的婚姻〉，收錄氏著《唐史研究》，台北，中華書局，1979 年，頁 63～91。

30. 李樹桐，〈唐代科舉制度與士風〉，收錄氏著《唐史新論》，台北，中華書局，1985 年。

31. 李金坤，〈唐代科舉考試與《文選》〉，《人文雜誌》，2003 年 2 期，（2003 年 6 月）。

32. 宋德熹，〈唐代後半期門閥與官宦之關係〉，收錄淡江大學中文系主編，《晚唐的社會與文化》，台北，台灣學生書局，1990 年。

33. 沈柏宏，〈唐代醫療設施及其效益評估〉，收錄於盧建榮主編，《社會／文化史集刊（4）》，台北，時英出版社，2010 年。

34. 吳楓、鄭顯文，〈唐代庶民階層的文化素質初探〉收錄《中國唐史學會論文集》，中國唐史學編，三秦出版社，1993 年。

35. 吳海蘭，〈唐代新春秋學與政治〉《人文雜誌》，2003 年第 4 期，（2003 年 7 月）。

36. 金瀅坤，〈唐五代童子科與兒童教育〉收錄於張國剛主編《中國中古史論集》，天津，天津古籍出版社，2003 年。

37. 周愚文，〈認知領域的教學方法與策略〉收錄黃光雄主編《教學原理》，台北，師大書苑，1995 年。

38. 周愚文，〈中國歷代停廢科舉制度的探討〉，收錄李弘祺編，《中國與東亞教育傳統（一）》，台北，財團法人喜瑪拉雅研究發展基金會出版，2006年。

39. 周愚文，〈唐代婦女與家庭教育初探〉，收錄周愚文主編，《中國傳統婦女與家庭教育》，台北，師大書苑，2005年。

40. 周谷平，〈敦煌出土文書與唐代教育的研究〉，《華東師範大學學報》（教育科學版），1995年3期，（1995年5月）。

41. 林聰明，〈唐代敦煌的儒學傳播與儒家思想表現〉，收錄於《唐代文化、文學研究及教學國際、學術研討會論文集》，台中，逢甲大學，2007年。

42. 邱添生，〈論唐宋變革期的歷史意義──以政治、社會、經濟之演變為中心〉，《師大歷史學報》，第七期，（1979年5月）。

43. 屈直敏，〈從敦煌寫本類書《勵忠節鈔，看唐代的知識、道德與政治秩序》〉，《蘭州大學學報》（社會科學版），34卷2期，（2006年3月）。

44. 侯力，〈唐代官學中的學規和學禮〉，《益陽師專學報》，19卷，1998年2月，（1998年3月）。

45. 侯力，〈唐代俊士科考論〉，《中國史研究》，1991年第1期，（1999年2月）。

46. 姚崇新，〈唐代西州的官學，唐代西州的教育（之一）〉，《新疆大學學報》（哲學社會科學版），25卷1期，（2004年3月）。

47. 姚崇新，〈唐代西州的醫學教育與醫療實踐〉，《文史》，2010年第4輯，（2010年11月）。

48. 胡可先，〈《李郜墓志銘》發隱〉，《中國典籍與文化》2003年1期，（2003年2月）。

49. 高明士，〈唐代官學的發展與衰落〉，《幼獅學誌》，9卷1期，（1970年3月）。

50. 高明士，〈唐代私學的發展〉，《文史哲學報》（台灣大學），20期，（1971年6月）。

51. 高明士，〈隋唐教育法制與禮律的關係〉，《唐研究》，第四卷，（1998年12月）。

52. 高明士，〈論隋唐學禮中的鄉飲酒禮〉收錄於杜文玉主編，《唐史論叢》，第八輯，（西安，三秦出版社，2006年）。

53. 高謙民，〈試論中國古代教育的重德精神〉，《南京師範大學學報》，1989年4期，（1989年12月）。

54. 程方平，〈論林慎思對儒學的改造〉收錄於淡江中文系主編，《晚唐的社會與文化》，台北，台灣學生書局，1990年。

55. 梁瑞敏，〈唐代婦女的家庭地位〉，《河北師範大學學報》（社會科學版），

22 卷 3 期，（1996 年 6 月）。

56. 郝春文，〈唐後期五代宋初敦煌私社的教育與教化功能〉收錄於韓昇主編，《古代中國社會轉型與多元文化》，上海，人民出版社，2007 年。

57. 梁瑞敏，〈唐代婦女的家庭地位〉，《河北師範大學學報》（社會科學版），22 卷 3 期，（1996 年 6 月）。

58. 孫順華，〈唐朝婦女觀之嬗變與社會政治〉，《文史哲》，2000 年 2 期，（總第 257 期），（2000 年 6 月）。

59. 康震，〈唐代私學教育的文學性特徵〉，《陝西大學大學學報》（哲學社會科學版），35 卷 6 期，（2006 年 11 月）。

60. 張羽瓊，〈論唐代官學〉，《貴州社會科學》，1996 年 5 期，（1996 年 9 月）。

61. 張偉平，〈我國古代教學形式若干問題探討〉，《華東師範大學學報》（教育科學版），20 卷 2 期，（2002 年 6 月）。

62. 張榮芳，〈中古歷史教育的發展及其轉折：一個初步觀察〉收錄於張國剛主編，《中國中古史論集》，天津，天津古籍出版社，2003 年。

63. 張勁松，〈書院與科舉關係的再認識〉，《江西教育學院學報》，2006 年 1 期，（2006 年 1 月）。

64. 張勁松，〈唐代江州陳氏東佳書堂的性質當議〉，收錄於卞孝萱、徐雁平編《書院與文化傳承》，北京，中華書局，2009 年。

65. 張新科，〈古代中國文學教育的價值與意義〉，《陝西師範大學學報》（哲學社會科學版），35 卷 6 期，（2006 年 11 月）。

66. 張清華，〈韓愈對中國文化史的貢獻〉，《韓山師範學院學報》，28 卷 5 期，（2007 年 10 月）。

67. 張偉、盧偉，〈論教化在教學規範習俗化中的作用〉，《瀋陽師範大學學報》（社會科學版），33 卷，2009 年 2 期，（2009 年 4 月）。

68. 張國剛，〈唐代鄉村基層組織及其演變〉，《北京大學學報》（哲學社會科學版），46 卷 5 期，（2009 年 9 月）。

69. 張希清，〈唐宋進士科取舍依據的演變〉，《文史哲》，2010 年第 4 期，（2010 年 9 月）。

70. 崔峰，〈晚唐五代宋初敦煌地區佛儒兼容的社會文化〉，《敦煌學輯刊》，2009 年 3 期（總第 65 期），（2009 年 9 月）。

71. 陶紹青，〈「唐摭言」的科舉禮儀文獻價值〉（人文社會科學報），《長春師範學院學報》，28 卷 1 期，（2009 年 1 月）。

72. 陳義彥，〈從布衣入仕情形分析北宋布衣階層的社會流動〉，《思與言》，9 卷 4 期，（1972 年 11 月）。

73. 陳郁夫，〈內聖外王之學的復興——新儒學的發展〉收錄林慶彰主編，《中

國文化新論・學術篇：浩瀚的學海》，台北，聯經出版社，1987 年。

74. 陳慶煌，〈花間十八家詞研析〉收錄淡江大學中文系主編，《晚唐的社會與文化》，台北，台灣學生書局，1990 年。

75. 陳弱水，〈晚唐五代福建士人階層興起的幾點觀察〉收錄《中華民國史專題論文集：第五屆討論會》，台北，國史館，2000 年。

76. 陳登武，〈從《天聖・醫疾令》看唐宋醫療照護與醫事法規──以"巡患制度"為中心〉，收錄《唐研究》，第 14 卷，（2008 年 12 月）。

77. 陳德第，〈雕板印刷術發明于唐代說之新佐證〉，收錄於《中國魏晉南北朝史學會第九屆論文集》，武漢，湖北教育出版社，2009 年。

78. 陳光崇，〈中唐啖趙學派雜考〉，收錄中國唐史學會編，《中國唐史學會論文集》，西安，三秦出版社，1993 年。

79. 曹仕邦，〈張巡、許遠死守睢陽的決心來源一個新探討〉收錄嚴耕望先生紀念集編委會主編《嚴耕望先生紀念集》，台北，稻鄉出版社，1987 年。

80. 黃雲鶴，〈唐宋下層士人與地方私學〉，《社會科學戰線》，2002 年 3 期，（2002 年 9 月）。

81. 黃俊文，〈唐代中央官學之淵源〉發表於中國唐史學會第九屆年會，（昆明，2004 年）。

82. 黃俊文，〈唐代中晚期中央官學沒落原因之探討〉收錄於杜文玉主編《唐史論叢》，第十一輯，西安，三秦出版社，2009 年。

83. 傅樂成，〈唐型文化與宋型文化〉，收錄氏著《漢唐史論集》，台北，聯經出版社，1977 年。

84. 趙跟喜，〈敦煌唐宋時期的女子教育初探〉，《敦煌研究》，2006 年 2 期（總96 期），（2006 年 5 月）。

85. 趙國華，〈武舉與武學：唐宋兵學復興的文化環境〉，收錄劉海峰主編《科舉制的終結與科舉學的興起》，武漢，華中師範大學出版社，2006 年。

86. 趙俊波，〈唐代詩賦的命題研究：以試題題目與九經的關係為中心〉，《四川大學學報（社會科學版）》，38 卷 1 期，（2011 年 1 月）。

87. 萬繩楠，〈武則天與進士新階層〉，《中國史研究》，1994 年 3 期，（1994年 5 月）。

88. 萬軍杰，〈試析唐代的鄉里村學〉，《史學月刊》，2003 年第 5 期，（2003年 9 月）。

89. 董文靜，〈制舉的發展與唐代選官制度的完善〉，《江蘇社會科學》，2009年第 5 期，（2009 年 9 月）。

90. 廖健琦，〈唐代國子監在國家文化建設中的作用探析〉，《廈門教育學院學報》，5 卷 2 期，（2003 年 6 月）。

91. 廖健琦，〈論唐代科舉制的改革及其對當時教育的影響〉，《河南師範大學學報》（哲學社會科學版），31 卷 1 期，（2004 年 1 月）。

92. 熊賢君，〈一以貫之看書院〉，《江西教育學院學報》（社會科學），30 卷 2 期，（2009 年 4 月）。

93. 劉子健，〈略論宋代地方官學和私學的消長〉收錄氏著《兩宋史研究彙編》，台北，聯經出版社，1987 年。

94. 劉子健，〈宋代考場弊端—兼論士風問題〉收錄氏著《兩宋史研究彙編》，台北，聯經出版社，1987 年。

95. 劉琴麗，〈從出土墓志看唐代的武貢舉〉，《中國史研究》，2003 年 3 期，（2003 年 8 月）。

96. 劉琴麗，〈中晚唐河北舉子研究〉，《史學集刊》，2009 年 4 期，（2009 年 7 月）。

97. 劉海峰，〈科舉文學與「科舉學」〉，《武漢大學學報》（人文科學版），62 卷 2 期，（2009 年 3 月）。

98. 劉海峰，〈科舉政治與「科舉學」〉，《華中師範大學學報》（人文社會科學版），49 卷 5 期，（2010 年 9 月）。

99. 鄭若玲，〈科舉至公之道及其現實啟思〉，《廈門大學學報》（哲學社會科學版），2010 年 5 期，（2010 年 9 月）。

100. 鄭志明，〈敦煌寫本家教類的庶民教育〉收錄於《第二屆敦煌學國際研討會論文集》，台北，漢學研究中心，1991 年。

101. 鄭阿財，〈敦煌蒙書析論〉收錄於《第二屆敦煌學國際研討會論文集》，台北，漢學研究中心，1991 年。

102. 綦中明，〈唐代縣令在思想文化領域的職掌〉，《九江學院學報》，2009 年 1 期（總第 150 期），（2009 年 1 月）。

103. 盧開方，〈唐代科舉制度中貢舉類特殊科目及其考試〉收錄於《魏晉南北朝隋唐史資料》，第十四輯，武漢，武漢大學出版社，1996 年。

104. 齊陳駿，〈唐代科舉與官僚入仕〉收錄《魏晉南北朝隋唐史資料》，第十一輯，武漢，武漢大學出版社，1991 年。

105. 蕭永明，〈唐宋之際的社會文化環境與書院的興起〉文刊《人文雜誌》，2007 年第 6 期。

106. 鄭顯文，〈唐代禮學的社會變革〉，《人文雜誌》，1995 年第 2 期，（1995 年 3 月）。

107. 譚真，〈敦煌隋唐時期醫事狀況〉收錄於段文杰編《敦煌學國際研討會論文集》，瀋陽，遼寧美術出版社，1995 年。

108. 羅宗濤、任允松，〈敦煌蒙書的時代性〉，《敦煌學》，27 輯，（2008 年 2 月）。

109. 嚴耕望，〈新羅留學生與僧徒〉收錄氏著《唐史研究叢稿》（香港：新亞研究所，1969）。

110. 龔鵬程，〈論唐代文學崇拜與文學社會〉收錄於淡江中文系主編《晚唐的社會與文化》，台北，學生書局，1990 年。

四、學位論文

1. 毛漢毛，《唐代統治階層社會變動》，台北，政治大學政研所博士論文，1968 年。

2. 王一平，《唐代兒童的養與教》，台北，台灣師範大學歷史研究所碩士論文，2006 年。

3. 江宜樺，《唐代長江中游地區士族之研究》，嘉義，中正大學歷史研究所博士論文，2003 年。

4. 李君琳，《從階級身分、教育、貞節觀看唐代婦女地位問題》，嘉義，中正大學歷史研究所碩士論文，2001 年。

5. 周宜穎，《唐代江南道之貶官研究》，台中，東海大學歷史研究所碩士論文，2006 年。

6. 卓美月，《唐代家訓所表現之家庭教育研究》，台北，中國文化大學中文研究所碩士論文，1995 年。

7. 徐秀芳，《以教育和法律角度試論唐代婦女的角色》，新竹，清華大學歷史研究所碩士論文，1988 年。

8. 陳川源，《唐代國子監行政學官之轉遷——以國子祭酒、司業為例》，台中，中興大學歷史研究所碩士論文，2003 年。

9. 張錦婷，《敦煌寫本思想啟蒙教材研究》，台北，台灣師範大學教育研究所碩士論文，2000 年。

10. 黃嵐鎔，《中國中古時期錢塘江流域開發研究》，嘉義，國立中正大學歷史研究所碩士論文，2003 年。

11. 鄭育萱，《唐代婦女書寫文本中的社會反映》，嘉義，中正大學歷史研究所碩士論文，2005 年。

12. 鍾快鳴，《唐代東南地區經濟開發的研究》，台北，政治大學歷史研究所碩士論文，1977 年。

13. 顧立誠，《唐宋之際自北向南的移民與其影響》，台北，國立台灣大學歷史學研究所碩士論文，2002 年。

五、工具書與資料彙編

1. David Jare、Julia Jary 著，、周業謙、周光淦譯，《社會學辭典》，台北，

城邦文化，1999 年。

2. 教育大辭書編委會，《教育大辭書》，台北，國立編譯館、文景出版社，2000 年。

3. 教育百科編委員，《教育百科辭典》，台北，五南出版社，1994 年。

4. 陳國強主編，《文化人類學辭典》，台北，恩楷出版社，2002 年。

5. 楊學為主編，《中國考試史：文獻集成（第一、二卷）》，北京，高等教育出版社，2003 年。

6. 虞雲國、周育民主編，《中國文化史年表》，上海，上海人民出版社，2009 年。

7. 傅璇琮等編，《唐五代人物傳記資料綜合索引》，北京，中華書局，1982 年。

8. 劉英杰主編，《中國教育大事典，1840 年以前》，杭州，浙江教育出版社，2004 年。

9. 翟國璋主編，《中國科舉辭典》，南昌，江西教育出版社，2006 年。

10. 趙文潤、趙吉惠主編，《兩唐書辭典》，濟南，山東教育出版社，2004 年。

11. 熊承滌，《中國古代教育史料繫年》，北京，人民出版社，1991 年。

12. 鄭阿財、朱鳳玉主編，《1998～2005 年：敦煌學研究論著目錄》，台北，樂學書局，2006 年。

13. 顧明遠主編，《中國教育大系：歷代教育制度考（一）》，武漢，湖北教育出版社，1994 年。

14. 羅聯添編，《隨唐五代文學論著集目正編》、《續編》，台北，五南出版社，1997 年。

六、外文論著與譯著

（一）英　文

1. Anne Behnke Kinney, "Chinese Views of Childhood" Honolulu: University of Hawaii Press, 1995.

2. Anne Behnke Kinney, "Representation of childhood and youth in early China", Stanford: Univesity of Stanford Press, 2003.

3. J. S. Brubacher, "A History of the problem of Education", New York: McGraw～Hill, 1996.

4. Bol, Peter. "The Culture of Ours": Intellectual Transitions in T'ang-Sung China, Califonia: Stanford Univ. Press, 1992；中譯本，劉寧譯，《斯文：唐宋思想的轉型》，南京，江蘇人民出版社，2001 年。

5. Chen, Jo～Shui. Liu Tsung～yuan and Intellectual Change in T'ang China,

773～819, Cambridge: Cambridge Univ. Press, 1992.。

6. Hartman, Charles. Han Yu and the T'ang Search for Unity, New Jersey: Princeton Univ. Press, 1986.

7. Jame T. C. Liu, "China Turning Inward: Intellectual—Political change in Early Twelfth Century" Cambridge: Harvard University, 1998.

8. Linda A. Walton, "Academies and Society in Southern Sung China" Hawaii: University of Hawaii Press, 1999.

9. McMullen, David. State and Scholars in T'ang China, Cambridge: Cambridge Univ. Press, 1988.

10. Michael Nylan, "The Five Confucian Classics" New Haren: Yale University, 2001.

11. Thomas, H.C. Lee, "Education in Traditional China: a History" Leiden: Brill Academic, 2000.

12. Benjamin. Elam（艾爾曼）著，復旦大學文史研究院譯，《經學‧科舉‧文化中》，北京，中華書局，2010 年。

13. Jerome Burner 著、宋文里譯，《教育的文化：文化心理學的觀點》，台北，遠流出版社，2001 年。

14. 杜維明著、陳靜譯，《儒教：Confucianism》，上海，上海古籍出版社，2008 年。

（二）日　文

1. 仁井田陞，《唐令拾遺》，日本，東京大學出版會，1964 年。

2. 布目潮渢，《隋唐帝國の成立》收錄《岩波講座，世界歷史》（第 5 冊），東京，岩波書局，1970 年。

3. 佐竹靖彥，《唐宋變革の地域的研究》，京都，同朋出版社，1990 年。

4. 多賀秋五郎，《唐代教育の研究》，東京，不味堂，1953 年。

5. 多賀秋五郎，《中世アジア教育研究》，東京，國書刊行會，1980 年。

6. 吉川幸次郎著、章培恒等譯，《中國詩史》，上海復旦大學出版社，2001 年。

7. 池田溫著，《敦煌漢文文獻》，東京，大東出版社，1992 年。

8. 岡村繁著、張寅彭譯，《唐代文藝論》，上海，上海古籍出版社，2002 年。

9. 那波利貞，《唐代社會文化史研究》，東京，創文社，1974 年。

10. 愛宕元，〈唐代の鄉貢進士與鄉貢明經〉，《東方學報》，第 45 期，1973 年。

11. 愛甲弘志，〈皮日休試論〉，收錄《中國詩人論──岡村繁教授退官記念論集》，東京，汲古書院，1986 年 7 月。

12. 內藤湖南、黃約瑟譯，〈概括的唐宋時期觀〉，收錄劉俊文主編，《日本學者研究中國史論著選譯（第一卷）：通論》，北京，中華書局，1992 年。

13. 布目潮汎著、索介然譯，〈唐初的貴族〉，收錄劉俊文主編，《日本學者研究中國論著選譯（第四卷）：六朝隋唐》，北京，中華書局，1992 年。

14. 礪波護著、黃正健譯，〈唐代的縣尉〉，收錄劉俊文主編，《日本學者研究中國史論著選譯（第四卷）：六朝隋唐》，北京，中華書局，1992 年。

（三）法　文

 1. 華蕾立（Valerie Lavoix）著、馮力譯，〈山林私學，南朝隱士的教學生涯〉收錄於《法國漢學》，第八輯（教育史專號），北京，中華書局，2003 年。

 2. 戴仁（Jean-Pierre Drece）著，楊金平、喬雪梅譯，《十世紀敦煌的基礎教材與學校文化》收錄於《法國漢學》，第八輯（教育史專號），北京，中華書局，2003 年。

附錄：唐皇帝及在位時期

皇帝	在位時期	年號	西元
高祖	618～26*	**武德**	618～26
太宗	626～49	**貞觀**	626～49
高宗	649～83	**永徽**	650～55
		顯慶	656～60
		龍朔	661～3
		麟德	664～5
		乾封	666～7
		總章	668～9
		咸亨	670～3
		上元	674～5
		儀鳳	676～9
		調露	679
		永隆	680～1
		開耀	681～2
		永淳	682～3
		弘道	683
中宗	684△	**嗣聖**	684
睿宗（武后聽政）	684～90△	**文明**	684
		光宅	684
		垂拱	685～8
		永昌	689
		載初	689～90
周武后則天	690～705	**天授**	690～2
		如意	692
		長壽	692～4
		延載	694
		證聖	694～5
		天冊萬歲	695
		萬歲登封	696
		萬歲通天	696～7

		神功	697
		聖曆	697～700
		久視	700～1
		大足	701
		長安	701～4
中宗復位	705～10*	神龍	705～7
		景龍	707～10
少帝（武后聽政）	710△	唐隆	710
睿宗復位	710～12*	景雲	710～12
		太極	712
		延和	712
玄宗	712～756*	先天	712～13
		開元	713～41
		天寶	742～56
肅宗	756～762	至德	756～8
		乾元	758～60
		上元	760～2
代宗	762～79	寶應	762～3
		廣德	763～4
		永泰	765～6
		大曆	766～79
德宗	779～805	大曆	779
		建中	780～3
		興元	783～4
		貞元	785～805
順宗	805*	貞元	805
		永貞	805
憲宗	805～20	永貞	805
		元和	806～20
穆宗	820～4	長慶	821～4
敬宗	824～7	寶曆	825～7
文宗	826～40	大和	827～36
		開成	836～40

武宗	840～6	會昌	841～6
宣宗	846～59	大中	847～59
懿宗	859～873	咸通	860～73
僖宗	873～888	乾符	874～80
		廣明	880～1
		中和	881～5
		光啟	885～8
		文德	888
昭宗	888～904	文德	888
		龍紀	889
		大順	890～2
		景福	892～3
		乾寧	894～8
		光化	898～901
		天復	901～4
		天祐	904
哀宗	904～7	天祐	904～7

*退位
△被廢

※資料來自高明士總校訂、張榮芳等譯，《劍橋中國史（第三冊）：隋唐篇（598
～906（上））（台北：南天書局，1987年），頁23～25（圖表）。